연정교육문화연구소 연구총서 29

湖南抗日民族教育展開史 Ⅲ

호남항일민족교육전개사

연정 김 경 식

조 은

서 문

필자는 서기 2015년부터 고향인 고창과 호남지방의 민속과 교육문화에 대하여 계속 연구를 수행하고 있다. 본서는 필자의 4년 연속 연구인《호남항일민족교육전개사》의 3년차의 연구서이다. 그 주 내용은 학교 외에서의 학생운동과 사회교육에 관한 것이다.

첫번 째로는 국외에서 유학생들의 항일운동인 동경유학생의 2.8 독립운동을 상세하게 다루었다. 그것은 3.1운동의 본보기가 되었기 때문이다. 그리고 2.8 학생운동을 주도했던 동경학생운동 대표였던 전북 고창 출신 백관수에 대한 그의 평생을 인식하여 호남인의 기상을 그에게서 읽었다. 두 번째로는 3.1운동의 전개에 있어서 호남학생의 선도적 역할과 활동을 개관하였다. 여기서 특히 유의할 점은 3.1운동의 호남지방 파급은 특히 학생들에 의하여 시도되었다는 점이다. 세번 째는 광주학생운동의 진모를 밝혔으며, 그 파급이 전국적이었다는 것은 주지의 사실이나 여기서는 호남에서의 파급만을 개관하였다. 그것은 대 주제가 호남지방으로 한계성을 가지고 있기 때문이다. 네 번째 사회교육적 장면은 고창의 흥동장학회(興東奬學會)와 서기 1920년대 호남야학을 인식하고 아울러 고창 무장에서의 '죽림야학회(竹林夜學會)'의 생생한 야학 자료를 소개하였다.

금번 연구는 주로 일제 강점기 호남 출신 학생들의 교외적 운동과 사회교육적 측면의 야학운동에 관한 것으로, 학생들의 민족과 국가를 위한 운동의 범주의 관한 것이다.

오늘날 일제 강점기와 그 참혹했던 6.25 참변을 겪어보지 못했던 철없는 이른바 운동권 학생들은 일찍이 우리 민족이 가져 보지 못한 민주주의의 국시(國是)와 민주헌법의 제반 권리를 보호받으면서도 국시(國是)에 위반되는 친북 좌파적인 이념에 매몰되어 이율배반적인 논리의 운동에 헤메이고 있다. 이러한 현상이 어찌 학생의 소행만으로 탓할 수 있겠는가? 이러한 현실에서 우리는 일제에 의한 주권상실기에 있어서 민족혼이 짓밟히고 강탈당한 조국의 현실에서 구국(救國)의 일념으로 항쟁했던 학생들의 모습을 오늘날 학생들의 지도를 위한 큰 거울로 삼아야 할 것이고, 호남 학생들의 위기 속에서의 한 기상(氣像)을 인식해야 할 것이다.

본서를 출판함에 감사한 마음을 전해야 할 몇 분이 있다. 먼저 연구비를 지원해 준 고창군 당국과 많은 자료를 제공해 준 영남대학교 대학원의 박장승 박사 그리고 세심한 교정을 보아준 세교의 집안 후배인 전주대학교 도서관 황상욱 선생, 본서의 출판을 담당해 준 조은출판사 사장 김화인 박사에게 정중한 감사의 말씀을 전한다.

서기 2022년 8월 일

보도산(普道山) 아래에서

연정 김경식 쓰다

차 례

제3장 ◆ 광주학생운동

제4장 ◆ 교육구국 · 사회교육운동

제1장 2.8 동경유학생독립운동과 백관수

제1절 2.8 동경유학생독립운동의 배경

1. 국내의 상황 : 일제의 무단정치(武斷政治)

일제에 의한 주권 상실의 첫 단계인 서기 1910년대는 일제(日帝)의 강제합병을 당한 이후, 그들의 잔학한 식민정책과 이른바 헌병경찰의 무단정치(武斷政治) 시기였다. 우리의 대한제국(大韓帝國)도 일제에 의하여 '조선(朝鮮)'으로 불리었는데 당시의 조선은 일본의 한 지방을 의미하는 것이었다.

일제는 서기 1910년 8월 29일 그들의 치밀한 합방계획에 의거 대한제국의 국권을 완전치 침탈하고, 서기 1906년에 설치했던 침략의 거점기관격이었던 통감부(統監府)를 총독부(總督府)로 확대, 변경하여 우리의 강토 조선(朝鮮)을 조선총독이 지배하기 시작하였다. 조선총독은 일제의 육해군 현역 대상 중에서 임명되고, 일제의 천황에 직속되어 일본 내각의 통제를 거의 받지 않으며, 우리의 행정권 · 입법권 · 사법권 · 군대통수권을 모두 행사하는 식민지 지배의 절대권자로 등장하였다. 초대 총독에는 통감부의 통감이었던 사내(寺內) 통감을 총독이 임명되었다. 총독아래에는 행정을 담당한 정무총감(政務總監)과 경무총감(警務總監)을 두었던 바, 정무총감이 서열상 제2인자 였으나, 실권은 오히려 헌병경찰의 지휘자인 경무총감이 실권이 많았다. 총독부의 관리는 거의 일본인으로 충당되었고, 하급 기관에는 간혹 조선인이 기용되기도 하였지만, 일본인과 차별대우가 심하였다.

또한 총독부의 자문기관으로서 조선인으로 구성된 중추원(中樞院)을 두어 식민지 통치에 조선인이 직접 참여하고, 그들의 의사를 대변하고 있다는 명분으로 삼았지만, 실제로는 대한제국 때의 황족과 고관들을 예우하기 위한 형식적인 기구에 불과하였다. 중추원의 구성은 정무총감을 의장으로 하고, 약간의 고문과 참의(參議)로 이루어졌으나 이들은 모두 친일 인사였고, 의장의 허가 없이는 발언조차 할 수 없었다. 그나마 3.1운동이 일어날 때까지 10년 동안 한 차례의 회의 소집이 없었으니, 그 기구의 허상을 인식할 수 있다.

총독부의 지배방식은 무단통치(武斷統治)라고 불리워지듯 매우 강압적이었다. 이를 위해 마련한 것이 헌병경찰제도였으니, 당시 사내(寺內)는 통치의 방침으로 질서의 유지를 내세우고, 이러한 경찰업무를 헌병이 맡도록 하였던 것이다. 이들의 조직라인은 중앙의 정무총감(조선주재 일제 헌병사령관 임명), 그 밑에 각 도의 경무부장(각 도의 주재 헌병대장 임명), 그 아래 경찰서와 헌병분대를 설치했다. 그리하여 전국에는 1만여 명의 헌병 및 이와 거의 같은 수의 헌병보조원을 배치하였다. 이들의 임무는 질서유지가 그 본령이었으나, 결국은 한민족의 독립운동을 탄압하는 것이었으니, 각지에서 전개되고 있던 의병(義兵) 활동을 진압하고 민족지도자를 색출 · 검거하였다.[1] 또한 조선인을 억압하기 위하여 일반 관리는 물론 교원까지도 제복을 입고 칼을 차게 하여 공포분위기를 조성하기도 하였다.

이와 같은 탄압 때문에, 많은 민족지도자들은 해외로 망명하여 새로운 독립운동의 방법을 모색하게 되었고, 의병활동도 서기 1915년까지 곳곳에서 산발적으로 전개되다가 만주 · 연해주 등지

---

1) 李廷馥, '日帝의 憲兵警察 小考', 李瑄根古稀紀念論文集, 1974.

로 그 활동무대를 옮겨가게 되었다.

일제의 침략은 러 · 일전쟁을 계기로 본격화되기 시작했는데, 서기 1910년 국권을 찬탈한 후에는 모든 산업이 일제의 식민지 경제체제로 개편되기에 이르렀다. 그중 조선 농민을 가장 어렵게 한 것이 토지조사사업(土地調査事業)이라는 명목으로 진행된 일제의 토지약탈이었다. 서기 1910년부터 서기 1918년까지 9년간에 걸친 토지조사사업은 이른바 합법을 가장한 조선의 토지강탈작업이었다.[2] 토지조사사업은 형식적으로는 근대적인 토지소유권을 확립한다는 미명이 결국은 총독부의 토지수탈을 위한 계획된 토지조사사업이 되고 말았다. 이리하여 소수의 양반 지주는 토지소유권을 취득하였지만 대다수의 농민들은 토지를 빼앗겨 영세 소작농으로 전락하였고, 아예 토지에서 유리되어 화전민(火田民)이 되거나 두만강을 넘어 만주 등지로 유랑하기도 하였다.[3]

조선총독부는 토지 뿐만 아니라 조선경제 전반에 걸쳐 수탈정책을 실시하였다. 우선 각종 기업을 규제하기 위한 서기 1910년 회사법 공포(서기 1911년 시행)되었던 바, 이것은 대한제국 말기에 이미 제정되었던 것을 다시 총독부령으로 새로이 발표한 것이었다. 그 내용을 보면, 조선에서의 기업의 설립을 총독의 허가제로 하였고, 그 허가조건을 위배한 경우에는 총독이 사업금지와 해산을 명할 수 있도록 규정하였다. 따라서 총독은 회사의 설립과 폐쇄를 좌우할 수 있었으므로, 결국 조선인의 기업활동이 억압되고 민족산업의 성장이 방해된 결과를 초래하였다.[4]

---

2) 愼鏞廈, '土地調査事業'의 실시와 農村社會 · 經濟의 變化', 한국의 사회와 문화 11, 한국정신문화연구원, 1990.

3) 朴永錫, '日帝下 滿洲移民問題', 韓民族獨立運動史研究, 一潮閣, 1982.

4) 권태억, '식민지 초기 일제의 경제정책과 조선인 상공업', 3.1민족해방운동연구, 한국역사연구회, 1989.

임업부분에 있어서는 산림보호를 내세워 이미 서기 1908년에 삼림법(森林法)을 제정하고 서기 1911년 삼림령이 공포되어 식목을 장려하는 듯 하였으나, 실제로는 많은 산림자원을 약탈하였던 바, 특히 압록강 · 두만강 유역의 삼림을 함부로 채벌하였다. 그리고는 서기 1918년 임야조사령을 반포하여 임야조사사업을 실시하고, 막대한 국 · 공유림과 소유주가 명확하지 않는 산림은 거의 일본인에게 넘김으로써 전 산림의 50%이상이 총독부와 일본인에게 점탈되었다.[5)]

어업(漁業)에 있어서도 침탈의 예외는 없었다. 일제는 일찍이 한반도 연안에서의 일본인 어부들이 활동할 수 있도록 어업협정을 체결한 바 있고(서기 1883년), 이어 서기 1905년에는 주권침해기에 독도(獨島)를 불법으로 일본영토에 편입하는 한편 서기 1910년 이후에는 총독부는 일본인의 조선의 황금어장 독점에 적극적으로 후원하였다. 한편 서기 1911년 조선어업령을 공포하여 기왕의 조선인의 어업권을 부인하고, 어장을 일본인 중심으로 재편성하고 일본인들의 어업활동을 적극 지원하였다.[6)]

광업(鑛業)에 있어서도 조선총독부는 각지의 광산을 조사하여, 이를 일제의 재벌들에게 넘겨주는 한편 이와 병행하여 서기 1915년 조선광업령(朝鮮鑛業令)과 그 시행규칙을 공포하여 조선인의 광산경영을 억제하였다. 그 결과 서기 1920년 기준, 조선인의 소유 광구 수는 일제의 7분의 1에 불과한 결과를 초래하였다.[7)]

금융면에 있어서는 일제는 조선 내에 있어서의 일본인 기업활동을 지원하기 위하여 일찍부터 조선의 금융을 지원하고 있었다. 일본 제일은행의 조선지점의, 서기 1905년부터의 통화발권을 가지

---

5) 강영심, 日帝의 한국삼림수탈과 한국인의 저항, 이화여대 박사학위논문, 1997.
6) 崔泰鎬, '日帝下의 韓國水産業에 관한 硏究', 日帝의 經濟侵奪史, 民衆書館, 1971.
7) 邊太燮, 四訂版 韓國史通論, 三英社, 2020, 437면.

고 조선의 중앙은행의 구실을 하게한 점, 서기 1909년 신설한 조선의 한국은행을 서기 1911년 조선은행으로 바꾸어 중앙업무를 계속한 점, 서기 1906년 설립한 농공은행(農工銀行)을 서기 1918년 조선식산은행(朝鮮殖産銀行)으로 개편한 것, 서기 1905년의 화폐정리 사업 등은 모두 조선의 금융권을 지배하기 위한 일련의 획책들이다.

더욱이 일제의 식민지 정책의 수행은 필연코 교육침략을 수반하지 않을 수 없었다. 그러므로 교육침략정책은 식민지정책의 일환으로 수행되었고, 그 기본노선은 동화교육(同化教育)을 통해서 한민족(韓民族)을 일본화(日本化)한다는 데 두었다. 식민지교육의 원리는 내적으로는 기만이었으며, 외적으로는 무력 내지 억압이었다. 즉 입으로는 이른바 동조동근론(同祖同根論)의 합리화를 주장하고, 행동으로는 통제 · 사찰 · 탄압을 목적으로 하는 군경(軍警) 등의 폭력기구를 두고 교육침략을 감행하였다. 그 구체적 내용은 일본어 교육의 강요, 일본의 역사와 문화 그리고 생활양식의 강요, 근대적 생산기술 특히 초보적인 농업기술만의 전수 등이었으며, 근대교육제도의 이식을 통해서 그것을 실현시키려 하였다.

2. 서기 1910년대 국내의 민족운동

주권상실 초기에는 이른바 합병(合併)에 대한 민족적 저항은 순절(殉節)로 표시하였다. 이는 한민족의 각성을 환기시키는 거룩한 행위였다. 합병 조인이 발표된 다음 8월 30일 정산군수와 대동학교 학생 1명의 자살을 계기로, 동년 12월까지 많은 애국지사들이 순절하였다.[8] 호남에 있어서도 9월 10일 전남 구례의 역사학자요

8) 金允植, 續陰晴史, 卷14, 국사편찬위원회, 1960, 융희 4년 8월 31일.

유학자이며 시인인 매천 황현(梅泉 黃玹 : 서기 1855~1910), 11월 27일 전북 김제 금구의 전 병조참의 등을 역임한 일유재 장태수(一逌齋 張泰秀, 서기 1841~1910)가 있다.[9] 이러한 애국지사들의 순절은 일반 백성들의 분노를 일으키게 하고 여론을 환기시키는 계기가 되었으니, 이것은 한민족의 일본제국주의에 대항하는 민족정신의 각성이자 상징이기도 하였다.

어찌 그 뿐인가? 이와 함께 또 하나의 저항수단은 기독교들이 적극적인 민족의 투쟁으로서 일제에 의한 강제 합방반대 연설 · 시위운동을 전개했으며, 동년 9월 3일 천도교월보 주간 이교홍(李教鴻)이 경성에 있는 각국 영사들에게 병합 반대서를 발송하여 민족독립을 호소하기도 했다. 또한 동년 9월 5일에는 사범학교 한국인 학생 황재희(黃在熙) 등 20여 명이 합방반대 시위를 벌이기도 하였다.[10]

이러한 국내의 동향과 함께 국외의 움직임도 활발하여, 9월 1일 대한인 국민회의 하와이 지방총회에서는 공동대회를 개최하고, 합방부인결의문을 지상에 발표하여, 국제여론에 호소하기도 하였다.[11] 이와 아울러 국외의 비밀결사도 속속 조직되어 미국에서는 국민회 · 청년회 · 흥사단(興士團) · 권업회(勸業會) 등이, 그리고 중국에서는 상해의 동제사(同濟社) · 길림성 통화현의 부민단(扶民團) · 연길현의 간민교육회(墾民教育會) 등이 한일합병을 반대하고 일본제국주의와 대항하는 기관으로 출현하였다.[12]

이러한 비밀단체들의 합방반대운동과 아울러 가장 극렬하였던

---

9) 연정 김경식, 주권침해 · 상실기 湖南抗日民族教育展開史 Ⅰ, 휴먼북스, 2020. 187~215.

10) 釋毛東方, 朝鮮併合史, 617~618, 차석기, 한국민족주의 교육의 생성과 전개, 태학사, 1999, 316면 재인용.

11) 국사편찬위위원회, 일본제국주의 침략하 한국 35년사, 1, 1966년, 617~618면.

12) 애국동지원호회, 한국독립운동사, 서울:애국동지위원회, 1966, 70면.

것은 직접 무기를 들고, 일제 군경들과 대항했던 의병(義兵)[13]과 무장독립단이었다. 이와 아울러 일본제국주의 강력한 무단정치에 대항한 것이 민중계몽 · 교육운동 · 무장투쟁 운동으로 집약된 비밀결사의 조직이었다.

이러한 단체 중 호남에서는 비밀리에 중국의 독립자금을 지원하면서, 겉으로는 교육활동을 벌였던 전북 고창군 성내면의 흥동장학회(興東奬學會)의 활약도 잊어서는 안 될 것이다.[14]

3. 유학생의 증가와 독립운동

서기 1910년 이후 조선 학생들이 해외에 유학하게 된 동기는 민족독립운동을 위한 실력양성의 한 방편으로서 신지식을 배워 민족운동을 전개하고자 함에 있었다. 그리하여 당시 조선 민족운동의 지도자들은 대개 유학생 출신이었다. 조선의 민족운동은 혹독한 일제의 탄압 하에서 이들에 의하여 면면히 그 명맥을 유지하여 갔다.

특히 일본에 가장 많은 유학생이 이었고, 일본에서 전개되는 조선독립운동은 바로 이들에 의하여 이루어졌다.[15] 당시 도일 유학생들은 해를 거듭할수록 증가하여 서기 1912년에는 228명, 그 다음 해에는 일본 유학생은 547명에 이르렀다.

4. 국제적 상황과 이에 대한 대처

한민족이 자체적으로 독립을 위한 노력과 기반을 강화하고 있을

---

13) 호남의 의병은 연정 김경식, 위의 책, 217~264면 참조.

14) 김경식, 韓民族教育文化史, 교육과학사, 2008, 588∽592면.

15) 박영규, '3.1운동이후재일한인학생의 독립운동', 3.1운동 50주년기념논문집, 동아일보사, 1969, 958면.

때, 마침 제1차 세계대전이 끝나고 전후 처리를 위한 파리강화회의에서 미국의 윌슨(W.Wilson) 대통령의 민족자결주의(民族自決主義)가 발표됨으로써(서기 1918) 조선의 독립운동을 크게 고무시켜주었다. 이는 "각 민족의 운명은 그 민족 스스로가 결정해야 한다"는 내용으로서 당시 전세계적으로 팽배해 있던 약소민족들의 민족운동에 호응한 것이었으며, 실제로 과거에 독일이나 러시아의 지배를 받던 여러 약소국가들이 독립을 선포했던 것이다. 이 소식은 곧 국내로 전해졌고. 따라서 한민족의 독립운동도 더욱 활기를 띠게 되었다.

윌슨의 민족자결주위에 대해서 가장 빠른 반응을 보인 것은 중국에 망명중이던 독립지사였으며, 이들은 서기 1919년 1월 상해에서 신한청년당(新韓青年黨)을 조직하고 김규식(金奎植)을 파리 강화회의에 대표로 파견하여 독립을 호소하였다.[16] 또한 당시 민족자결주의 소식에 접한 재일 조선인 유학생들은 크게 용기를 얻어 조선청년독립단(朝鮮青年獨立團)을 조직하여던 바, 바로 이 단체가 2.8독립선언의 모체가 되었다.

제2절 2.8 동경유학생독립운동의 모색

1. 제1차 대전과 동경유학생의 동향

2.8 동경유학생독립운동의 동기는 무엇보다도 제1차 세계대전의 발발에 의한 국제정세에 따른 변화와 거기에 대한 주일 조선 유학생들의 진취적인 감수성과 정세에 따른 판단에 따라야 할 것이다.

16) 金成植, '韓國學生運動의 思想的 背景-特히 2.8獨立宣言을 中心으로-', 亞細亞研究 Ⅶ-1, 고려대, 1969.

유학생간의 공론은 차치하고라도 일제 고등경찰에 내사된 학생 언동으로서 다음과 같은 내용이 포착되었다.

서기 1915년 1월중 이찬우(李潔雨) · 백남훈(白南薰) · 최태욱(崔泰旭) · 현준호(玄俊鎬; 전남 광주 출신) 등의 회합에서 다음과 같은 담론이 주목을 끌었다.

> 근래 포왜(布哇; 하와이)에 있는 조선인 청년단 측에서는 독일에 대한 전비(戰費) 보조의 명목으로 금 2만원을 보내게 되었는데, 미국인들이 조선인에 대하여 많은 동정과 우의를 표하였다 하니, 우리 유학생도 모금을 하여 독일에 보내 주면 우리 동포의 정의심을 과시할 수 있을 것이다.[17)]

또한 서기 1918년 1월 7일 재동경조선기독교 청년회관에서 열린 명치(明治)대학교 동창회주최 각 학교 연합웅변회(참가 인원 150명)에서 동경고사(東京高師) 학생 서춘(徐椿)은 '전쟁과 평화' 라는 제하에서 다음과 같이 갈파하고 있다.

> 평화를 위한 전쟁이냐, 전쟁 때문에의 평화냐, 그 이론이야 어디에 있는지 우리는 전쟁을 통하여 평화를 누릴 수 있다고 생각한다. 전쟁에 승리하는 자는 생존하고 패배하면 망하는 것이다. 오인(吾人) 조선 민족도 그들 열강과 같이 싸움에 상승할 수 있는 준비에 자진해 나갈 것이다.[18)]

우리는 이상의 글을 종합 정리해 보면, 전자는 대전으로 인한 민족적 감정의 반항이며, 후자는 한민족의 실력 향상을 갈망하는 소박한 이상이라고 정리할 수 있다.

제1차 대전이후 동경유학생들의 이와 같은 언동은 2.8 동경학생

---

17) 〈현□자(現□資)〉(26) '朝鮮' ② 1면.

18) 위의 책, 8면.

독립운동의 사상적 배경을 헤아려 보는데 도움이 될 것으로 생각된다. 동경 유학생의 이러한 행동에 더욱 활기를 불러일으키게 된 동기는 서기 1918년의 세계1차 대전의 종전이었고, 여기에 따른 전후 국제정세의 변화였다.

일본유학생들의 일제에 대한 잠재적 항일성은 유학생의 전통적인 사상 전개 일반을 통하여 이미 구축된 바이지만, 2.8학생독립운동을 전개할 수 있었던 가장 근인은 당시 유학생들이 다음과 같은 새로운 정보를 입수하였다는 사실일 것이다.

1) 서기 1928년 12월 1일 일본의 고베(神戶)에서 발간되고 있던 영문신문인 Japan Advertiser지는 "재미 조선인중 이승만(李承晩) · 민찬호(閔贊鎬) · 정한경(鄭漢京) 등 3인이 조선민족 대표로서 독립을 호소하기 위하여 파리강화회의(巴里講和會議)에 파견되었다"는 보도였다.

2) 서기 1915년 2월 15일자 동경 조일신문(東京朝日新聞)에서는 "미국 샌프란시스코 거류 조선인들의 독립운동자금으로 30만 달러의 기금을 모금하였다"는 내용의 보도였다. 이러한 기사는 당시 청산학원(青山學院) 영문과에 재학중이던 윤창석(尹昌錫)에 의하여 유학생계에 널리 퍼지게 되었다.[19)]

3) 그 무렵 동경에 기숙하고 있던 최원순(崔元淳) · 정광호(鄭光好)의 집에 어느 날 김안식(金安植) · 김현준(金賢準)이 내방하여 국제문제를 비롯한 시국 문제를 논의하게 되었다. 그 자리에서 최원순과 정광호는 당시의 정세를 민족독립을 요구할 수 있는 절호의 기회로 판단하였는 것이다.[20)]

한편 미국에서 파견되는 조선 대표들은 조선총독부의 통치를 받

19) 金度演, '나의 人生白書', 68면, 조선일보, 1962년 2월 28일자, 변희용(卞熙鎔)의 '해외에서 겪은 3.1운동' 동아일보, 1969년 3월 1일자 '민족의 함성' ③ 참조.
20) 독립운동사 제9집 학생독립운동사 편집위원회, 학생독립운동사, 1969, 123면.

아 보지 못한 일부 불평파와 해외 망명객의 잠꼬대라는 일본 측의 역선전을 할 것이니, 이때를 당하여 확실하게 민족 독립의 의지를 표시하고 독립의 관철을 위하여 거족적 투쟁을 전개해야 하며, 학생은 그 선봉에 서야 한다는 점에서 의견을 모으게 되었다.

한편 일부 친일파들이 파리 강화회의에 일본을 지지하는 자료를 제출하기 위하여 일제측과 결탁하여 총독정치를 지지하는 문서를 작성 중이라는 정보를 입수하였던 것이다. 그리하여 일제의 노예가 되는 것을 결사반대한다는 민족적 방향의 제시를 유학생들이 담당하여야 한다는 주장 등이 강조되었다. 김안식(金安植)·김현준(金賢準)·나용균(羅容均;전북 정읍 출신) 등은 운동자금을 구하기 위하여 귀국하였다.[21]

이와같이 학생회합에서 항상 독립에 관한 정세분석과 독립운동 전개에 관한 필요성이 강조되었다는 것은 이런 학생들에게만 국한되는 것이 아니었고, 전 유학생계의 공론으로 확산되어 나가고 있었다.

4) 운동 자금에 있어서는 학생들이 호주머니를 털어 그 때 그 때 사용한 것이었지만, 대체로 장인환(張仁煥)·변희용(卞熙鎔)·최원순(崔元淳)·나용균(羅容均)·최팔용(崔八鏞) 등이 개인 부담과 모금에 노력하였고[22] 또한 황해도 봉산 출신으로 동경에 체류 중이던 김석황(金錫璜)이 많은 자금을 냈다.[23] 그리고 송계백(宋繼白)이 국내 지도층과 연락하기 위하여 귀국하였을 때, 동경 유학생의 선배인 정노식(鄭魯湜)으로부터 마침 그가 전답을 판 돈 전액을 희사받고 돌아가 활동자금으로 쓰게 되었다고 전해지고 있다.[24]

---

21) 白寬洙, '朝鮮青年獨立團' 2.8獨立宣言略史, 人物界(1969년 1월호), 68면 참조.

22) 변희용, 같은 글 참조.

23) 田榮澤, '동경유학생의 독립운동', 新天地, 1946, 참조.

24) 金度演, 같은 글, 71면.

5) 동경유학생들은 서기 1918년 제1차 대전이 끝나고 동년 10월 5일 동경 기독교 청년회관에서 있었던 웅변대회에서 진취적인 시사를 열변을 토하였고, 동년 11월 10일 반도 웅변대회에서는 자주독립을 위한 민족 자결론을 펴고 있었다.[25)]

2. 조선청년독립단(朝鮮青年獨立團)의 조직

상술한 바와 같은 동경 유학생계의 상황 속에서, 서기 1918년 연말을 당하여 망년회를 비롯한 학생집회들이 열리게 되었다. 이들 기회는 실로 동경 유학생들의 항일적 의사를 토론하고 제1차 대전이후 국제정세와 민족 자결론, 그것을 한민족에게 유리한 방향으로 활용할 수 있는 발표하고 논의할 수 있는 계기를 형성해 주었다.

서기 1918년 12월 29일 명치회관에서 열린 학우회 주최 유학생 망년회에서는, 민족자결주의에 의한 조선독립론이 주제로 등장하여 비상한 관심이 집중되고 있었다. 이어 12월 30일 동경기독교 청년회관에서 개최된 동서 연합 웅변대회 석상에서도 독립문제가 거론되어 크게 기세를 올렸다. 변희용(卞熙鎔; 성균관대학교 총장 역임)은 당시의 상황을 다음과 같이 증언하고 있다.

> 이때를 당하여 국가의 독립과 민족의 자유를 쟁취하지 않으면 안 된다는 거족적 의사표시가 없으면 우리 대표(파리에 파견되어 활동한 한민족 대표를 말함)의 제소가 수포로 돌아갈 것이니 이 제소의 효과를 거두기 위해서는 반드시 의거가 있어야 한다.[26)]

---

25) 〈現□資〉(26), '朝鮮' ② 13~17면 참조.

26) 卞熙鎔, '해외에서 겪은 3.1운동', 1962년 2월 28일자 참조.

이와같이 중론의 유도와 투쟁 정세 발전에 더욱 박차를 가하는 의미에서, 서기 1919년 1월 6일 조선 기독교청년회관에서는 학우회 주최로 웅변대회가 개최되었는데, 당일 연사들이 번갈아 일어서서 "세계사조에 따라 또한 민족자결의 대원칙에 입각하여 우리의 민족은 반드시 자주 독립을 해야 할 것이며, 이러한 숭고한 목적을 관철하기 위해서는, 우리 젊은 학생들이 앞장서서 목숨을 걸고 싸워야 한다"[27]며 열변을 토하였던 것이다.

흥분과 긴장에 쌓인 장시간의 강연은 끝났으나 학생들은 자리를 뜨지 않고 새벽 1가 지나도록 독립운동 전개의 방법을 숙의하느라 자리를 떠날 줄 몰랐다.

그 때 김도연(金度演)은 독립운동과 거기에 대한 제반 사항을 일임할 수 있는 대표를 선출하자고 제의하여 결의를 얻어 다음과 같은 학생을 대표(위원)로 선출하였다.

최팔용(崔八鏞;早稻田大) · 전영택(田榮澤;青山學院) · 서춘(徐椿;元高師) · 백관수(白寬洙;正則英語) · 윤창석(尹昌錫;青山學院) · 송계백(宋繼白;早稻田大) · 이종근(李琮根;東洋大) · 김상덕(金尙德;無職) · 김도연(金度演;慶應義塾) · 최근우(崔謹愚;東京商)[28]

이상 10명의 대표 중 전영택은 병을 칭하여 사퇴했고, 김철수와 이광수가 추가되어 총 11인의 대표가 선정되었다. 그런데 백관수에 의하면 이날 모임에 자신과 최팔용, 김도연은 이미 비밀공작을 진행 중이어서 참석하지 않았고, 사의만 전달했는데 이에 대해 참석자들의 비난이 쏟아졌다고 하였다.[29]

---

27) 卞熙鎔, 위의 글 참조.
28) 卞熙鎔, 같은 글, 白寬洙, '朝鮮青年獨立團', 2.8宣言略史, 人物界(1960.1) 참조.
29) 백관수, 같은 글, 298면.

1월 7일 회의에서 조선민족의 독립을 꾀하기 위해, 대신 및 제국 의회에 의견을 진정해야 한다는 의견이 나왔다. 이날 동경 경시청은 서춘, 윤창석 등을 소환해 주의를 주었고, 그후 선출된 대표들은 더욱더 일제 경찰의 감시를 받았다.[30)]

이러한 상황 속에서 비밀결사인 '조선청년독립단(朝鮮靑年獨立團)'을 발족시키고, 구체적인 투쟁계획을 추진해 나갔다.

당시 청산학원의 윤창석 등은 당시 동교의 미국인 교수 헤리스(Merriam H. Harris)가 일제의 위촉을 받고, 파리로 가서 조선대표의 활동을 방해할 것이라는 정보를 입수하고, 백방으로 노력하여 이를 좌절 시킨 경우도 있다.[31)]

이렇게 동경 유학생들이 독립운동을 추진하고 있을 무렵, 해외정세를 알려줄 수 있는 인물들이 또한 동경으로 들어오게 되었다. 이에 따른 새로운 해외정보는 당시 동경유학생들의 독립운동을 더욱 고취시켰다.

이러한 상황 속에서 독립선언문 작성의 문제가 제기되었다. 일제의 의회에 보낼 청원서와 독립선언서 준비는 백관수와 김도연, 이광수가 맡기로 하였다. 독립선언서 작성에 이견이 있으나[32)] 힘 있는 문체로 보아서 백관수가 작성한 것으로 되어 있다.[33)] 다만 이광수가 본문을 토대로 문장을 다듬었다는 것이다. 또한 학생들은 독립선언서, 민족대회 소집 청원서 및 결의문을 국문, 영문, 일문으로 작성하였다.

---

30) 金度演, '나의 人生 白書' 70면.

31) 白寬洙, 같은 글 참조, 金成植, '日帝下韓國學生運動', 日帝下의 民族運動史, 高麗大 亞細亞問題硏究所, 128~129면, 註39 참조.

32) 일부에서는 처음 이광수에게 의뢰했다는 견해, 김종인, '3.1운동에서 8.15', 신천지, 1946,3 참조.

33) 윤재근, 근촌 백관수 동아일보사, 1996, 64~67면.

3. 국내와 상해로 연락 대표 특파

우선 국내로의 파견된 연락 대표는 조선독립청년단 실행위원의 한 사람인 송계백(宋繼白)이었던 바, 그 파견 경위와 영향은 대략 다음과 같이 정리된다.[34)]

송계백은 서기 1919년 1월 초순경 서울의 중앙학교장 사택을 방문하고, 당시 동경유학생들의 독립운동을 주도하고 있던 근촌 백관수(芹村 白寬洙)[35)] 선배의 소개로 찾은 것이라고 했다. 송계백은 장차 일본에서 발표하려는 조선유학생들의 '독립요구 선언서'를 현상윤(玄相允)에게 보여주었다.[36)] 동 선언서는 백관수가 초안한 것을 이광수가 쓴 원고로서, 결의에 찬 조선 청년의 독립의지를 감격적으로 표현하고 있다. 잠시 감격에 싸여있던 송진우와 현상윤은 마침 학교를 찾아온 최남선(崔南善)에게 그 원고를 보여주었다. 그 원고를 본 최남선은 역시 향후 국내 독립운동에 적극 참가할 것을 승낙하면서 국내 독립선언서는 자신이 쓰겠다고 제안하여, 이렇게 해서 '기미독립선언서'는 최남선이 작성하였던 바, 동경학생들의 '독립요구 선언서'는 그의 원고 작성에 많은 참고가 되었다.

최남선은 당시 신문관(新文館)이라는 출판사를 경영하고 있었기에 선언서를 채자(採字)하여, 그 활자를 송계백에게 가져가게 하였다. 그것은 당시 일본에는 한글 활자가 없었고, 선언서를 다량으로 제작하려면 부득이 한글 활자가 필요했기 때문이었다. 김성수(金

34) 연정 김경식, 湖南抗日民族教育展開史 II, 도서출판 조은, 2021, pp. 367~368.

35) 근촌은 전북 고창군 성내면 출신으로 仁村 金性洙와는 어렸을 적부터 친구로 소년시절 전북 부안군 來蘇寺 靑蓮菴에서 고하 송진우(古下 宋鎭禹)와 더불어 셋이 공부한 적도 있으며, 중앙학교 교사를 하다가 동경에 유학하였다.

36) 玄相允, '三一運動回想', 新天地 3월호, 1946.

性洙) 등은 송계백에게 동경의 거사와 국내와 똑같은 일시에 이루어져야 한다는 것을 다짐까지 하였다.

한편 송계백과 마찬가지로 조도전 대학에 재학중이던 전북 정읍 출신 나용균(羅容均)은 학생독립단의 재정을 담당하고 있었던 바, 그 역시 동년 1월 고향에 가서 거금 700원을 장만하여 상경하였다. 그리하여 중앙학교를 방문, 송진우 교장을 만나, 일본 유학생의 독립운동 거사계획을 설명해 주고 더 많은 자금의 필요성을 말했다. 이에 송진우는 나용균에게 180원을 건넸는데, 그 돈은 물론 김성수에게서 나온 것이다.

당시 현상윤은 다시 송계백이 가져온 그 독립선언서 초고를 가지고 최린(崔麟)에게 가지고 가 보여주고 손병희(孫秉熙)에게도 보였다. 손병희는 "어린 아이들이 저렇게 운동을 한다 하니, 우리로서 어찌 앉아서 보기만 할 수 있느냐"라며 그날 천도교의 간부회를 소집하였고, 장시간 격론 끝에 드디어 천도교의 결기를 단행했다.

이러한 소식을 전해 듣고 그날(1월 31일) 저녁 최린과 송진우 그리고 현상윤과 최남선 등은 재동에 있던 최린의 집 내실에서 비밀회합을 갖고 구체적 계획과 방법을 논의했다(이후의 상황은 3.1운동의 장에서 기술하겠다).

그러한 상황하에서 다시 도일한 송계백으로부터 서기 1919년 2월 초 한 통의 전보가 계동의 인촌 김성수 앞으로 날아들었다. 그 전문의 내용은 "2.8샀다"는 짤막한 전문 내용은 동경유학생들이 거의 준비가 끝났다는 것을 알 수 있었다.

한편 이광수(李光洙)는 1월 31일 상해(上海)로 들어간 것은 다음과 같이 대략 정리된다.[37] 그를 상해로 파견하게 된 이유는 상해를 중심으로 한 민족세력과의 접촉 및 동경유학생의 독립운동을 내외

37) 독립운동사(9집) 학생운동사 편집위원회, 같은 책, 129~130면.

적으로 전선하기 위해서 였다. 상해에 도착한 이광수는 영역한 독립선언문을 노르웨이인이 경영하던 '만국전신국'을 통하여 전문으로 파리에 체재 중이던 윌슨, 클레망소, 로이드 조오지 등 3 거두에게 전송하였던 바, 그 때 지불한 전송비만도 720원이었다. 참고로 이광수가 상해로 떠날 때 가진 여비는 40원이었다. 그러나 이광수가 상해에 도작하여 조농호(趙東祜)와 함께 곤란한 생활을 했으나, 국내에서 김철(金澈)이 1만원을 가지고 왔기 때문에 문제는 별로 없었다.

이광수는 또한 2월 8일을 기다리고 있다가, 선언서와 거기에 관한 기사를 작성하여, 미국계 신문인 China Press와 영국계 신문인 North China Daily News와 교섭을 하였으나, 현지 통신 확인 기사가 아니라는 이유로 거절당하였다. 그러나 그 다음 날 Daily News의 평론란에 "Young Korean Ambition"이란 제목으로 2.8 독립운동의 내용이 처음으로 소개되었다. 그 이튼 날인 2월 10일 China Press에서는 좀 더 상세히 보도되었다. 유학생의 독립운동은 이렇게 국제적인 보도에서 소개 되었다.

이광수가 작성한 선언서의 영역은 마침 안식년으로 돌아갔다가 돌아오는 선교사 Geroge S, McEune(조선명 尹山溫)이 동경에 들렀을 때, 조선 학생의 독립운동을 찬성한 나머지 명치학원(明治學院)의 Henry M. Landes:1857~1921)을 소개해 주었기 때문에, 그의 호의로 정정을 받았다는 것이다.[38]

38) 田榮澤, '東京留學生의 獨立運動', 新天地 3월호, 1946 참조.

제3절 2.8 동경유학생독립운동의 전개

1. 독립선언서와 결의문의 작성

상술한 송계백이 경성에서 독립선언서 작성에 필요한 인쇄활자를 동경에 가지고 온 것만은 사실인 것 같다. 활자를 적게 가지고 왔기에 글자가 많아 쓰지를 못했다는 것[39] 증언과 또는 "송계백군도 등에 상처가 나도록 활자 보퉁이를 짊어지고 왔는데, 인쇄기와 시일관계로 활자 인쇄를 중지시키기로 했다"는 증언도 있기 때문이다.[40] 그러나 활자는 사용하지 않고 결국 선언문과 결의문은 펜으로 작성하여 등사했다. 동 인쇄물은 최원순과 정광호가 지휘하여 유학생 10여 명이 주야로 일주일간 등사하여 각각 1만부 이상을 준비하였다.[41] 일제측의 자료에 의하면, 그 장소는 유학생 김희술의 셋방에서 이루어졌다. 제국의회(일본국회)에 보낼 민족대회 소집청원서는 최팔용(崔八鏞)의 활약으로 인쇄소를 매수하여 1천부의 인쇄물을 준비할 수 있었다.[42]

宣言書(선언서)[43]

全朝鮮青年獨立團(전조선청년독립단)은 我二千萬朝鮮民族(아이천만조선민족)을 대표하야 正義(정의)와 自由(자유)의 勝利(승리)를 得(득)한 世界萬國(세계만국)의 前(전)에 獨立(독립)을 期成(기성)하기를 宣言(선언)하노라.

---

39) 최승만, '2.8독립선언과 관동진재의 실상과 사적 의의', 2.8독립기념관 설치위원회, 1984, 9면.

40) 백관수(白寬洙), '조선청년 독립단', 2.8선언약사, 298면.

41) 위의 글 참조.

42) 전영택(田榮澤), '동경유학생의 독립운동', 252면.

43) ( )의 한글은 필자가 삽인한 것임.

四千三百年(사천삼백년)의 長久(장구)한 歷史(역사)를 有(유)한 吾族(오족)은 實(실)로 世界最古(세계최고) 文明民族(문명민족)의 一(일)이라. 비록 有時乎(유시호) 支那(지나)의 定朔(정삭)을 奉(봉)한 事(사)는 有(유)하엿으나 此(차)는 朝鮮皇室(조선황실)과 支那皇室(지나황실)과의 形式的(형식적) 外交關係(외교관계)에 不過(불과)하엿고 朝鮮 (조선)은 恒常(항상) 吾族(오족)의 朝鮮(조선)이오 一次(일차)도 統一(통일)한 國家(국가)를 失(실)하고 異族(이족)의 實質的(실질적)支配(지배)를 受(수)한 事(사) 無(무)하도다. 日本(일본)은 朝鮮(조선)이 日本(일본)과 脣齒(순치)의 關係(관계)과 有(유)함을 自覺(자각)함이라 하여 一千八百九十五年 (일천팔백구십오년) 日淸戰爭(일청전쟁)의 結果(결과)로 日本(일본)이 朝鮮(조선)의 獨立(독립)을 率先承認(솔선승인)하엿고 英(영), 米(미), 法(법), 德(덕), 俄等(아등) 諸國(제국)도 獨立(독립)을 承認(승인)할뿐더러 此(차)를 保全(보전)하기를 約束(약속)하엿도다. 朝鮮(조선)은 그 恩意(은의)를 感(감)하야 銳意(예의)로 諸般 改革(제반개혁)과 國力(국력)의 充實(충실)을 圖(도)하엿도다. 當時(당시) 俄國(아국)의 勢力(세력)이 南下(남하)하야 東洋(동양)의 平和(평화)와 朝鮮(조선)의 安寧(안녕)을 威脅(위협)할 새 日本(일본)은 朝鮮(조선)과 攻守同盟(공수동맹)을 締結(체결)하야 日俄戰爭(일아전쟁)을 開(개)하니 東洋(동양)의 平和(평화)와 朝鮮(조선)의 獨立保全(독립보전)은 實(실)로 此同盟(차동맹)의 主旨(주지)라. 朝鮮(조선)은 너욱 그 好誼(호의)에 感(감)하야 陸海軍(육해군)의 作戰上(작전상) 援助(원조)는 不能(불능)하엿으나 主權 (주권)의 威嚴(위엄)까지 犧牲(희생)하야 可能(가능) 한 온갓 義務(의무)를 다하야 써 東洋(동양)의 平和(평화)와 朝鮮獨立(조선독립)의 兩大目的(양대목적)을 追求(추구)하얏도다. 及其(급기) 戰爭(전쟁)이 終結(종결)되고 當時(당시) 米國大統領(미국대통령) 루쓰벨트 氏(씨)의 仲裁(중재)로 日我間(일아간) 講和會議(강화회의) 開設(개설)될새 日本(일본)은 同盟國(동맹국)인 韓國(한국)의 參加(참가)를 不許불허)하고 日俄(일아) 兩國代表者間(양국대표자간)에 任意(임의)로 日本(일본)의 朝鮮(조선)에 對(대)한 宗主權(종주권)을 確定(확정)하엿으며 日本(일본) 은 優越(우월)한 兵力(병력)을 持(지) 하고 조선(朝鮮)

의 獨立(독립)을 保全(보전)한다는 舊約(구약)을 違反(위반)하야 孱弱(잔약)한 當時(당시) 朝鮮皇帝(조선황제)와 그 政府(정부)를 威脅(위협)하고 欺瞞(기만)하야 '國力(국력)의 充實(충실)됨이 足(족)히 獨立(독립)을 得(득) 할 만한 時期(시기) 까지' 라는 條件(조건)으로 朝鮮의 外交權(외교권)을 奪(탈)하야 此(차)를 日本(일본)의 保護國(보호국)을 作(작)하야 朝鮮(조선)으로 하야곰 直接(직접)으로 世界列强(세계열강)과 交涉(교섭)할 道(도)를 斷(단)하고 因(인)하야 '相當(상당)한 時期(시기)까지'라는 條件(조건)으로 司法(사법), 警察植(경찰권)을 奪(탈)하고 更(경)히 '徵兵令實施(징병령실시)까지' 라는 條件(조건)으로 軍隊(군대)를 解散(해산)하며 民間(민간)의 武器(무기)를 押收(압수)하고 日本軍隊(일본군대)와 憲兵警察(헌병경찰)을 各地(각지)에 遍置(편치)하며 심지어 皇宮(황궁)의 警備(경비)까지 日本(일본)의 警察(경찰)을 使用(사용)하고 如此(여차)히 하야 朝鮮(조선)으로 하여곰 全(전)혀 無抵抗者(무저항자)를 作(작)한 後(후)에, 다소 名哲(명철)의 稱(칭)이 有(유)한 朝鮮皇帝(조선황제)를 放逐(방추)하고 精神(정신)의 發達(발달)이 充分(충분)치 못한 皇太子(황태자)를 擁立(옹립)하고 日本(일본)의 走拘(주구)로 所謂(소위) 合併內閣(합병내각)을 組織(조직)하야 秘密(비밀)과 武力(무력)의 裏(이)에서 合併條約(합병조약)을 締結(체결)하니 玆(자)에 吾族(오족)은 建國以來(건국이래) 半萬年(반만년)에 自己(자기)를 指導(지도)하고 援助(원조)하노라하는 友邦(우방)의 軍國的(군국적) 野心(야심)의 犧牲(희생)이 되엿도다.

실로 日本(일본)의 朝鮮(조선)에 대한 行爲(행위)는 詐欺(사기)의 暴力(폭력)에서 出(출)한 것이니 實(실)로 如此(여차)히 偉大(위대)한 詐欺(사기)의 成功(성공)은 世界興亡史上(세계흥망사상)에 特筆(특필)할 人類(인류)의 大恥辱(대치욕)이라 하노라.

保護條約(보호조약)을 締結(체결)한 時(시)에 皇帝(황제)와 賊臣(적신) 아닌 幾個大臣(기개대신)들은 모두 反抗手段(반항수단)을 다하얏고 發表(발표) 後(후)에도 全國民(전국민)은 赤手(적수)로 可能(가능)한 온갖 反

抗(반항)을 다하얏으며 司法(사법),警察權(경찰권)의 被奪(피탈)과 軍隊解散時(군대해산시)에도 然(연)하얏고 合併時(합병시)를 當(당)하야는 手中(수중)에 寸鐵(촌철) 無(무)함을 不拘(불구)하고 可能(가능)한 온갖 反抗運動(반항운동)을 다하다가 精銳(정예)한 日本(일본)의 武器(무기)에 犧牲(희생)이 된 者(자) 不知其數(부지기수)이며 以來(이래) 十年間(십년간) 獨立(독립)을 恢復(회복)하랴는 運動(운동)으로 犧牲(희생)된 자 其數(기수) 十萬(십만)이며 慘酷(참혹)한 憲兵政治下(헌병정치하)에 手足(수족)과 口舌(구설)의 箝制(겸제)를 受(수)하면서도 繼續(계속) 獨立運動(독립운동)이 絕(절)한 적이 없나니, 此(차)로 觀(관)하여도 韓日合併(한일합병)이 朝鮮民族(조선민족)의 意思(의사)가 아님을 可知(가지)할지라. 如此(여차)히 吾族(오족)은 日本(일본)의 軍國主義的(군국주의적) 野心(야심)의 詐欺暴力下(사기폭력하)에 吾族(오족)의 意思(의사)에 反(반)하는 運命(운명)을 當(당)하얏으니 正義(정의)로 世界(세계)를 改造(개조)하는 此時(차시)에 當然(당연)히 匡正(광정)을 世界(세계)에 要求(요구)할 權利(권리)가 有(유)하며 또 世界改造(세계개조)의 主人(주인)되는 米(미)와 英(영)은 保護(보호)와 合併(합병)을 率先(솔선)承認(승인)한 理由(이유)로 此時(차시)에 또한 舊惡(구악)을 憤贖(분속)할 義務(의무)가 有(유) 하다 하노라.

또 合併以後(합병이후) 日本(일본)의 朝鮮統治政策(조선통치정책)을 보건대 合併時(합병시)의 宣言(선언)에 反(반)하야 吾族(오족)의 幸福(행복)과 利益(이익)을 無視(무시)하고 征服者(정복자)가 被征服者(피정복자)의게 對(대)하는 古代(고대)의 非人道的政策(비인도적정책)을 應用(응용)하여 吾族(오족)의게는 參政權(참정권) 集會(집회) 結社(결사)의 自由(자유), 言論(언론)·出版(출판)의 自由(자유)를 不許(불허)하며 甚至(심지)어 信敎(신교)의 自由(자유), 企業(기업)의 自由(자유)까지도 不少(불소)히 拘束(구속)하며 行政(행정) 司法(사법) 警察等(경찰등) 諸機關(제기관)이 朝鮮民族(조선민족)의 人權(인권)을 侵害(침해)하며 公私(공사)에 吾族(오족)과 日本人間(일본인간)에 優劣(우열)의 差別(차별)을 設(설)하며 吾族(오족)에게는 日本人(일본인)에 比(비)하야 劣等(열등)한 敎育(교육)

을 施(시)하야써 吾族(오족)으로 하야곰 永遠(영원)히 日本人(일본인)의 被使役者(피사역자)를 成(성)하게 하며 歷史(역사)를 改造(개조)하야 吾族(오족)의 神聖(신성)한 歷史的(역사적), 民族的(민족적) 傳統(전통)과 威嚴(위엄)을 破壞(파괴)하고 凌侮(능모)하며 少數(소수)의 官吏(관리)를 除(제)한 外(외)에는 政府(정부)의 諸機關(제기관)과 交通(교통), 通信(통신), 兵備(병비), 諸機關(제기관)에 全部(전부) 或(혹)은 大部分(대부분) 日本人(일본인)만 使用(사용)하야 吾族(오족)으로 하야곰 永遠(영원)히 國家生活(국가생활)에 知能(지능)과 經驗(경험)을 得(득) 할 機會(기회)를 不得(부득)케 하니 吾族(오족)은 決(결)코 如此(여차)한 武斷專制(무단전제) 不正(부정) 不平等(불평등)한 政治下(정치하)에서 生存(생존)과 發展(발전)을 享受(향수)키 不能(불능) 한지라. 그뿐더러 元來(원래) 人口過剩(인구과잉)한 朝鮮(조선)에 無制限(무제한)으로 移民(이민)을 獎勵(장려)하고 補助(보조)하야 土着(토착)한 吾族(오족)은 海外(해외)에 流難(유난)함을 不免(불면)하며 國家(국가)의 諸機關(제기관)은 勿論(물론)이오 私設(사설)의 諸機關(제기관)에까지 多數(다수)의 日本人(일본인)을 使用(사용)하야 一邊(일변) 朝鮮人(조선인)으로 職業(직업)을 失(실)케 하며 一邊(일변) 朝鮮人(조선인)의 富(부)를 日本(일본)으로 流出(유출)케 하고 商工業(상공업) 에도 日本人(일본인)의게는 特殊(특수)한 便益(편익)을 與(여)하야 吾族(오족)으로 하야곰 産業的(산업적) 發興(발흥)의 機會(기회)를 失(실)케 하도다. 如此(여차)히 何方面(하방면)으로 觀(관)하야도 吾族(오족)과 日本人(일본인)과의 利害(이해)는 相互(상호) 背馳(배치)하면 그 害(해)를 受(수)하는 者(자)는 吾族(오족)이니 吾族(오족)은 生存(생존)의 權利(권리)를 爲(위)하야 獨立(독립)을 主張(주장)하노라.

最後(최후)에 東洋平和(동양평화)의 見地(견지)로 보건대 그 威脅者(위협자)이던 俄國(아국)은 이미 軍國主義的(군국주의적) 野心(야심)을 抛棄(포기)하고 正義(정의)와 自由(자유)와 博愛(박애)를 基礎(기초)로 한 新國家(신국가)를 建設(건설)하랴고 하는 中(중)이며 中華民國(중화민국)도 亦然(역연)하며 兼(겸)하야 此次 國際聯盟(국제연맹)이 實現(실현)되면 다시 軍國主義的(군국주의적) 侵略(침략)을 敢行(감행)할 强國(강국)이 無(무)할 것이다. 그러할진대 朝鮮(조선)을 合倂(합병)한 最大(최대) 理由(이유)가 이미 消滅(소멸)되얏을뿐더러 從此(종차)로 朝鮮民族(조선민족)이 無數(무수)한 革命亂(혁명란)을 起(기)한다면 日本(일본)에게 合倂(합병)된 朝鮮(조선)은 反(반)하야 東洋平和(동양평화)를 錯亂(착란)할 禍根(화근)이 될지라. 吾族(오족)은 正當(정당)한 方法(방법)으로 吾族(오족)의 自由(자유)를 追求(추구)할지나 만일 此(차)로써 成功(성공)치 못하면 吾族(오족)은 生存(생존)의 權利(권리)를 爲(위)하야 온갖 自由行動(자유행동)을 取(취)하야 最後(최후)의 一人(일인)까지 自由(자유)를 爲(위)하는 熱血(열혈)을 流(할)할지니 어찌 東洋平和(동양평화)의 禍根(화근)이 아니리오. 吾族(오족)은 一兵(일병)이 無(무)하니 吾族(오족)은 兵力(병력)으로써 日本(일본)에 抵抗(저항)할 實方(실력)이 無(무)하도다 然(연)이나 日本(일본)이 만일 吾族(오족)의 正當(정당)한 要求(요구)에 不應(불응)할진대 吾族(오족)은 日本(일본)에 對(대)하야 永遠(영원)의 血戰(혈전)을 宣(선)하리라. 吾族(오족)은 久遠(구원)히 高等(고등)한 文化(문화)를 有(유)하얏고 半萬年間(반만년간) 國家生活(국가생활)의 經驗(경험)을 有(유)한 者(자)라. 비록 多年間 (다년간) 專制政治下(전제정치하)의 害毒(해독)과 境遇(경우)의 不幸(불행)이 吾族(오족)의 今日(금일)을 致(치)하얏다 하더라도 正義(정의)와 自由(자유)를 基礎(기초)로 한 民主主義(민주주의)의 上(상)에 先進國(선진국)인 範(범)을 隨(수)하야 新國家(신국가)를 建設(건설)한 後(후)에는 建國以來(건국이래) 文化(문화)와 正義(정의)와 平和(평화)를 愛好(애호)하는 吾族(오족)은 반다시 世界(세계)의 平和(평화)와 人類(인류)의 文化(문화)에 貢獻(공헌)함이 有(유)할지라.

玆(자)에 吾族(오족)은 日本(일본)이나 或(혹)은 世界各國(세계각국)이 吾族(오족)의게 民族自決(민족자결)의 微會(기회)를 與(여)하기를 要求(요구)하며 萬一不然(만일불연)이면 吾族(오족)은 生存(생존)을 爲(위)하야 自由行動(자유행동)을 取(취)하야서 獨立(독립)을 期成(기성)하기를 宣言(선언)하노라.

西紀一九一九年二月 八日

在日本東京 朝鮮靑年獨立團 代表(재일본동경 조선 청년독립단 대표)

崔八鏡(최팔용) 尹昌錫(윤창석) 金度演(김도연) 李琮根(이종근) 李光洙(이광수) 宋繼伯(송계백) 金喆壽(김철수) 白資株(백관수) 金尙德(김상덕) 徐椿(서춘)

決議文(결의문)

一. 本團(본단)은 韓日合倂(한일합병)이 吾族(오족)의 自由意思(자유의사)에 出(출)치 아니하고 吾族(오족)의 生存(생존)과 發展(발전)을 威脅(위협)하고 東洋(동양)의 平和(평화)를 攪亂(교란)하는 原因(원인)이 된다는 理由(이유)로 獨立(독립)을 主張(주장)함.

二. 本團(본단)은 日本議會及(일본의회급) 政府(정부)에 朝鮮民族大會(조선민족대회)를 召集(소집)하야 大會(대회)의 決識(결의)로 吾族(오족)의 運命(운명)을 決(결)할 機會(기회)를 與(여)하기를 要求(요구)함.

三. 本團(본단)은 萬國平和會議(만국평화회의)에 民族自決主義(민족자결주의)를 吾族(오족)에 게 適用(적용)하기를 請求(청구)함. 右(우) 目的(목적)을 達(달)하기 爲(위)하야 日本(일본)에 駐在(주재)한 各國(각국) 大 · 公使(대 · 공사)의게 本團(본단)의 意思(의사)를 各其政府(각기정부)에 傳達(전달)하기를 依賴(의뢰)하고 同時(동시)에 委員(위원) 二人(이인)을 萬國講和會議(만국강화회의)에 派遣(파견)함. 右委員(우위원)은 旣(기)히 派遣(파견)된 吾族(오족)의 委員(위원)과 一致行動(일치행동)을 取(취)함.

四. 前項(전항)의 要求(요구)가 失敗(실패)될 時(시)는 吾族(오족)은 日本(일본)에 對(대)하야 永遠(영원)히 血戰(혈전)을 宣(선)함. 此(차)로써 生(생)하는 慘禍(참화)는 吾族(오족)이 그 責(책)에 任(임)치*이하

( )은 필자가 원문의 한자를 한글로 음을 적은 것임.

아니함.

※ 필자주 : 2.8 선언서와 결의문의 원문을 그대로 옮긴 것이며 다만 ( )안의 한글은 필자가 한 자의 음을 단 것이다.

위의 독립선언서의 내용을 요약하면 다음과 같다 할 것이다.[44)]

(1) 조선은 역사적으로 단일민족이며 문화민족이기 때문에 우리의 국가주권이 외교적이 형식적인 관계 이외로는 근본적으로 침해당하는 일이 없다는 것을 천명하여 우리 민족의 역사적 주체성을 대전제로 하였다.

(2) 당시 세계 열강의 각축과 타력의 작용에서 부각된 조선 말의 상황을 설명하고, 일본은 군국주의 무력으로 조선 침략을 단계적으로 감행하였으며, 조선과 일본이 러 · 일전쟁시에 체결한 국제관계를 배신한 일본을 사기범이라 규정하였다.

(3) 일반은 조선내의 매국세력의 성장을 비호한 끝에 기만과 폭력으로 민족의사에 반하는 합병을 강행했으므로, 한민족은 세계의 정의 앞에 우리의 독립을 요구할 수 있는 권리가 있다는 것을 주장하였다.

(4) 영 · 미 양국은 조선이 일본의 보호국(주권침해)이 되고 합병되는 것(주권상실)을 승인했으므로 이 기회에 구악을 속죄할 의무가 있다는 것 역시 천명하였다.

(5) 총독정치가 언론 · 출판 · 집회 · 결사의 자유를 강압하고 있다고 지적한 것은 학생들의 민주정치, 민주국가에 대한 일단의 제시라 할 것이다.

(6) 제1차 대전의 종전으로 국제연맹이 생기면 군국주의와 강대국의 횡포가 없어질 것이라는 의견에 대해서는 그 미숙성이 지적되기도 하지만, 국제사회에서 불의의 침략행위를 거부한 것 등은 2.8 동경 유학생운동의 세계평화에 대한 의견을 표현한 것이다.

(7) 2.8 동경 유학생은 일본이 그들이 요구에 불응한다면 영원히

44) 독립운동사(제9집) 학생독립운동 편집위원회, 같은 책, 163~164면.

혈전을 전개한다는 민족적인 선전포고를 하고 대일 극한 항쟁의 자세를 명백히 밝혔다는 점이다.

(8) 가장 주목되는 것은 일본을 타도한 뒤의 이른바 국시(國是)를 밝히고 있다는 점이다. "정의와 자유를 기초로 한 민주주의적 선진국에 범을 수하여 신국가를 건설한 후에는 건국이래의 문화와 정의와 평화를 수호한 우리 민족은 세계의 평화와 인류의 문화에 공헌함이 유한 줄 선언하노라."라고 천명한 것은 독립이후의 정체로 민주주의로 나아갈 것을 시사하고 있다는 것이다.

(9) 2.8 학생독립선언서는 일본과 세계에 대하여 한민족의 민족자결을 요구하고 있다.

이상의 내용을 볼 때 2.8학생운동은 동 독립선언서를 통하여 3.1 독립선언서 보다도 민족의 역사적 주체성, 침략 일본에 대한 확고한 항쟁의 의지 그리고 평화와 국제정의, 민주주의에 대하여 능동적인 주장을 펼치고 있다는 점일 것이다. 이에서 보듯 2.8 동경 유학생운동은 위와 같은 2.8정신을 이른바 구상화할 수 있는 정신적, 행동적 의지를 가지고 민족의 독립운동을 전개하였다고 하겠다.

2. 동경유학생독립운동의 선포

드디어 서기 1919년 2월 8일 오전 10시에 상기한 조선청년단 대표명의로 된 민족대회소집청원서, 독립선언서 및 결의문은 일본의 각 대신, 귀 · 중 양의원, 각국 대 · 공사, 각 신문사 및 조선총독부에 발송되었다.

동일 오후 2시에는 조선기독교청년회관 하층 강당에서 학우회 임원선거회라는 명목으로 학생을 소집하였다. 이미 유학생들은 독립선언의 기미를 알고 있었기 때문에 시간 전에 4백여 명이 모여 입론의 여지도 없이 초조한 상태에 있었다.

당시 백남규의 개회선언에 이어 윤창석의 사회로 대회가 시작하자 대회 명칭을 바꾸고 단상에는 독립선언서가 쓰여진 현수막이 걸리고 백관수가 독립선언서를, 김도연이 결의문을 낭독하자 장내외는 조선독립만세 소리와 환호성이 진동하는 가운데 결의문은 만장일치로 채택되었다. 이어 김도연의 강연이 있자 흥분하여 통곡하는 학생들도 있었다.[45] 윤창석은 하나님께 기도를 올렸다.

이때 일본경찰이 동 대회를 해산시키려 하자, 장내에서도 일대 난투가 벌어져 수라장이 되었다. 독립선언식이 끝난 뒤에는 시위 행진을 할 예정이었으나, 주동 학생의 검거와 일경의 저지로 성공하지 못하였다. 당시 학생운동의 주모자들은 2월의 한설냉풍이 몰아치는 일제의 심장부 동경 길바닥에서 맨발로 소나 개처럼 끌려가면서 분노와 결의를 다짐했던 학생들 17명이 정식으로 검거되었다. 취조 결과 끝내 출판법(제26조) 위반에 적용되어 최팔용(27세, 조도전대), 김도연(27세, 경응대), 서춘(26세, 전 동경고사), 김철수(24세, 경응대), 송계백(24세, 소노선대), 심상넉(29세, 무직), 백관수(30세, 정칙영어), 윤창석(31세, 청산학원), 이종근(23세, 동양대) 등은 모두 실형을 받고 서기 1920년 4월에 석방되었다. 그 나머지 학생들은 2월 9일 6시경 경찰에서 일단 석방되었으며 다만 대표중 이광수와 최근우 만이 기소중지되었다. 그것은 이광수는 상해로 이미 나갔으며, 최근우는 독립문서 작성시에 동경에 있지 않았다는 이유였다.

---

45) 김경식, '독립선언 · 민족언론의 수호자; 근촌 백관수', 고창의 전통과 생활사, 고창군, 2004, 295면, 金仁德, '일본지역 유학생의 2.8운동과 3.1운동' 한국독립운동사연구 제13집, 1999 참조.

3. 재일동경유학생과 2.8독립선언 이후의 운동

앞에서 논의한 바 있듯이, 2.8독립선언문에 나타난 항일 구국의지와 그 결의문에 나타난 혈전을 불사하는 투쟁의지는, 2.8독립선언 이후와 그 뒤 3.1운동이 경과하는 과정에서도 나타났다. 2.8독립선언운동의 주체는 여러 방면에서 각각 다른 형태로 반일 학생운동에 헌신하게 되었다.[46] 그러나 재일 유학생의 항일 구국의지와 그 투쟁의지는 2.8독립선언이 있던 그 다음 날부터 지속적으로 전개되었다. 그리고 일본유학생 일부는 국내로 들어와 계몽운동에 헌신했다.[47]

재일동경유학생은 2.8독립운동 다음 날 동경 국정구(麴町區) 중혈번정(中穴番町) 소재 조선총독부 관할 기숙사에서는 서춘, 이종근, 최승만, 김항복 등이 퇴사동맹을 모의하고 80여 명 기숙사생 총회사를 단행에 성공하였다.[48]

그리고 2.8독립선언 3,4일 후에도 제2차의 2.8운동계획이 있었다. 재동경유학생들은 일비곡(日比谷;히비야) 공원 광장에서, 제국의회에 조선독립의 청원과 2.8독립선언시 임원의 구금에 따라, 후임임원의 선출을 위해 전유학생대회를 개최하였다. 그리하여 회장에 이달(李達)을 선출 하고[49] 일제의 무단정치 규탄과 조선독립을 선포하는 선전문[50]을 산포하고 선동연설을 했다.

---

46) 이후 유학생 활동가들의 모습은 예컨대 최원순을 국내로 이광수, 최근우, 이봉수, 손두환, 주요한, 안승모, 류경환, 윤창만, 오의선, 윤보선, 고의봉, 황환, 정근모, 정범모 등은 상해로 가 활동하였다. (朝鮮總督府文 書, 같은 책,1 09~110면 참조).

47) 강재언, '2.8독립선언과 3.1 운동', 韓國獨立運動史(3), 1988, 215면.

48) 朝鮮總督府文書, 같은책, 朝鮮人概況, 100면.

49) 위의 책,같은 글 100면.

50) 동 선전문은 서기 1919년 2월 12일 최승만이 작성하고 변희용, 장인환, 강종섭, 최재우, 최승만이 서명하였다. (최승만, '2.8독립선언의 실상과 사적의의'(팜플렛), 서울 YMCA,4면 참조)

앞에서 언급한 바 있지만 2월 23일 동경유학생들은 변희용, 장인환, 최재우, 최승만, 강종섭 등 5명이 대표가 되어, '조선청년독립단 민족대회(朝鮮青年獨立團 民族大會)' 소집 촉진취지서를 작성하여, 집회와 시위를 계획했으나, 상술한 5명의 대표는 검속되었다.[51] 그 후 2.8독립운동의 주체는 여러 방면에서 반일운동에 헌신하였다.

국내에서 일어난 3.1운동에 자극 동경에서 일본 각지의 거류민들에게 독립선언서를 발송하고, 그 후 동경에서 정정당당하게 만세운동을 벌이려던 계획이 일제의 경찰에 사전 발각됨으로써 일단 실패로 돌아갔다.[52] 그러나 이에 좌절하지 않고 재일 동경유학생들은 3월 9일 재동경 조선청년독립단 동맹휴교 촉진부 명의로 유학생들에게 각 학교에서 동맹휴학하고 귀국하여 국내에서의 운동에 합류할 것을 호소하는 격문을 발송하였다.[53] 그리하여 2.8독립선언운동 이후 동년 5월 15일까지 국내에서의 운동에 참여하기 위하여 많은 유학생이 귀국하였다. 일본 경찰의 조사 기록만 보더라도 동 기간 귀국한 자의 수는 491명이었고 그 중 유학생만 359명이었다.[54]

한편 2.8독립선언이 있던 다음 해인 서기 1920년에 김준연, 최승만, 박승철, 서상국 등은 '2.8 독립선언 1주년 축하문'을 작성하여 상해 임시정부와 국내에 발송하여 독립의 기세를 올리고자 하였으나, 일제 경찰의 감시로 소기의 목적을 달성하지 못했다.[55]

---

51) 위의 책, 같은 글, 100면.

52) 玄圭煥, 같은 책(下), 349면.

53) 朝鮮總督府文書, 같은 책, 朝鮮人概況, 101면.

54) 朝鮮總督府文書, 같은 책, 朝鮮人概況, 101면.

55) 조항래, '재일 한국 YMCA에서의 2.8독립선언의 민족사적 의의, 2.8독립선언 제80주년 기념 자료집, 서울 YMCA, 1999, 37면.

당시 재일 유학생의 중심적 단체였던 학우회는 서기 1921년 11월 워싱턴에서 군비축소 · 중국문제 · 태평양 문제에 관한 국제회의가 있자 동년 11월 5일 임시총회를 가장해서 조선기독교 청년회관에 모여 조선청년독립단의 대표 이동제, 김송은, 문원성, 이홍삼의 명의로 '선언서'와 '결의문'을 발표했다.[56] 여기에서는 세계평화와 조선 문제의 관계를 거론함에 있어 "조선 독립이 극동평화와 세계평화의 원동력"임을 확인하고 있다.

3.1 운동이후 대판(大版) 지역에서도 유학생의 시위운동이 준비되었고, 이 계획은 사전에 누설되어 성과를 거두지는 못했다. 그러나 그 내막이 대판지역 신문에 대서특필됨으로 해서, 반사적으로 한민족의 독립 시위가 단절되지 않고 계속 되고 있다는 점을 알리는 데 일조했다 할 것이다.[57]

예컨대 염상섭의 활동을 들어보기로 한다. 그는 3.1 운동의 소식을 듣고 대판에서 이경근, 백봉제, 고영순, 권태형, 김시창, 김형식, 호정호 등과 같이 공동시위 계획을 세웠으나 동의가 없었다. 이에 그는 변희용의 협조로 자금의 지원을 받고 자신이 기초한 '선언서'와 '격'을 갖고 이경근과 백봉제를 다시 만나 이들의 도움으로 복제했다. 염상섭은 대판의 천왕사(天王寺) 공원에서 '조선독립선언서' 230매와 격문 1매, 일어로 된 조선독립선언서 13매를 휴대하고 시위를 주도했다. 그 때 그는 조선인들에게 조선독립선언서를 나누어 주고, 내각총리대신, 중앙위원장, 신문사, 대학교수들에게 보내고 선언서를 낭독하고 일제 경찰에 체포되었다.[58]

56) 朝鮮總督府文書, 같은 책, '在京朝鮮留學生概況', 3250면.
57) 정혜경, 일제하 재일 한국인 민족운동의 연구~대판지방을 중심으로~, 한국정신문화연구원, 한국학대학원 박사학위 논문, 1999, 87면.
58) 매일신문, 1919. 4. 21자 참조.

염상섭이 작성한 '선언서'는 '재대판 한국노동자 대표 염상섭'이란 명의로 되어 있으며, 동 선언서는 자유, 자각, 독립에 대한 강조와 그리고 민족자결주의를 천명하며, 일제가 주장하는 이른바 '동조동근(同祖同根)'이나 '일선동화(日鮮同和)'가 억측임을 지적했다. 아울러 독립선언의 명분과 근거로서 조선인의 자각과 자유에 대한 열망을 들고 있다.[59] 동 사건은 2.8 운동 선언에서 보듯, 독립의 의지와 투쟁의 의지 연결 선상에서 대판지역 재일 한민족이 중심이 된 운동으로, 서기 1920년대 대판지역 재일 한민족의 반일운동의 기원으로 자리 매김 되고 있다. 그리고 서기 1919년 6월에 있었던 복강현(福岡縣) 지방의 탄광에 일어난 조선인 갱부의 쟁의도 3.1 운동의 영향으로 일어났던 사실은 잘 알려져 있다.[60]

3.1 운동 이후 서기 1920년대는 국내외를 막론하고 3.1 운동 기념대회가 계획되었으나, 일제 경찰에 의해 수포로 돌아가기도 했지만, 부단히 시위 투쟁이 전개되었다.[61] 재일 한민족도 러시아 및 중국지역의 한민족과 마찬가지로 3월 1일, 5월 1일, 8월 29일, 9월 1일을 기념해 반일운동을 전개했다.[62] 이 중 서기 1919년 3월 1일은 재일 한민족사회에서 시위투쟁으로 기념되었다.

서기 1920년 2월 22일 조선기독교연합회의 김준연, 김송만, 박승철, 서상국 등은 '조선독립운동 1주년 기념 축하문'을 작성하고, 상해 임시정부와 국내에 발송하여 운동의 기세를 고양 시키고

59) 국사편찬위원회, 한국독립운동사(3), 963면.

60) 朴慶植, 在日朝鮮人運動史~8.15 解放前, 三一書房, 1919, 63면.

61) 장석홍, 3.1운동과 국내 민족주의 계열의 독립운동', 3.1운동과 국내의 민족운동(제13회 독립운동사 학술 심포지엄 발표문), 한국독립운동사연구소, 11~12면.

62) 이 날들을 기념투쟁을 '4대 기념 투쟁'이라고 한다(金仁德, 식민지시대 재일 조선인 운동 연구, 국학자료원, 1996).

자 했다.[63] 그리고 3월 1일에는 동 기독교회관에 약 50여명이 모였으나 그 중 몇 명이 검속되고 일제의 경찰이 해산 명령을 내림에 따라 군중들은 일비곡(日比谷) 공원에 70여명이 모여 그 자리에서 박형국이 "대한국 만세"를 크게 부르며 투쟁을 선포했다.[64]

이러한 3.1 운동 기념을 맞이해서 재일 유학생은 매년 기념식을 거행해 왔다. 서기 1924년 2월 28일 오후 2시 20년에는 일화일선청년회관(日華日鮮靑年會館)에서 '3.1운동 기념식'이라는 연설회를 개최하였던 바, 그 자리에는 학우회, 조선노동동맹회, 북성회, 무산청년회, 형설회, 여자학흥회 기념식의 주최였고 120여명이 참석했다.[65] 서기 1926년의 경우는 동경조선기독교 청년회관에서 학우회 주체로 기념식이 열렸으며, 250여명의 재동경 유학생 및 조선인이 참석하였던 바, 학우회의 김학술이 개회사를 통해 반일 의지를 불태웠다.[66]

한편 재일 한민족 사회 내부에서 사회주의적 경향이 강화되면서 3.1운동 기념식도 조직적으로 주체가 바뀌어 진행되었다. 예컨대 서기 1927년의 경우는 동경 조선인 단체협의회, 서기 1929년에는 재일조선노동총연맹, 서기 1931년의 경우는 일본 반제동맹 등이었다.[67]

이와 같은 단체에 의한 3.1 운동기념회는 결국 재일 유학생에서 시원한 배일 운동이 재일 한민족 노동 사회에 확산된 것으로 보아야 할 것이다. 물론 이러한 단체 주동의 3.1 운동 기념 뜻도 있겠으나 노동자 사회 운동에 힘을 실었던 것으로 인식해야 할 것이

---

63) 朝鮮總督府文書, 같은 책, 朝鮮人槪況, 105면 참조.

64) 위와 같은책, 105면 참조.

65) 독립운동사 편찬 위원회, 독립운동사자료집(별집), 1978, 34면.

66) 위와 같음.

67) 독립운동사 편찬 위원회, 같은 책, 86면, 108~109면.

다. 그것은 서기 1929년 조선인민단체협의회와 재일 조선 노동자 총연맹이 배포했던 "굶주림과 박해 가운데 제10주년 3.1 독립민족 해방의 날은 닥쳐왔다." "전 조선 피압박 민중에게 격함"[68]이라는 제목의 격문과 서기 1931년 일본반제동맹 서기국, 일본노동조합 전국협의회, 일본화학노동조합 대판(大阪)지부 등에서 배포하여 투쟁을 선동했던 "3.1 만세 사건 투쟁에 즈음하여 격함", "3.1 기념에 즈음하여 전국의 일본 · 조선 노동자 제군에게 격함", "3월 1일은 조선 독립만세 사건 기념일이다", "3월 1일은 시위운동으로 싸워라", "3월 1일! 조선 독립만세 기념일이다! 식민지 독립 제국주의 반대의 데모로 싸우라"[69] 등등의 문구에서도 인식할 수 있다.

제4절 2.8 동경유학생독립운동의 주도적 인물 : 근촌 백관수(芹村 白寬洙)[70]

동경유학생들이 당시 일제 '요시찰(要視察)' 감시망 속에서 거사했던 2.8 동경독립운동은, 전술한 바와 같이 유학생들이 서기 1919년 1월 조직했던 조선청년독립단(朝鮮青年獨立團)이 주도하였다. 동 독립단의 학생 대표는 전북 고창군 출신 백관수(白寬洙)를 위시한 최팔용, 전영택, 서춘, 윤창석, 송계백, 이종근, 김상덕, 김도연, 최근우 등 10명이었고, 동 독립단의 재무 담당은 전북 정

68) 독립운동사 편찬 위원회,같은 책, 86면.
69) 독립운동사 편찬 위원회,같은 책, 109면.
70) 김경식, 韓民族教育文化史, 교육과학사, 2008, 윤재근, 근촌 백관수, 동아일보사, 1996, 오수열, '근촌 백관수의 생애와 정치이념' 한국동북아논총, 16권3호(통권 60) 2011년 등을 참조하여 작성했음.

읍 출신의 나용균(羅容均)[71]이었다.

학생 대표 일원인 백관수는 사실상 조선청년독립단을 이끌며 2.8 동경유학생독립운동의 준비를 비밀리에 주도하고, 특히 독립선언문을 기초하였음은 물론, 독립선언문 등을 비밀리 등사하는 학생들의 지도 그리고는 독립선언서를 학생 대표로서 운동 당일 낭독하기도 하였다. 그러기에 우리는 2.8 동경유학생운동 전개에서 그 주도적 역할을 하였던 호남인인 근촌 백관수를 인식해 보는 것은 호남인으로서는 특별한 감회와 의의가 있다 하겠다.

1. 근촌의 출생과 성장

근촌(아호) 백관수(芹村 白寬洙)는 전북 고창군(高敞郡) 성내면(星內面) 생근리(生芹里) 출신이다. 원래 생근리는 마을 이름이 백련리(白蓮里) 였으나, 그가 출생하던 당시의 이름은 생근리였다. 이 마을은 '백련리' 이름의 '蓮(연꽃 연)' 자가 암시하듯 백련 못이 있고, 생근리 이름의 '芹(미나리 근)' 자가 암시하듯, 미나리 논이 있는 고즈넉한 전형적인 시골 모습이다. 이 마을의 위치는 부안군 보안면 줄포(茁浦). 흥덕면 흥덕(興德), 정읍군 고부(古阜)로부터 각각 10리 지점에 있는 마을이다. 이 마을엔 대대로 수원 백씨(水原 白氏)가 터를 잡고 살아온 마을이다. 근촌은 선조조(宣祖朝) 때 명신이자 선비였던 휴암 백인걸(休庵 白仁傑)의 10세 손으로 도진(道鎭)공과 고씨(高氏)부인을 부모로 하여 3남 3녀 중 장남으로 서기 1889년에 태어났다.

---

71) 나용균(서기 1896~1984)은 당시 2.8 동경유학생독립운동사건으로 상해로 망명 임시정부 의정원 의원이 되었고, 서기 1945년 한국민주당 결성에 참여하기도 했다. 제헌 · 4 · 5 · 6대 국회의원, 서기 서기 1960년 보사부장관, 서기 1963~1965년 국회 부의장을 역임하였다.

백씨가문은 휴암의 정신을 이어받아 국가의 혼란기에 많은 열사(烈士)를 배출하였다. 그 경우는 대략 다음과 같은 경우가 말해주고 있다.

근촌의 종형인 갑운 백인수(甲雲 白麟洙)는 두 번이나 순절(殉節)을 시도했다. 서기 1905년 을사늑약(乙巳勒約)때는, 조선이 일제(日帝)로부터 외교권의 박탈이라는 주권침해를 당하자, 청년 갑운은 을사늑약의 반대운동을 펼쳤다. 그러나 이것이 실패로 끝나자, 격분하여 단도(短刀)로 자신의 목을 찔렀다. 그 기백과 충절을 생각해 보라. 이 일은 마침 가족에게 발견되어, 그는 가까스로 목숨을 건지기는 했지만, 그는 거기서 머물지 않았다. 그 다음은 서기 1910년 경술국치(庚戌國恥) 즉, 우리는 몇 명의 매국노 고관들의 종이 한 장에 날인함으로써 나라가 통채로 하루 아침에 일제에 넘어가는 수모를 당할 때, 갑운은 단시(斷食)으로 자결을 시도를 하였고, 끝내는 유서를 남기고, 다시 스스로 목을 찔러서 자결(自決)하였다. 이리하여 갑운의 아들 낙일(樂一:서기 1880.6.11.~1942.6.29: 근촌의 從姪)은 장례(葬禮)를 치른 후에는, 상해 임시정부의 군자금(軍資金)을 조달하는 등 항일(抗日)운동과 조선 독립을 위하여 일생을 바쳤다.

이러한 백씨 가문의 애국적인 기풍과 대대로 이어 온 선비의 가문에서 근촌(芹村)은 서기 1889년 1월 28일에 태어났다.

근촌이 태어나던 당시의 전후의 시대적 정치적 상황을 인식한다면, 실로 한민족의 근현대사에서 굵직한 사건들이 벌어지고 있다. 우리는 이들을 주목할 필요가 있다.

국제적으로 보면, 서기 1876년 일제는 명치유신(明治維新)을 끝내고, 19세기 후반 서구세력의 서세동점(西世東漸)이라는 물결을 타고 조선의 문호를 개방하는 이른바 강화도조약(江華島條約)이라는 주권침해적인 협약을 통하여 조선에 상륙하기 시작하였다. 이리하여 일제는 경제적인 침투로 이후 서기 1895년 그 기간은 청·일간, 서기 1895년으로부터 서기 1905년간은 한반도에서 러·일 각축전을 보게 되었다. 이러한 상황은 우리에게는 대일관계에 있어서 향후 불길한 상황을 조성해 주는 사건이였다 할 것이다.

국내적으로는 근촌이 태어나기 2년 전인 서기 1882년에는 임오군란(壬午軍亂)과 근촌이 태어나던 서기 1884년에는 갑신정변(甲申政變)이 일어난 이른바, 친일적인 개화파의 중앙정치의 주도, 서기 1894년 갑오 동학농민운동 등은 근촌의 출생 전후의 유년기의 정치적인 상황이었다. 이러한 상황하에서의 백씨가문 어른들의 시국관은 어리지만 총민한 근촌에게 부지부식 간에 영향을 주었을 것이라는 추정은 배제할 수 없을 것이다. 그러기에 근촌은 가문의 영향을 받아 어려서부터 선비의 기풍을 지녀 의(義)를 숭상하였다.

그는 6세 때인 갑오농민운동이 일어나던 서기 1894년 당시 호남의 대학자였던 간재 전우(艮齋 田愚)의 문하에 들어가 한학(漢學)을 배우기 시작하였다.

근촌은 어려서부터 한 번 들은 것은 잊지 않았고, 글씨와 문장력도 뛰어나 주위를 놀라게 하였다. 그가 열 세 살에 사서삼경(四書三經)에 통달하였다니, 그의 재주에 대하여 다시 설명할 필요가 없다.

근촌은 서당에서 인촌 김성수(仁村 金性洙)과 같이 수학하였다. 인촌은 옆 면인 부안면 인촌리에 살았기에, 그의 부친과는 친교(親交)의 사이였다. 서기 1907년 인촌이 래소사(來蘇寺; 전북 부안군 소재)의 청련암(靑蓮庵)에서 공부하고 있을 때, 근촌은 그와 합류하여 약 1년간 머물며 공부하게 되었다.

청련암은 줄포만 서해를 한 눈에 내려다 볼 수 있는 능가산 마루

벼랑 옆에 자리한 암자이다. 여기에서 인촌과 근촌은 심기(心氣)를 다듬으며 늘 푸른 서해를 향해 내려다보며, 한민족을 생각하는 웅지(雄志)를 기르게 되었다.

근촌은 인촌과 같이 이곳에서 학문에 정진하고 있을 때, 뜻 밖에 고하 송진우(古下 宋鎭禹)가 찾아 왔다. 고하가 이곳을 찾은 것은 인촌을 통해서 였다. 이들 셋중 근촌은 인촌보다 두 살 위였고, 고하보다는 한 살 위였다. 이들은 이 곳 청련암에서 자연스럽게 의기투합하게 된 것이다. 이리하여 이들은 조국의 미래를 내다보고 때로는 밤 깊어가는 줄 모르고 학문에 정진하고, 때로는 심산에 묻혀 호연지기(浩然之氣)를 길렀다.

이들의 청년암에서의 1년여의 생활은 비록 길지는 않았지만 퍽 의미있는 만남이었다. 이들은 청련암에서 세월을 보내다, 만국평화회의에 참석하려던 이준(李儁) 열사가 일본의 방해로 뜻을 이루지 못하고 분사(憤死)하였다는 소식을 접하게 되었다. 이들은 비분함을 억누르며 하루하루를 보내고 있는데, 이번에는 그 보다 더 통분한 소식이 전해졌다. 헤이그 밀사 사건을 구실로, 일제는 고종황제의 양위(讓位)를 강요하였다는 어처구니 없는 소식을 접하게 되었던 것이다. 이에 그치지 않고 며칠 뒤에는 조선의 군대마저 해산시켜버렸다는 것이다.

이와 같은 통분해야 할 일이 계속 이어지자, 백성들은 분연히 일어나 전국 각지에서 의병(義兵)을 일으켰다. 이러한 상황하에서, 이들 셋은 조선 독립을 위하여 일생을 바치기로 맹세하고, 결연한 의지로 청련암에서 하산하였다.

하산 후 이들에게는 한 줄기의 서광이 비쳤다. 그것은 후포(後浦; 고창군 흥덕면 소재; 부안군 줄포와 경계선)에서 대한협회(大韓協會)의 순회강연이 있다는 소식을 접하게 되었다. 동 협회는 대한자강회(大韓自强會)[72]의 후신으로 국민을 계몽하던 단체였다. 그 무렵은 많은 사회단체가 조직이 되어 도시와 농촌을 찾아다니며 지식인과 민중에게 계몽운동을 전개하였다. 그 무렵 동 협회는 특히 헤이그 밀사(密使) 사건으로 인한 일제의 고종퇴위의 강요에 대한 반대운동을 대대적으로 펼쳤다. 이러한 운동이 마침 근촌의 본가와 멀지 않는 흥덕면 후포에서 강연회를 열었던 것이다.

근촌은 인촌과 같이 후포로 가, 동 협회의 강연에서 열정과 지성을 갖춘 한승이(韓承履)의 민족의 진로에 대한 통찰을 대중에 대한 지극한 사랑에 담아 토하던 열변에 매우 감명받은 바 컸다. 그들은 이러한 감명에 고무되어, 한승이의 숙소로 찾아가 자신들이 받았던 감명을 솔직히 전하고, 더 큰 배움을 부탁하였다. 그리하여 한승이는 그 자리에서 군산의 금호학교(錦湖學校)를 소개하여 주었다. 금호학교는 그 당시 구국의 개화학교로서 설립 개교되었던 전국의 무려 3천여 개의 사립학교의 하나였다. 이 소식을 듣고 다시 찾아온 고하와 같이 이들은 금호학교에 입학하였다.

이들은 금호학교에서 국어, 산수, 역사, 지리, 물리, 화학 등 신학문을 교육받았다. 이들은 이런 과목을 공부하면서 새롭게 된 신문명에 다시 충격을 받았다. 이들은 이 학교에서 수학한 것은 2년이었지만, 근대교육과정에 따른 교육으로 근대적인 학문에 대한 눈을 뜨게 되었다.

이어 인촌과 고하는 더욱 큰 희망을 안고 동경유학길에 올랐지만, 근촌만은 부모의 반대로 동경유학을 뒤로 미룬채 경성법전수

72) 서기 1906년(광무 10년) 헌종연구회의 후신으로 장지연(張志淵), 윤효정(尹孝定) 등이 모여 대한자강회 창립함. 창립취지는 "교육이 불흥(不興)이면 미개(未開)하고, 산업이 부진인즉, 국부(國富)를 증강할 수 없으니 민지(民智)를 깨우치고 국력을 배양하는 길은 오로지 교육과 산업에 있다. 우선 안으로 애국심을 배양하고, 밖으로 선진문명과 학술을 흡수하여 주저함이 없이 마음을 같이 하고 힘을 같이 하여 국권을 회복해야 한다."

학교에 진학하였다. 근촌은 법률을 공부하면서, 그것이 일제에게 강탈당한 나라를 되찾고 조선인의 권리를 확보하는데 가장 필요한 바탕이 됨을 깨닫게 되었다. 근촌은 거기서 전북 동향인인 가인 김병로(街人 金炳魯;서기 1887년생)와 만났다. 근촌은 가인을 만나 인간의 존엄성과 권리를 지키는 최후의 보루로서 법률을 배우고, 때로는 그의 인품을 훈습(薰習)하면서 사제지간 이상의 평생지기(平生知己)로서 첫 발을 디뎠다.

한편 근촌을 비롯한 고창의 선각자들은 교육을 크게 깨우쳐 '교이극일(敎而克日)'의 사상으로 면학할 것과 독립운동을 목적으로, 서기 1914년 백낙윤(白樂允), 이순열(李舜烈), 황상익(黃尙翼), 이휴열(李休烈) 등 주로 성내면 출신이 중심이 되어 '흥동장학계(興東獎學契)'라는 계를 조직하여, 96명의 계원을 확보하여 한편으로는 장학사업과 또 한편으로는 항일독립운동의 자금조달에 힘을 모았다.[73] 근촌은 서기 1915년 졸업하자마자 YMCA에 들어가 청년 지도자로서 첫발을 내디뎠다. 월남 이상재(月南 李商在)는 근촌의 의지와 신념에 눈여겨 보고 평생 신임하게 되었다.

이러한 환경 하에서 근촌은 일에 매진하고 있는 사이, 인촌(仁村)은 일본유학을 마치고 귀국하였다. 인촌은 교육사업에 뜻을 두고 근촌의 참여하에 중앙학교(中央學校)를 인수하여, 근촌은 거기서 교육에 전념하였다. 그 때의 제자들 중에는 국문학자 이희승(李熙昇), 정치가 여운홍(呂運弘), 정치가 윤치영(尹致英), 해양학자 정문기(鄭文基) 등 걸출한 인사가 많았다. 이들은 모두 근촌에 대하여 한마디로 무사무욕(無私無慾)의 철인(哲人)이었다고 입을 모으고 있다. 이렇게 그는 학생들의 가슴에 따뜻한 인간애를 심어주었고, 한 그루의 어린나무의 특성을 잘 발견하여, 그것이 거목으

73) 김경식, 韓民族敎育文化史, 교육과학사, 2008, 589면.

로 나도록 지도하였다. 훗날 중앙학교가 3.1운동의 요람이 된 것은 우연히 아니라 사필규정이었다. 그것은 인촌과 근촌의 인류애와 민족애를 근간으로 하는 교육이 바탕이 되었기 때문이었다.

2. 동경유학생활과 독립운동

근촌은 자라나는 민족의 동량에만 만족할 수는 없었다. 그는 청련암에서의 인촌과 고하와의 새겼던 언약을 생각하면서, 더 큰 포부를 안고 서기 1917년 29세의 만학도로 동경 유학에 오른다. 그는 현해탄을 건너는 현해탄에서 봄바람을 맞으며, 민족을 생각했고 조국을 생각했다. 그의 심정은 산하의 봄이 아니라 한민족의 가슴에 자존(自存)과 자유(自由)를 꽃피우는 민족생존(民族生存)의 봄이 와야 한다고, 검푸른 파도를 가로지르며 일본을 향한 연락선상에서 거친 풍랑을 응시하며, 다짐했을 것이라는 것을 우리는 배제할 수 없을 것이다.

나중에 지은 근촌의 자작 한시집(漢詩集)인 《동유록(東幽錄)》에 실려 있는 다음과 같은 오언절구(五言絕句)는 그때의 심정을 잘 드러내고 있다.

나는 환한 날을 기다리나
누가 봄 아닌 봄을 전하는가
화기로운 자리
아득할 뿐이구나
그래도 응당 있으리라
맹세할 사람
찾아줄 봄은.

(我待日中日
誰傳春外春
遙知和會席
應有尋盟人)

찾아올 그 봄! 그것은 일제 무단정치(武斷政治)라는 한민족에 대한 일제 암흑의 혹한 속에서 찾아야 할 광복(光復)의 새 봄이 아니겠는가? 바로 그 봄, 그 길을 찾기 위한 향학(向學)의 적국 수도의 동경 유학(東京 遊學)이 아니겠는가?

근촌은 서기 1917년 명치대학(明治大學) 법과에 입학한 후, 동경의 시모도즈가(下戸家)에 방 한 칸 얻어 자취생활을 시작하였다. 비록 자취방이었지만 그의 주변에는 유학생들이 모여들었다. 근촌의 YMCA의 활동과 중앙학교에서의 교편 경력에 대해서도 근촌 자신은 말 하지 않았는데도, 유학생 사이에 이심전심으로 번져갔다. 근촌은 항상 온유하고 겸손하면서도, 내적으로는 조국 독립에 대한 열정이 피속으로 흐르고 있었고, 주위의 유학생들 역시 이러한 근촌의 금도(襟度)를 다 인식하고 있었다. 이리하여 근촌은 조국의 독립을 염원하는 유학생들 사이에 중심적인 지도자의 위치에 서게 되었다. 근촌은 그 무렵 동경 유학생들은 미쳐 몰랐던 민족자존의 시대정신을 떠 올렸다. 그리하여 젊은 가슴들 속엔, 자신의 일신이나 돌보려던 이기주의를 쓸어내고 한민족을 향한 자랑이 들끓어 오르게 하였다. 이에 따라 조선 독립이란 확고한 수혈을 받은 유학생들의 친목단체인 '조선유학생학우회(朝鮮留學生學友會)' 도 자연히 활기를 되찾고, 가야할 길의 목적지가 무엇인지를 확실하게 알게 되었다. 동경유학생회는 그 연원은 서기 1895년 '대조선인 일본 유학생 친목회(大朝鮮人日本留學生親睦會)' 에 있으나, 그 후 여러 가지 사정에 의하여 많은 변화가 있었다.

이후 근촌이 주도한 2.8학생운동의 모체인 '조선청년독립단(朝鮮青年獨立團)'과 2.8학생독립운동 당일까지에 대해서는 우리는 상술한 바에서 인식하였으므로 여기서는 약하기로 한다.

근촌은 서기 1919년 2월, 2.8독립선언이 끝나고, 운동의 선봉에 섰던 1진이 투옥된 다음, 근촌의 주도면밀한 계획대로 제2진이 일어나서 일제(日帝)의 탄압을 규탄하며 독립을 외치는 시위운동을 전개하였다. 변희용 · 장인환 · 최재우 · 최승만 · 강종섭 등 5인은 이미 붙들여간 9인의 뜻을 이어받아, 히비야(日比谷) 공원에서 전 유학생대회를 열고, 항일(抗日) 연설을 하고 '조선청년독립단 민족대회(朝鮮青年獨立團 民族大會)' 취지서(趣旨書)를 배포하고자 하였다. 이들은 2월 12일 100여 명의 학생이 히비야 공원의 음악당 부근에 모여 이달(李達)을 회장으로 추대하고, 한 학생의 연설이 시작할 즈음에 일제 경찰은 덮쳐 수라장이 되었고, 몇 몇 학생은 체포되기도 하였다.

당시 총독부 감독부 산하 관비 유학생(官費留學生)[74]의 기숙사의 사생(舍生)들도 동맹퇴사(同盟退舍)를 단행하여 반일(反日)을 외치며 기숙사를 뛰쳐나온 일은 당시의 상황 하에서는 보통 일이 아니었다.

2.8학생독립운동으로, 이광수와 최근우를 제외한 9명의 독립선언서 서명자는 경찰서를 거쳐 이지가야 감옥으로 이송되었고, 다른 학생들은 석방되었다. 동 구속된 학생들의 뜻이 너무나도 공명정대하고 거룩한 것이기에 일본인 변호사 3명은 조선학생들의 변론을 맡았음은 물론 2명의 박사도 조선학생의 변론에 나서기도 하였다.

재판은 서기 1919년 2월 20일 시작되어, 5월에 검사의 논고가

74) 이 관비유학생은 친일파를 만들기 위한 초대된 관비유학생이다.

있었고, 그 요지는 이른바 출판법 위반이라는 죄목으로 금고(禁錮) 2년을 구형했다. 검사의 논고중 일본인 검사는 조선학생들이 일본에 와서 공부는 하지 않고 난동을 부렸다는 것으로, 내란죄(內亂罪)를 적용하여 처벌할 것을 주장하였다. 그 내용인즉 일본은 합법적으로 저항하게 조선을 통치하고 있기 때문에 조선 독립운동은 불법이며 내란죄라는 것이다.

이에 맞선 근촌은 검찰의 논고(論告)에 반박하는 강한 목소리로 펴 나갔다. 한 치도 물러서지 않겠다는 굳굳한 자세였다.

조선이 무력으로 일본에 강압당하듯, 국권을 빼앗겼을 뿐만 아니라, 조선민족은 계속 착취 당하고 있소. 이완용(李完用) 같은 매국노를 제외한 전 조선민족이 한일합병(韓日合併)을 반대하고 있소. 그런데 무엇이 합법(合法)지배란 말이요. 더구나 학생들이 모여 자신의 민족 문제를 논의한 것은 단지 학구적(學究的)인 하나일 뿐이요.

근촌의 사자후(獅子吼)는 창공을 갈랐다. 이렇게 그는 애국적 반론(反論)을 펴는데 그치지 않고 맏형답게 의연함을 보였다.

서명은 9명이겠지만, 이 중에 연장자는 나요. 내가 주동한 것이고, 저 어린 학생들은 그저 끌려온 것이요. 그러니 다른 8명의 학생들은 석방하시오.

더 나아가, 근촌은 조선민족을 어디까지나 피압박 민족으로 두지 말고, 어서 빨리 해방시키라고 재판석을 향하여 호통을 쳤다.

이에 판사는 신중하게 듣고 있었다. 혈기왕성한 젊은 대학생들로서 조국을 위해 독립선언서를 택하는 일은 얼마든지 있을 수 있다고 생각하는 듯이 보였다. 검사는 계속 조선학생들의 '2.8독립선언서'를 가볍게 다룬다면, 계속 더 큰 학생운동을 조장할 것이라는 꼴이된다는 요지의 주장을 했다. 판사는 백관수 한 사람만을 처벌하기에는 다른 8명의 학생의 참여도가 너무 크다고 보았다.

그 일본인 검사는 선언서에 나오는 '혈전(血戰)'이라고 쓴 말을 트집 잡았다. '혈전'이라는 과격한 용어를 쓴 것이 어떻게 학구적 활동이냐는 것이다.

근촌은 다음과 같이 대답하였다.

> 나는 우리 조선 민족의 자주와 독립정신을 항상 믿고 있소. 일본에 의한 거짓 선전과 비방이 우리 민족을 우매(愚昧)한 상태로 남아 있게 할 수는 없을 것이요. 식민주의는 언젠가는 무너질 것인데, 그 식민주의와 혈전(血戰)을 각오함은 당연한 것이 아니겠소. ……인간의 자유를 억압하는 어떤 형태의 식민정치에 대해서도 일전(一戰)을 불사(不辭)한다는 것이 우리들의 선언이오.

근촌은 일본 법정에서도 놀랄만큼 침착하고 당당하게 대응하였다.

일본인 변호사 5인으로 구성된 변호인단은 "학생들의 신분으로 나라의 독립을 부르짖는 것이 어찌하여 일본 법률의 내란죄에 해당하느냐" 묻고, "민족자결(民族自決)의 사조가 전세계에 팽배함에 비추어, 학생들의 주장은 정당한 것이니 벌할 수 없다. 만일 일본의 재판관이 학생들을 중죄(重罪)로 다스린다면, 우리 일본은 무법(無法)의 야만국가로 세계의 웃음거리가 될 것이다."라고 변론했다.

이와 같은 변호인단의 열정적인 변호로 재판부는 내란죄(內亂罪)로 적용할 수가 없었다. 그리하여 동 재판부는 다른 죄목으로 유죄(有罪)를 인정하기 어려웠으므로, 이들이 독립선언서(獨立宣言書)

를 몰래 위법적으로 제작하여 배포한 것을 걸고 넘어졌다. '출판법 제 26조' 위반을 적용하는 바람에, 주도자보다 자연히 독립선언서의 인쇄를 담당했던 최팔용과 서춘이 중형을 언도 받게 되었다. 재판부는 마침내 동년 6월 10일 유죄를 확정하는 판결을 내렸다.

최팔용 · 서춘 금고 1년, 김도연 · 김철수 · 백관수 · 윤창석 금고 9개월, 송계백 · 이종근 · 김상덕 금고 7월 15일.

근촌은 어차피 무죄가 될 가능성이 없을 바에야, 하루라도 빨리 출옥하여 할 일을 하는 것이 좋겠다는 변호인단의 조언도 있고, 일본법을 인정하지 않는다는 의도로 재심(再審)을 취소하였다. 근촌의 판단대로 송계백과 김상덕은 재심을 청구하였으나 공소(控訴)가 기각(棄却)되었고, 윤창석은 재심을 받아 9월과 동일한 형량이 떨어졌다. 최팔용과 서춘은 재심이 받아들였으나, 겨우 3월이 줄어든 9월을 언도 받았다.

판결이 확정됨에 따라 당시까지 들여보내던 사식(私食)도 끊기고, 면회 또한 제한 되어 백남훈(白南薰 : 조선기독교회관 총무)에게는 매월 1회가 허락되었다. 근촌은 당시의 감옥에서의 심경을 그의 《동유록(東幽錄)》에서 다음과 같은 시로 적고 있다.

때는 마땅히 2월이건만
봄빛 어이 더딘가
삼첩 좁은 감방
어두운 창 아래 갇혀
나 홀로 알지 못 하는가
봄빛을.

(正當二月時
春色尙何遲
三疊幽窓下
也吾獨不知)

음력 2월이면 봄은 오고 꽃이 피기 시작하는 것, 대자연의 섭리 아닌가? 이처럼 조국의 산야(山野)에도 마땅히 봄이 와야 하는 것은 같은 이치일텐데, 어째서 봄은 이리 더딘가?

이처럼 기구(起句)에서 설의법을 써 간단한 문장 안에 조국(祖國)의 독립(獨立)이 지극히 정당하고 세계사의 정도임을 갈파하고 있다. 그런데 현실은 그렇지 않다. 그러니 이 당위성과 현실성의 괴리를 근촌은 감방에서 아파하며 봄빛은 어찌 이리 늦느냐고 반문하고 있는 것이다.

그리고는 전구(轉句)에서는 전환을 시켜 삼첩(三疊; 좁고 누추한 방)의 좁디좁은 방에 갇힌 자기 자신을 돌아본다.

끝으로 결구(結句)에서는 감옥에 갇힌 몸이기에 그것을 나홀로 알지 못하는 것이라고 말하고 있다. 그렇게나마 자위(自慰)하여, 세계사의 당위임에도 광복(光復)이 실현되지 않고 있는 조국의 현실에 대한 한(恨)을 달래보고 싶었던 것이다.

이처럼 이 시에서는 당위와 현실의 괴리에서 빚어지는 인간의 한(恨)이 높은 서정성을 띠고 아주 절제된 언어로 잘 형성화하고 있다 하겠다. 여기에는 또 조국의 광복이 세계사의 당위라고 생각하는 근촌의 확고부동한 신념이 배어 있기도 하다.

이와 같은 그의 신념은 뒤 편의 시에서,

대륙 동방에 있는
무궁화 동산 반만년 봄이여

따스한 바람
불고 불어
마침내 사람들에게 영화(英華)로움 있으리

(大陸東方部
槿花半萬春
和風吹不盡
終是向榮人)

라고 기원으로 수렴된다. 여기서 근촌은 조국의 봄이 도래하여 시련(試鍊)이 영화(榮華)로 뒤바뀌게 될 것을 굳게 믿고 있다.

《동유록》의 첫머리에 실려 서시(序詩)의 역할을 하고 있는 이 시는 가히 절창(切唱)이라고 할 만한 한시(漢詩)이다. 이는 서정성(抒情性)을 띠면서도 높은 사상이 스며들어 있고, 사상이 깊으면서도 아름다운 서정이 흐르지 않고 있는가?

이런 의기(義氣)를 가진 그였음에도 독립지사로 투옥되어 고초를 겪어야 했던 감옥생활은 무척이나 견디기 어려웠던 듯 하기도 하다. 그 당시 감옥에서 어려웠던 생활을 근촌은 다음과 같이 읊었다.

푸른 콩밥 허기만 지고
붉은 수의(囚衣) 추위를 이길 길 없네.
굶주림과 추위가 한꺼번에 몰려드니
외로운 이 자리 잠시도 편할 날이 없구나.

(靑飯尙催飢
赤衣不勝寒
飢寒來共襲

痼坐暫無安)

*靑飯; 일본 감옥의 밥으로 콩과 쌀을 섞어 만들었음.

이에서 보듯, 누추한 감옥에서 한기는 뼈까지 스며들고 굶주림에 허기로 지쳐 있는데도 그 속에서도 나라 걱정 뿐이라는 근촌의 지조와 의기(義氣)를 읽을 수 있다.

해 저문 이국 땅 이 한해마저 기울려는데
적막한 창가에 밤조차 깊어간다.
아! 처연한 이 마음 어찌 잠이 오겠는가
생각하느니 나라 걱정 뿐이네

(暮域年將暮
深窓夜又深
悽然因不寐
家國是吾心)

이국땅 감옥에서 세밑에 깊어가는 밤 나라를 걱정하는 근촌의 마음, 무슨 잠이 오겠는가?

한편 고향의 근촌의 자당(慈堂) 고씨 부인은 아들이 감옥에 갇혔다는 소식을 듣고, 곧 바로 100일 기도에 들어가, 매일 새벽 정화수(井華水)를 떠 놓고 '신령님께 빌었다' 아들에 대한 걱정이 너무나 했던지 그만 중풍에 걸리고 말았다. 그러함에도 고씨부인은 선비집안의 기개(氣槪)를 잃지 않으려 애를 썼다. 평소에 일제 물건은 하나도 사 쓰지 않았다는 일화는 지금도 세교(世交)의 집안에서는 전해 내려오고 있다.

고씨부인은 선비의 아내로 항상 근면하고 검소하였다. 근촌이 25세 되던 해에 부군께서 타계하였기에 부인은 실질적으로 가장의 역할까지 하였다. 근촌의 일본 유학 시는 한푼 한푼 모아 30세가 넘은 자식 근촌에게 보내 주었다. 그러면서도 사람은 죽으면 썩을 몸이라며 아끼지 말라는 어머니였다. 그 어머니 고씨 부인과 그 아들 근촌이 갖고 있었던 좌우명은 근면(勤勉)과 정직(正直)이었다.

서기 1920년 3월 9일, 젊은 애국지사들은 출옥했다. 옥문을 나오는 그 날 2.8독립선언서를 낭독했던 동지들은 서로 얼싸안고 통곡을 했다.

2.8독립선언 이후 일본에 유학하던 학생들 중 많은 이들이 상해로 망명하여 임시정부 조직에 투신했다. 예컨대, 이광수와 최근우가 먼저 갔으며, 이봉수(명치대) · 손두환(명치대) · 주요한(제1고) · 안승모(동경고공) · 유경환(중앙대) · 윤창만(조도전대) · 오의선(명치학원) · 윤보선(정칙영어) · 고의봉(정칙영어) · 황환(정칙영어) · 정근모(정칙영어) · 정병모(일본대)가 그들이다. 근촌은 또한 서기 1921년 명치대학을 졸업하고 귀국하였다. 아마도 홀로 계시는 어머니 때문이었음인지도 모른다.

3.1운동이 2.8학생독립운동의 연속적이었다면, 근촌 백관수 · 인촌 김성수 · 고하 송진우의 우정은 당시 일본과 조선에서 하나가 되어 민족의 자존과 존엄을 세계에 알리는 계기가 되었다.

당시 아직 20대의 인촌과 고하는 새로 지은 중앙학교(中央學校)의 교장 사택에서 송계백을 통하여 근촌의 연락을 3.1운동의 거사를 최초로 계획하였다. 근촌은 도일유학 전에는 이미 중앙학교에서 교사로 있었던 것은 이미 상술한 바 있다. 그뿐만 아니었다.

근촌을 비롯한 이들 셋은 이미 10대에 변산 내소사 청련암에서 어린 나이였지만, 구국제민(救國齊民)의 원대한 뜻을 약속했던 것 아닌가? 근촌은 이미 언급한 바 있지만, 인촌과는 세교(世交)하던 지기(知己)였으며 또한 같은 군내에 가까운 거리에 있었다. 그들 10대의 원대한 결의는 2.8학생운동의 주도와 3.1독립운동의 승화(昇華)하고 있었던 것이다.

3. 귀국 후의 활동

귀국후 근촌은 우익진영 지식인들 중심이 되어 추진했던 '조선물산장려회'에 참여하였다.

서기 1922년 조만식(曺晩植)이 평양을 중심으로, 관서지방의 각계 지도자들과 논의를 시작하여 8월에 평양에서 '조선물산장려회'가 발족되었고, 서기 1923년 1월에는 서울에서 '조선물산장려회'가 창립되면서 활기를 띄었다. 이 운동의 근본 취지는 이미 2.8독립선언에서도 명백히 언급된 만큼, 근촌이 이 일에 동참하게 된 것은 극히 자연스러운 일이었다. 또 한가지 민족사학(民族私學)에서 유일하게 학생들의 손에 의하여 운영되었던, 서기 1930년대 전북 고창고보(高敞高普)의 구매조합운영방식도 당시 그 재단의 평의원인 근촌의 영향이 큰 것이라 할 수 있다.[75)]

서기 1923년 5월에 들어 당시 서울의 조선물산장려회에서는 동회가 동년 5월 소비조합(消費組合)을 설치하기도 하였는데, 기관지 《산업계(産業界)》를 발행하기로 결정하였을 때, 근촌은 고하 송진우와 고용환, 설태희와 함께 그 설립준비위원에 선임되었고[76)], 동

75) 김경식, 고창의 교육문화, – 그 심층적 탐색 –, 동현출판사, 2015, 408면.
76) 김학준, 古下 宋鎭禹評傳, 東亞日報社, 1990, 177면.

년 7월에는 민족사학 고창고보 감사(監査) 직을 맡기도 하였다.[77]

그 후 근촌은 서기 1924년, 조선일보(당시 사장 李商在) 상무이사겸 편집인으로 입사하면서 공적인 사회활동의 첫발을 내딛게 되었다. 그때 나이 36세였다. 그는 당시 기자들이나 사원들에게 눈앞에 작은 일에 집착하기 보다는, 국가와 민족의 장래를 내다보는 긴 안목을 길러야 한다고 당부하며 민족의식을 강조하였다.

서기 1925년 7월에는 미국 하와이에서 '민족기독교청년회'가 주최하는 제1회 '범태평양기독교청년대회'가 개최된다는 소식이 들렸다. 동 대회는 태평양지역의 각 민족 대표들이 모여 정치 · 경제 · 사회 · 교육 등 현안을 논의하기 위한 취지의 회의였던 바, 미국 · 캐나다 · 일본 · 중국 · 필리핀 · 오스트레일리아와 조선도 초청되었다. 조선측 대표로 국내에서는 근촌, 신흥우, 송진우, 유억겸, 김양수, 김종철 등이 그리고 미국에서는 서재필과 김활란이 참석하였다.[78]

동 회의는 원탁토론 형식으로 진행되었던 바, 여기서 근촌은 약소민족의 설움과 울분을 토로하여 만국 대표들로부터 열렬한 박수를 받으며 "과연 조선의 백관수는 훌륭한 애국자다. 조선에도 저러한 훌륭한 청년이 있느냐?"는 찬사를 받았다. 그리고 근촌은 회의기간 중에 이승만과 만났다. 이승만은 근촌이 2.8독립선언을 주도했던 인물임을 익히 알고 있었기 때문에, 같이 미주에 가 독립운동을 하자고 제의를 받았으나, 근촌은 국내에서 너무나 할 일이 많다는 이유로 이승만의 제의를 사양하였다. 또한 동 회의 기간 중 근촌은 그곳에서 사탕수수밭에서 일하고 있던 많은 동포를 만나기도 하였다.

77) 연정 김경식, 일제 강점기 民族私學 高敞高普~그 침층적 탐색~, 고창군, 219~210면, 동아일보, 1923, 7,21일자 관련기사 참조.

78) 尹在根, 芹村 白寬洙, 東亞日報社, 1996, 119면.

이후 서기 1929년 10월 동경에서 개최되었던 제3회 범태평양회의에서도 근촌은 또 다시 우리 대표단의 일원으로 참석하여, 인종문제와 식량문제, 동양의 산업화, 태평양 연안국의 교통, 통신, 외국투자 및 국제관계에 관한 영향, 위임통치문제 등에 대한 해박한 식견을 제시하여 많은 지지를 받기도 하였다.

동년 조선사정연구회(朝鮮事情研究會)가 조직 발족했을 때는 근촌은 백남훈, 백남운, 박찬희, 홍성하, 김준연, 안재홍, 조병옥, 홍병희, 유억겸, 최두선 등과 같이 참여했다.[79]

서기 1927년 2월 15일에는 민족이 협동과 대동단결을 표방한 최초의 정치단체인 신간회(新幹會)가 창립되었다. 동 신간회는 민족진영과 사회주의 진영이 모두 참여한 단체로서, 정치적 · 경제적 각성을 촉구하고 민족주체성을 확립하여, 조국의 자주독립을 위한 실력배양을 다짐하는 강령을 채택하였다. 근촌은 바로 동 신간회의 발기인 34명중 1인으로 서명하였다. 그때, 회장에는 이상재(李商在), 부회장에는 홍명희(洪命熹:본인의 고사로 전형위원회에서 권동진이 선출됨)였고, 근촌은 안재홍(安在鴻) · 신석우 · 김준연 등과 함께 간사로 선출되었고, 37,300여 명의 회원을 가진 단체였다.[80]

근촌은 또한 출판사인 홍문사(弘文社)를 설립하여 서기 1932년 월간지 《동방평론(東方評論)》[81]를 창간하였는데, 이는 민중계몽에 일간지가 갖는 한계를 극복해 보려는 것으로 보인다.[82] 이 무렵 근촌은 송진우(宋鎭禹)와 함께, 이충무공 유적보존회를 조직하고

79) 李炫熙, 韓國史大系(日本强占期), 서울;三珍社, 1976, 218면.

80) 위의 책, 223면.

81) 동방평론은 최린, 서춘, 신흥우, 김병로 등 당대 논객들의 주옥같은 글이 게재되어 근촌의 의도가 잘 나타나고 있다.

82) 오수열, '근촌 백관수의 생애와 정치이념', 한국동북아론총, 제 16권(통집 60집), 한국동북아학회, 2011, 11면.

현충사(顯忠祠) 제승당(制勝堂)을 복원하는 등 민족정신을 앙양하는데 힘을 기우렸다.

이 무렵 근촌의 활동중 특기할 것은, 여성교육에도 관심을 보였다는 점이다. 그것은 한국 최초의 여성기관이었던 이화여자전문학교의 경영권을 맡았던 감리교 주한여선교회가 기미 3.1운동 이후 조선의 교육열을 감안하여, 서기 1932년 이화여전의 경영권을 조선인에게 넘기려고 할 때, 이를 수용하기 위해 조직된 '이화여전 후원회'에 유억겸, 신흥우, 송진우 등과 함께 25명의 회원중 일원으로 근촌도 참여하였다.

이후 근촌이 또 다시 언론계에 등장한 것은, 서기 1937년 5월 31일에 동아일보 제7대 사장에 취임한 것에서 비롯된다. 그가 사장이 되기까지는 인촌과의 막역한 사이라는 점도 있겠지만, 그 보다는 넓은 안목으로 세계를 통찰하는 탁월한 식견과 그의 애국 애족하는 국가관과 민족관이 그로 하여금 동아일보 사장으로 발탁되게 한 요인이라는 것이 지배적인 의견이다. 그가 사장으로 취임한 당시 동아일보의 사정은 위기일발의 사정이었다.

근촌이 사장으로 취임하기 바로 전 해의 8월에, 손기정 마라톤 선수의 유니폼의 일장기 말소사건으로 말미암아 조선총독부로부터 정간(停刊)에 이어 폐간(廢刊)의 협박까지 얻게 된 시점이었다. 이에 동아일보는 폐간을 면하기 위하여 사장인 송진우, 주필이던 김준연, 편집국장 설의식, 취체역 김성수가 일괄 사퇴하면서 근촌을 사장으로 영입한 것이다. 그리하여 근촌은 취임 초 주필과 편집국장까지 겸임해야만 했다.[83] 이후 동아일보는 무기정간처분을 받은 지 9개여월 만에 해제되어, 그가 정식 취임한 3일 후인 6월 3일

83) 김학준, 古下 宋鎭禹評傳, 서울:東亞日報社, 1990, 252~266면.

에 복간되었다.

제7대 동아일보 사장으로 취임한 근촌은 침체된 신문사의 분위기를 살리기 위해 진력했다. 일제의 압력이 극심하여 신문지상을 통한 민족정신의 선양에 한계가 있자 스포츠, 연극, 음악 등 각종 문화행사를 통해 민족정기를 진작시키려고 노력하였다.

정구대회와 연극경연대회를 주최하기도 하고, 당대의 작곡가인 채동선과 박태준의 신곡을 성악가, 연주가들로 하여금 발표토록 했다.[84)]

그런데 그 무렵 추임한 조선총독 남차랑(南次郎;미나미)은 이른바 내선일체(內鮮一體;일본과 조선은 한 몸이라는 것)라는 허울좋은 구호 하에 대동아전쟁의 도발을 앞두고 온갖 핍박을 다하고 있었으며, 언론탄압도 그 예외가 아니었다. 그리고 '신문지법'이라는 것을 제정하여 통제를 가하면서, 보안법, 제령위반, 치안유지법, 명예훼손죄 등도 자유자재로 갖다 붙여 언론을 질식시키려고 했다. 서기 1939년 6월 말에는 일제는 '편집에 관한 희망 및 주의사항'이라는 것을 제정하여 신문기사의 자구(字句) 하나에까지 간섭하기에 이르렀다.

또한 이른바 한일병탄을 전후하여, 이를 반대한 인물들의 이름을 못 쓰게 하고, 왜구를 토벌한 인물, 충신열사의 찬사, 임진왜란 당시의 왜적의 만행도 기록하지 못하게 함은 물론, 연호(年號)도 일본연호를 쓰도록 강요하고 일본인을 '내지인(內地人)'으로 부르도록 강요했다.

이와 같이 갖은 수법을 동원하여 언론을 탄압하면서 드디어 조선

84) 尹在根, 芹村 白寬洙, 서울:東亞日報社, 1996, 180면.

총독부는 동아일보와 조선일보에 대해 동년 12월 중순부터, 다음 해인 서기 1940년 2월 11일까지 자진 폐간할 것을 요구하였다. 그들이 요구하는 시한인 2월 11일은 일본의 건국 기념일인 기원절로서 창씨개명(創氏改名)도 이 날을 기해서 실시하기로 되어 있다. 그러나 서기 1940년은 동아일보 창간 20주년이 되는 해였으므로, 근촌은 폐간 종용에 개의치 않고, 20주년 기념행사를 성대히 준비하고 있었다.

서기 1940년 1월 15일 조선총독부 경무국장은 근촌과 조선일보 사장 방응모를 불러, 내외 정세상 언론통제의 불가피성과 신문용지 사정의 어려움, 그리고 언론보국의 기관을 하나로 통합할 방침이라는 것을 통보하면서, 만약 순응하지 않으면 강제 폐간 조치를 취할 것이라고 욱박 질렀다. 그러나 동아일보와 조선일보는 이를 묵살하고 계속 신문발행에만 전념하였다.

그후 같은 해 6월 초, 동아일보에 대하여, 이른바 파지 유출에 따른 경리부정사건을 조작하여 경리장부 압수, 임장엽 상무 구속 등 강압적인 조치로 나왔다. 그러나 조사결과 경리부정이란 있을 수 없었다. 그리고 이 보다 앞서 5월 초순경에 근촌은 고하와 회사간부들과 같이 명륜동의 백운장이라는 음식점에서 회식을 한 일이 있었다. 이것을 일경은 비밀결사라고 트집을 잡아 다시 입건하고 사장인 근촌을 구속하였다. 7월 초 근촌이 연행 되어가는 상황을 동아일보 기자였던 이상돈(훗날 국회의원 역임)은 《新東亞(신동아)》 8월호에 '동아의 강제폐간' 에서 다음과 같이 증언하고 있다.

종로경찰서 고등계 형사 5명이 신문사에 와서 백사장에게 동행을 요구하였다. 백사장은 편집국에 들어와 국원 일동에게 내 손으로는 죽는 한이 있더라도, 동아일보 폐간계에 서명날인하지 않을 터이니, 여러분은 낙망하지 말고 계속 신문발행에 일치 협력하여 주기를 바란다는 인사말을 남기고 태연자약한 모습으로 나갔다.

근촌이 구속 된지 10일 후 경찰은 고하 송진우에게 동아일보가 자진 폐간만 하면, 모든 문제는 해결된다고 귀뜸해 주어, 근촌의 석방과 동아일보의 자진 폐간을 관련시키려 했다. 이에 더 이상 버틸 수 없어 동아일보사는 종로경찰서 수사과장실에서 중역회의를 열고 사태 수습을 논의했으나, 근촌은 단호하게 폐간계에 서명할 수 없다면서 자리를 박차고 나갔다. 할 수 없이 중역회의는 임정엽 상무를 발행 겸 편집인으로 명의를 변경하여 폐간계를 제출하고 말았다. 이때가 서기 1940년 8월 10일자였으며, 동아일보는 지령 6,819호를 끝으로 그 혁혁한 민족대변지의 역할을 마감하였다.

이리하여 일제강점기에 동아일보의 마지막 사장이었던 근촌은 동아일보와 운명을 같이 했으며, 그는 사장으로서 4년 재임기간에 조금도 굴하지 않고 민족언론의 창달을 위해 싸워 나갔던 것이다. 먼 훗날 동아일보를 통해 근촌은 동아일보의 강제적 폐간의 순간을 다음과 같이 증언하여 주었다.

내가 자신 폐간을 절대 못하겠다고 거부했더니, 그 뒤에는 별별 수단으로 위협도 하고 달래기도 하며 폐간의 강요를 만개 편이나 계속하였으나, 우리가 끝까지 거부하자 그들은 최후의 발악을 하며 경리관계에 부정이 있다하여 간부들을 구금하고 나를 동시에 가두기도 하였다. 그래도 동아는 끝끝내 자진 폐간의 기미가 보이지 아니하니, 유치장에 갇힌 채 신병으로 생명이 위독한 임 상무, 취재역을 강압하여 편집인 겸 발행인의 명의를 변경케 하고 그로 하여금 폐간계를 내게 한 것이다.[85)]

85) 동아일보, 1950년 4월 1일자 관련기사 참고.

또한 근촌의 활동에 있어서 우리는 민족독립운동, 민족언론활동 외에도 사상활동에서도 주목할 필요가 있다.

당시 3.1운동 후 국내 상황은 동경 유학생 간에 번지기 시작한 이른바 사회주의 이론에 영향을 받으면서 향후 공산주의 투쟁을 위한 조직운동이 나타나기 시작했다. 그리하여 서기 1924년을 전후하여 전국에 걸쳐 이른바 좌익단체가 많이 나타난 상황이었다. 이러한 상황 하에, 독립운동가나 지식인 간에는 자기의 운명을 자기의 힘으로 개척해 나가지 않으면 안 된다는 민족진영의 실력양성 주장과 민족 자체의 힘만으로는 독립을 기다릴 수 없으니, 국제공산당의 조력을 얻어 독립을 쟁취해야 한다는 사회주의자의 주장이 대립되어, 이른바 좌 · 우의 대립양상이 처음으로 노정(露呈)되었다.

이러한 배경하에 근촌이 조직했던 조선사상연구회(朝鮮思想研究會)는 민족 진영을 대변하는 모임으로서 매우 의미 있는 단체였다. 동 단체는 근촌이 조선일보사에 재직할 시기에 향도했는데, 그 주요 구성원은 백남훈, 박찬빈, 김준연, 안재홍, 최원순, 유억겸, 최두선 등 주로 동경 유학생이 중심이 되었다. 동 연구회는 자주 강연회를 개최하여 민족정신을 각성시키고, 사회주의의 모순을 들어, 이를 비판하는 등 구상했던 연정회(研政會), 이상재, 신흥우, 윤치호, 조병옥 등이 중심이 되었던 태평양문제연구회 등을 통합하여 민족진영의 단결을 시도하였다. 이로 보면 근촌은 사상조직을 통한 민족운동과 주도 세력의 통합 그리고 사회주의 세력의 억제에 중점을 두었다 할 것이다.

4. 광복 후의 활동

서기 1945년 8월 15일 광복 직후, 당시의 정국은 분주하게 움직이고 있었다. 당시를 회고하면, 좌익진영의 여운형(呂運亨)은 조선총독부로부터 치안유지에 대한 교섭을 받고 이른바 '건국준비위원회(建準)'을 만들어 인민공화국을 선포하는 등 선두에 나섰고, 이에 반대하는 우익진영에서는 사태를 관망하면서 서서히 움직이고 있었는데, 4개의 그룹이 있었다.

첫째는 근촌, 가인 김병로(街人 金炳魯), 홍성하(洪城夏)를 중심으로 한 기호파로 신간회 우파들의 모임이고, 둘째는 장덕수(張德秀), 김도연(金度演), 허정(許政), 조병옥(趙炳玉), 윤보선(尹潽善) 등 해외파로 주로 영·미 유학시절 이승만(李承晚)을 따르던 인물이며, 셋째는 원세훈(元世勳), 김약수(金若水), 박찬희(朴瓚熙) 등 북풍회(北風會)와 화요회 중심의 그룹이었으며, 네 째는 백남훈(白南薰), 한상훈(韓相薰) 등이 주축인 황해도 그룹 등이었다.

여기에 더하여 고하 송진우(古下 宋鎭禹)는 별도의 정당을 만들 필요가 없이 상해임시정부가 환국을 하면 이를 중심으로 대동단결해야 한다면서 국민대회준비회를 결성하였고, 인촌은 정치에는 별 뜻이 없다는 태도를 표방하고 있었다.

근촌은 이와 같은 상황 속에서 이이(李仁) 등과 함께, 여운형(呂運亨)의 건준(建準)과 대결할 수 있는 민족진영의 정당으로 조선민족당(朝鮮民族黨)을 정계에 진출하였다. 한편 김도연, 홍성하, 장덕수, 윤보선 등은 별도로 한국국민당을 창당하였다. 그러한 와중에 근촌은 건준과 우익진영의 단결을 위하여 양측을 설득하면서 화해를 모색하던 중 우익진영의 합당을 성공시키어 광복 후의 정국을 주도한 가장 큰 정치세력인 한국민주당(한민당)의 산파역을

다 하였다.[86)]

서기 1945년 9월 16일 한민당은 창당대회를 열어, 이승만, 김구, 이시영, 문창범, 서재필, 권동진, 오세창 등 7인을 공동 영수로 추대하고 송진우를 수석 총무로 선출하였다. 이 때 근촌은 창당대회에서 '창당선언문'을 낭독했고, 1도 1총무의 원칙에 따라 전북도를 대표하는 총무에 선출되었다.[87)] 그러나 한민당이 창당된 후에도 좌·우간의 대립은 계속되었고, 군소정당이 우후죽순격으로 조직되면서 정국은 혼란의 연속이었다.

이러한 와중에 동년 10월 16일 이승만이 미국으로부터 귀국하였고, 10월 21일에는 김구를 비롯한 상해임정 요원들이 귀국함으로서 정국은 새로운 국면으로 접어들었다. 그 때 근촌은 이승만과 임시정부 요원의 귀국을 환영하면서 두 세력이 합심할 것을 기대하였으나, 이승만은 이미 상해임시정부의 영향권을 벗어난 상태였고, 임정의 일부 인사들은 한민당을 기피하기까지 하였다. 이 무렵 근촌은 공개적으로 공산계열에 대한 비판을 마다하지 않았다. 이로 인하여 동년 12월 18일 근촌의 원남동 자택에 수류탄까지 날아든 사건이 있었던 것이다.

광복된 지 4개여 월 만인 서기 1945년 12월 26일에는 이른바 모스코바 3상회의에서 한반도의 신탁통치가 발표되어 극도로 혼란스러웠다. 국론은 분열되었고, 정국은 혼란의 도를 더해 갔다. 급기야 동년 12월 30일 한민당의 수석 총무인 고하 송진우가 서울 원서동 자택에서 암살 당하는 사건이 발생하였다. 이처럼 신탁통

86) 金玟河, 韓國政黨政治論, 서울;大旺社, 1983, 28면.
87) 이기택(李基澤), 韓國野堂史, 서울 : 백산서당, 1962, 11~14면.

치라는 중대한 시안을 놓고 반탁(反託), 찬탁(贊託)의 극렬한 대립하에서 미군정청(美軍政廳)은 과도정부 수립을 위한 자문기관으로 민주의원(民主議院)[88]을 구성하였던 바, 근촌도 그 일원으로 참여했다.

한편 소련군 점령하에 있던 북한에서는, 서기 1946년 2월에 발족한 '임시인민위원회'가 토지개혁을 포함한 강령을 채택하고, 동년 8월에는 소련의 지원을 받은 김일성의 주도하에 '북조선노동당(북로당)'이 결성되는 등 소련의 지배가 구체화 됨에 따라, 미군정 수반인 하지(J.Hodge) 장군은 자신의 군할하에 법령을 제정할 권한을 갖는 입법기관을 한국인으로 구성하였다. 바로 '남조선과도입법의원(南朝鮮過渡立法議院)'이 그것이다. 김규식이 이 기관의 의장으로 선출되었고, 근촌은 입법의원으로 참여했다.

서기 1947년 12월 2일 장덕수가 제기동 자택에서 피살 당하는 사건이 발생하였다. 고하 송지우, 몽양 여운형에 이어 또 다시 민족 지도자 한 사람이 암살 당한 것이다. 극도의 혼란 속에 정국의 최대 관심은 이제 단독정부 수립으로 옮겨지는 것이었다.

한민당은 남한만의 선거가 불가피하다는 것을 당론으로 결정하였고, 이에 반해 김구를 중심으로 한 임정계는 이를 반대하면서, '남북한 연석회의'의 개최를 주장하였다. 그러나 서기 1948년 5월 평양에서 개최된 회의에서 김구 일행은 아무런 성과도 올리지 못한

88) 서기 1946년 2월 14일 설치된 주한미군 사령관의 최고 자문기관으로서 이는 인는 한국인 정부의 수립을 위해서 한국인의 정치참여를 도모하는 수단으로 설치되었다. 이는 의장에 이승만, 부의장에 김규식, 총리에 김구, 의원에 원세훈, 안재홍 등 23명이 위촉되었으며, 주로 우익계 지도자들이 여기에 참여하였다.

채 돌아왔다.[89]

마침내 1948년 5월 10일 제헌국회(制憲國會)를 구성하기 위한 총선거가 남한에서 실시되어 정원 200명 중 198명의 제헌국회의원이 선출되었다. 근촌도 고향인 전북 고창군 을구(흥덕면, 부안면, 성내면, 아산면, 심원면, 해리면, 신림면)에서 당선되었다. 이리하여 근촌은 제헌국회에서 법제사법위원회 위원상과 헌법기초위원회 위원으로 선출되어 정부수립 후 수 많은 법률의 제정, 개정 또는 제안을 통하여 신생 민주국가로서의 근간이 되는 국법질서의 기초를 다듬어 나갔다.

제헌국회의 가장 큰 책무는 헌법을 제정하는 일이었고, 그 핵심은 권력구조를 정하는 것이었다. 제헌국회 내에서는 '내각책임제'가 지배적이었으나, 사실상 대통령으로 내정된 이승만 '대통령중심제'를 주장하였다. 근촌은 내각책임제를 주장하였으나 정부수립에 따른 시간적인 제약과 대안부재(代案不在) 등이 고려되어, 이승만의 주장대로 대통령중심제가 채택되었다. 여기에서 근촌이 이승만의 주장에 반대한 것이 화근이 되어 결국은 이승만의 반대세력으로 몰리게 되는 결과를 가져왔고, 이는 서기 1950년 5월 30일 실시된 제2대 국회의원 선거에서 근촌의 낙선[90]으로 이어지게 되었다.

근촌이 낙선의 충격 속에서 야인으로 돌아가 신생조국을 위하여 독재정권에 대한 항쟁을 다짐하고 있을 때, 동년 6월 25일 새벽, 동족상잔의 대 비극인 6.25한국전쟁이 발발하였다. 서울 사수(死

89) 解放二十年史編纂委員會, 解放二十年史, 서울 : 希望出版社, 1965, 228~231면.

90) 제2대 국회의원선거인 5.30선거에서 근촌은 고향인 고창 을구에서 일제시 유명한 비행사였던 신용욱과 대결하였으나 패배하였다. 신용욱은 광복 후 친일파로 지목되어 반민특위에서 조서를 받기도 했으나, 근촌을 낙선시키려는 이승만의 전폭적인 지원을 받아 당선되었다. 당시 민심은 이승만을 싫어했지만 내각제 개헌을 주장한 민국당도 외면하였다.

守)를 공언한 이승만 정부는 만부득이 대전(大田)으로 후퇴하지 않을 수 없었다.

근촌도 피난길 도강(渡江)을 위해 한강철교까지 갔지만, 지도층이 차마 국민을 버리고 떠날 수 없다는 생각에 원남동 자택으로 되돌아갔다. 그러나 그곳에는 뜻밖에도 북한 정치보위부원들이 기다리고 있어 체포되고 말았다. 그후 북으로 납북된 근촌은 북한의 갖은 회유와 억압에도 끝까지 신념을 지키면서 고난을 감수했으며, 서기 1961년 3월 초 평북 선천의 한 결핵요양병원에서 72세로 숨을 거둔 것으로 알려지고 있다.

근촌! 그는 일제 강점기의 민족지도자였던 그는 동족의 괴뢰 공산군에 끌려가 공산 독재치하에서 쓸쓸히 일생을 마감하고 말았지만, 그의 애국 · 애족의 큰 발자취는 청사에 길이 기록될 것이다.

제2장 3.1독립운동과 호남 학생의 참여

제1절 3.1독립운동의 모색과 추진[1)]

3.1독립운동의 모색과 그 추진에 앞서, 우리는 그 배경을 인식하지 않을 수 없다. 제1장 2.8 동경유학생 학생운동 첫머리에서 기술했던 바의 인식을 연장한다면 우리는 여기서도 그 배경을 이해할 수 있을 것이다. 그것은 3.1독립운동은 동경 유학생의 조선청년독립단에서 2.8운동을 알리기 위해 미리 국내에 파견했던 송계백이 공식적으로 중앙학교장 사택을 방문한데서부터 그 실마리를 인식할 수 있고, 2.8운동과 3.1운동은 불과 3주일을 전후하여 일어난 운동이기 때문이다.

따라서 3.1운동의 배경을 요약한다면, 국내 상황으로서는 서기 1910년대는 일제의 헌병경찰에 의한 이른바 무단정치(武斷政治)가 극에 달하였다. 우리 민족의 입장에서는 국내의 민족운동으로서는 이른바 한 · 일합방이라는 강제적인 주권상실을 당하여 민족적 저항으로서 순절로써의 반항이다. 첫 반항으로서 정산군수와 대동학생 1명의 자살을 계기로 서기 1910년 12월 12일까지 많은 애국지사의 순절이 있었다. 특히나 호남지방의 재야에서는 서기 1910년 9월 10일 전남 구례의 매천 황현(梅泉 黃玹 서기 1855년~1910)과 전북 금구의 일유제 장태수(一逌齋 張泰秀 :서기 1841~1910)의 순절은 지방 선비들에게는 많은 영향을 주어 민족적 각성을 촉구함은 물론, 한편 그 분들의 생전 민족사학 설립의

1) 연정 김경식, 湖南抗日民族教育展開史 II, 도서출판 조은, 1921, 367~371면 참조.

정신은 주권 수호의 각성의 계기를 형성해 주었다. 그리고 국제적 상황으로서는 서기 1918년 미국 대통령 윌슨(W. Wilson)의 민족 자결주의가 당시 세계 약소민족은 물론 우리 민족에게 많은 영향을 주고 있었다.

3.1독립운동의 모색은 어디서 찾아야 할까? 우선 우리는 상술한 바 있지만 조선청년독립단의 한 실행위원 자격으로 국내에 연락원으로 파견된 송계백(宋繼白)의 귀국에서 그 실마리를 찾아야 할 것이다. 그의 파견 경위와 영향은 대략 다음과 같이 정리된다.[2)]

송계백은 서기 1919년 1월 초순경 서울의 중앙학교장 사택을 방문하고, 당시 동경유학생들의 독립운동을 주도하고 있던 근촌 백관수(芹村 白寬洙)[3)] 선배의 소개로 찾은 것이라고 했다. 송계백은 장차 일본에서 발표하려는 조선유학생들의 '독립요구 선언서'를 현상윤(玄相允)에게 보여주었다.[4)] 동 선언서는 백관수가 초안한 것을 이광수가 쓴 원고로서 결의에 찬 조선 청년의 결의에 찬 조선 청년의 독립의지를 감격적으로 표현하고 있다. 잠시 감격에 싸여 있던 송진우와 현상윤은 마침 학교를 찾아온 최남선(崔南善)에게 그 원고를 보여주었다. 그 원고를 본 최남선은 역시 향후 국내 독립운동에 적극 참가할 것을 승낙하면서, 국내 독립선언서는 자신이 쓰겠다고 제안하여, 이렇게 해서 '기미독립선언서'는 최남선이 작성하였던 바, 동경학생들의 '독립요구 선언서'는 그의 원고 작성에 많은 참고가 되었다.

---

2) 연정 김경식, 같은 책, 367~368.

3) 근촌은 전북 고창군 성내면 출신으로 仁村 金性洙와는 어렸을적부터 친구로, 소년시절 전북 부안군 來蘇寺 靑蓮菴에서 고하 송진우(古下 宋鎭禹)와 더불어 셋이 공부한 적도 있으며, 중앙학교 교사를 하다가 동경에 유학하였다.

4) 玄相允, '三一運動回想', 新天地 3월호, 1946.

최남선은 당시 신문관이라는 출판사를 경영하고 있었기에, 선언서를 채자(採字)하여 그 활자를 송계백에게 가져가게 하였다. 그것은 당시 일본에는 한글 활자가 없었고, 선언서를 다량으로 제작하려면 부득이 한글 활자가 필요했기 때문이었다. 김성수(金性洙) 등은 송계백에게 동경의 거사와 국내가 똑 같은 일시에 이루어져야 한다는 것을 다짐까지 하였다.

한편 송계백과 마찬가지로 조도전(早稻田) 대학에 재학중이던, 전북 정읍 출신 나용균(羅容均)은 학생독립단의 재정을 담당하고 있었던 바, 그 역시 동년 1월 고향에 가서 거금 700원을 작만하여 상경하였다. 그리하여 중앙학교를 방문, 송진우 교장을 만나, 일본 유학생들의 독립운동 거사 계획을 설명해 주고 더 많은 자금의 필요를 말했다. 이에 송진우는 나용균에게 180원을 건냈는데, 그 돈은 물론 김성수에게서 나온 것이다.

당시 현상윤은 다시 송계백이 가져온 그 독립선언서 초고를 가지고, 최린(崔麟)에게 가지고 가 보여주고 손병희(孫秉熙)에게도 보였다. 손병희는 "어린 아이들이 저렇게 운동을 한다 하니, 우리로 어찌 앉아서 보기만 할 수 있느냐"라며 그 날 천도교의 간부회를 소집하였고, 장시간 격론 끝에 드디어 천도교의 결기를 단행했다.

이러한 소식을 전해 듣고, 그날(1월 31일) 저녁 최린과 송진우 그리고 현상윤과 최남선 등은 재동에 있던 최린의 집 내실에서 비밀회합을 갖고 구체적 계획과 방법을 논의했다. 이들은 우선 민족대표자의 명의로 조선 독립을 널리 선전하고, 그 선언서를 인쇄하여 전국에 배포하고, 국민을 총동원하여 대규모의 시위운동을 전개하며, 서기 1910년의 이른바 합방을 부정하여, 조선 민족이 독립을 얼마나 열중하고 있는가를 내외에 선포해야 한다는 점에 합의했다.

이들은 한 편으로는 일본정부와 조선총독, 파리강화회의에 참석한 각국 대표들, 그리고 미국대통령 윌슨에게도 알리고, 독립을 도와줄 것을 청원하는 글도 제출하기로 하였다. 이들은 선언문과 기타 문건은 최남선이 그 제작을 담당하기로 하였다. 그리고 민족대표의 수를 늘여야 한다는 의미에서 몇 명의 승낙을 얻기로 하였으나 모두 실패하였다.

하지만 이러한 어려운 상황에서 중앙학교 교장 사택 멤버인 인촌 김성수, 고하 송진우, 기당 현상윤 세 사람은 당시 단계에서 천도교만이 아니라 기독교에도 손을 대야 한다는데 합의했다. 그 때 하나의 기회가 왔다. 경술국치전에 폐위되다 싶이한 고종의 갑작스런 1월 21일 승하한 그 일이다. 그 당시 항간에 일인에 의한 독살이라는 풍문이 나돌았는데, 이것은 그 진위여하를 떠나 국민의 배일감정이 절정에 달했고, 일대 민중운동이 불가피하다는 결의를 다지는 계기가 되었다.

며칠 뒤 현상윤은 삼가동 자택의 육당 최남선을 방문하여, 천도교와 기독교의 연락을 위해서는 기독교계의 지도자 평북 정주의 오산학교의 교장 남강 이승훈(南岡 李承薰)을 상경케 함이 어떻겠는냐는 의견을 타진하자, 최남선은 바로 찬성하여 그 길로 현상윤은 수하정 3번지 선우정의 집에 묶고 있던 정노식(鄭魯湜)을 찾아 그로 하여금 같이 기숙하고 있던 남강 이승훈과 동향인이며 오산학교 출신으로 그와 가까운 교우(校友)인 김도태(金道泰)를 시켜 남강 이승훈의 상경을 부탁하도록 했다. 그러나 정주에 내려간 김도태는 남강의 출타로 서로 만나지 못한 상황이었다.

그러한 상황 속에서 서기 1929년 2월 초순 송계백으로부터 발신된 한 통의 전보가 계동의 인촌 김성수에게 날아들었다. “2.8샀다”라는 짤막한 그 전문 내용은 동경유학생들이 “2월 8일 거사한다"는 암호였다. 이에서 김성수는 동경유학생들은 거사의 모든 준비가 끝났다는 것을 알 수 있었다. 이리하여 국내의 준비가 더딘 것이 마음에 쓰이던 시점이었다.

암호로 타전된 대로 2월 8일 오후 2시 재일본 유학생들은 동경 간타쿠(神田區)에 있는 조선기독교청년회관에서 학우회 총회를 연다는 구실로 2.8선언이 있었다.

이러한 상황을 염두하고 2월 11일 남강 이승훈은 계동의 인촌댁에서 고하 송진우, 기당 현상윤과 회견하고 기독교의 참가와 동지 규합의 일에 즉석에서 쾌락하였고, 인촌은 수천원을 운동비로 내놓았다.[5)]

그러한 상황하에서 그 뒤 천도교와의 일부 지연으로 기독교계 단독 거사의 계획도 있기는 하였으나, 결국 합동 추진에 동의하였고, 이승훈, 함태영, 최린은 천도교 중앙본부 손병희를 방문, 독립운동의 일원화를 확정했다. 전날 천도교측은 최린을 통해 이미 운동자금 5천원을 이승훈에게 전한 바 있다. 3월 3일 인산(因山)의 날 이틀 전인 3월 1일로 정오 탑골공원에서 선언하기로 하였다.

이들은 불교단체의 참여도 구하여 한용운(韓龍雲) · 백용성(白龍城)의 승낙도 얻었다. 최린 등은 최초의 명사 중에서 김윤식(金允植) · 윤용구(尹用求) 등과 접촉한 것은 구관료계의 명사로서만이 아니라 당시 서울에서는 유림계(儒林界)의 대표적인 인물이었기 때문이었다. 이들 두 사람의 참가는 국민들에 대하여 유림(儒林)과의 연합으로 간주될 수 있었기 때문이었다. 그러나 김윤식은 독립선언서에는 찬성할 수 없으며, 청립청원이면 생각해 보겠다고 했고, 윤용구는 참가를 거절하였다. 지방의 유림에 대해서는 한용운

---

5) 동아일보, 1949년 3월 1일자 지상좌담회, 참고.

이 접촉을 시도한 것으로 보인다. 당시 지방유림으로서는 간재 전우(艮齋 田愚)와 곽종석(郭鍾錫)이 이름이 높았는데, 이들도 결과적으로는 성공을 거두지 못하였다.[6)]

한편 독립선언서(獨立宣言書)의 작성 책임은 천도교측이 담당하고 동 선언서의 원고는 최남선이 작성하였다. 동 선언서의 작성에 있어서 천도교측은 최남선에게 '취지'의 지침서를 건냈다. 그것은 손병희 · 최린 · 권동진(權東鎭) · 오세창(吳世昌) 등에서 나왔는데, 그 요점은 첫째로 그 문의(文意)는 동양평화(東洋平和)를 위하여, 조선의 독립이 옳다는 것을 강조하고, 둘째로는 그 표현은 감정에 흐르지 말고 온건하게 할 것이었다. 최남선은 이러한 지침하에 자기의 의사를 융합하고, 동경유학생들의 독립선언문을 크게 참고하면서, 의식적으로 그것에 대비해 가면서 선언서를 기초하였다. 동경유학생들의 독립선언서와 비교해 볼 때, 그 보다도 훨씬 더 평화주의적인 경향이 짙으며, 투쟁적, 전투적인 표현들은 의식적으로 피해가며 기초된 것이었다. 동 선언서의 내용은 웅장한 명문(名文)으로 독립을 설득력 있게 주장하고 있다.

또한 최남선은 동 독립선언서 외에도 2가지의 문건을 기초하였던바, 그 하나는 일본정부 · 일본국회(귀족원 · 중의원) · 조선총독부에 보내는 '독립통고서(獨立通告書)'와 또 하나는 파리강화회의와 미국대통령 윌슨에게 보내는 '독립청원서(獨立請願書)'였다.

이들 문건은 서울 수송동에 있는 천도교 경영의 보성사(普成社)에서 비밀리에 인쇄하였다. 동 인쇄는 오세창이 총책임을 맡고, 총실무는 보성사 사장인 이종일(李鍾一)이 맡았다.

동 선언서 등은 인쇄소에서 직접 조판한 것이 아니라, 최남선이

6) 군산문화원, 3.1독립운동 봉기(蜂起)와 사회사(社會史), 2016, 49면.

자기가 경영하는 신문관(新文館)에서 조판한 것을 최린에게 수교하고, 최린은 그것을 오세창에 전달하고, 오세창은 극비에 보성사 사장에게 전달하였다. 이는 보성사 인쇄공의 문자 해독력 부족으로 조판하기 어려웠기 때문이었다. 사장 이종일은 보성사 공장 직공 신영구(申永求)와 공장 감독 김홍규(金弘圭)에게 동 조판을 넘기며 극비에 인쇄할 것을 지시하여 2월 27일 밤 2만 1천매를 인쇄하였다. 이 때 조선인 일제 경찰에게 발각되어 아슬아슬한 위기를 맞았으나, 이종일 · 손병희 등이 이를 매수하여 그 위기를 넘겼다.

이들은 최후의 회의를 위해 2월 28일 재동의 의암 손병희 자택에서 회동하고, 이리하여 천도교의 최린과 기독교의 이승훈, 함태영은 숙의하여, 독립선언은 3월 3일 고종의 국장일 탑골공원의 독립선언은 대중 소요의 가능성이 크므로 인사동 명월관 지점으로 변경하고, 최남선 · 함태영 · 송진우 · 정광조 · 현상윤 등은 잔류 간부로 대표자들이 체포된 후의 제반 업무를 담당하기로 했다. 운동의 장기화를 위해 민족대표도 적당히 배분하기로 하고, 이렇게 하여 33인 중에는 손병희와 권병덕(權秉悳;6대 교구장) 등이 서명했고, 실질적으로 독립운동의 핵심이며 실무자였던 송진우와 현상윤은 서명 대표 33인에 포함되지 않고 48인에 들어갔다.

3.1운동의 준비의 핵심 멤버이며 자금지원자였던, 인촌 김성수는 48인에도 포함 시키지 않은 것 역시 같은 이유에서였다. 그것은 3.1운동 거사후 대표자들이 틀림없이 일제 경찰에 체포될 될텐데 향후 보다 더 큰 일을 위해서였다. 송진우와 현상윤은 동 운동의 최종 단계에서 김성수에게 서울을 떠나도록 재촉하였다. 도산 안창호(島山 安昌浩)가 이른바 '105인 사건'에 연루되면서 그가 세운 평양의 대성학교가 문을 닫은 사실을 들면서, 송진우와 현상

윤은 인촌 김성수에게 은인자중(隱忍自重)할 것을 권했다. 중앙학교(中央學校)는 민족 백년 대개 구국의 상징인데, 만일 인촌이 연루되어 중앙학교가 폐교된다면, 민족의 인재양성은 수포화 된다는 이유에서였다. 말하자면 인촌 김성수를 민족운동 최후의 담보자로 숨겨 놓자는 것이었다. 마침내 김성수는 이들의 권유에 따라 2월 27일 고향으로 내려가고 말았다. 얼마나 먼 장래를 생각한 일인가? 대인(大人)들의 행동 모습은 이런데서 볼 수 있다. 후일 일제 수사당국은 중앙학교의 송진우와 현상윤이 중앙학교 교장 사택에서 동 운동을 모의한 것을 알았지만, 김성수의 관련은 끝내 밝히지도 못하고, 중앙학교에 대한 폐쇄도 할 수 없었던 것이다.

계속된 추진과정에서도 송진우와 현상윤은 미리 보성전문 졸업생 주익(朱翼)을 통해 시내 전문학교 학생 중 시위 중심인물을 결속시키도록 구체적인 지령을 내리기도 했다.

제2절 3.1독립선언과 독립만세 시위운동의 시작

서기 1919년 3월 1일 12시 민족대표 33인 중 29인이 서울 인사동에 있는 태화관(泰和館)에서 한용운이 독립선언서를 낭독하고, 대한독립 만세를 제창한 뒤 스스로 일본 관헌들에게 자기들의 행동을 알려 주어 체포되었다. 한편 동경에 밀파된 임규(林圭), 안세환(安世煥)은 일본 정부와 의회에 독립선언서 등을 전달하고 상해에 밀파된 김지환(金智煥)은 윌슨 대통령과 파리강화회의 각 대표에게 독립선언서와 구진서(具陳書)를 송신했다.

여기에 '기미독립선언서'와 '공약 3장'을 소개하면 다음과 같다.

기미독립선언서

우리는 이에 조선의 독립국임과 조선인의 자주민임을 선언하노라. 이로써 세계만방에 알려 인류가 평등하다는 큰 뜻을 밝히며, 이로써 자손만대에 일러 민족이 스스로 생존하는 바른 권리를 영원히 누리게 하노라. 반만년 역사의 권위를 의지하여 이를 선언함이며, 2천만 민중의 충성을 합하여 이를 선명함이며, 민족의 한결같은 자유 발전을 위하여 이를 주장함이며, 인류 양심의 발로에 기인한 세계 개조의 큰 기운에 순응해 나가기 위하여 이를 제기함이니, 이는 하늘의 밝은 명령이며, 시대의 큰 흐름이며, 온 인류가 더불어 같이 살아갈 원리의 정당 발동이라, 하늘 아래 그 무엇도 이를 막고 억누르지 못할지니라.

오호라, 예로부터의 억울함을 떨쳐 버리려면, 지금의 괴로움을 벗어나려면, 앞으로의 위협을 없이 하려면, 겨레의 양심과 나라의 체모가 도리어 짓눌려 시든 것을 키우려면, 사람마다 제 인격을 올바르게 가꾸어 나가려면, 가엾은 아들딸들에게 괴롭고 부끄러운 유산을 물려주지 아니하려면, 자자손손이 완전한 경사와 행복을 길이 누리도록 이끌어 주려면, 가장 크고 급한 일이 겨레의 독립을 확실하게 하는 것이니, 2천만 각자가 사람마다 마음의 칼날을 품고, 인류의 공통된 성품과 시대의 양심이 정의의 군대와 인도의 무기로써 지켜 도와주는 오늘날, 우리는 나아가 얻고자 하매 어떤 힘인들 꺾지 못하랴? 물러가서 일을 꾀함에 무슨 뜻인들 펴지 못하랴?

병자수호조약 이후 때때로, 굳게 맺은 갖가지 약속을 저버렸다 하여 일본의 신의 없음을 죄주려 하지 아니하노라. 학자는 강단에서, 정치가는 실제(實際)에서, 우리 옛 왕조 대대로 물려 온 터전을 식민지로 보고, 우리 문화 민족을 마치 미개한 사람들처럼 대우하여, 한갓 정복자의 쾌감을 탐할 뿐이요, 우리의 오랜 사회 기초와 뛰어난 겨레의 마음가짐을 무시한다하여, 일본의 의리 적음을 꾸짖으려 하지 아니하노라. 우리 스스로를 채찍질하기에 바쁜 우리는 남을 원망할 겨를을 갖지 못하노라. 현재를 준비하기에 바쁜 우리는 묵은 옛일을 응징하고 가릴 겨를도 없노라.

오늘 우리의 할 일은 다만 자기 건설이 있을 뿐이요, 결코 남을 파괴하는 데 있는 것이 아니로다. 엄숙한 양심의 명령으로써 자기의 새 운명을 개척함이요, 결코 묵은 원한과 한때의 감정으로써 남을 시기하고 배척하는 것이 아니로다. 낡은 사상과 낡은 세력에 얽매여 있는 일본 정치가들의 공명심에 희생된, 부자연스럽고 불합리한, 그릇된 상태를 고쳐서 바로잡아, 자연스럽고 합리적인 바른 길, 큰 으뜸으로 돌아오게 함이로다.

당초에 민족의 요구로서 나은 것이 아닌 두 나라의 병합의 결과가 마침내 한때의 위압과 민족 차별의 불평등과 거짓으로 꾸민 통계 숫자에 의하여, 서로 이해가 다른 두 민족 사이에 영원히 화합할 수 없는 원한의 구덩이를 더욱 깊게 만드는 지금까지의 실적을 보라! 용감하고 밝고 과감한 결단으로 지난날의 잘못을 바로잡고, 참된 이해와 한뜻에 바탕한 우호적인 새 판국을 열어 나가는 것이 피차간에 화를 멀리하고 복을 불러들이는 가까운 길임을 밝히 알아야 할 것이 아닌가?

또 울분과 원한이 쌓인 2천만 국민을 위력으로써 구속하는 것은 다만 동양의 영구한 평화를 보장하는 길이 아닐 뿐 아니라, 이로 말미암아 동양의 안전과 위태를 좌우하는 굴대인 4억 중국 사람들의, 일본에 대한 두려움과 새암을 갈수록 짙게 하여, 그 결과로 동양의 온 판국이 함께 쓰러져 망하는 비참한 운명을 불러올 것이 분명하니, 오늘날 우리 조선 독립은 조선 사람으로 하여금 정당한 삶의 번영을 이루게 하는 동시에, 일본으로 하여금 그릇된 길에서 벗어나 동양을 지지하는 자의 무거운 책임을 다하게 하는 것이며, 중국으로 하여금 꿈에도 면하지 못하는 불안한 공포로부터 벗어나게 하는 것이며, 또 동양 평화로 그 중요한 일부를 삼는 세계 평화와 인류 행복에 필요한 계단이 되게 하는 것이라. 이 어찌 구구한 감정상의 문제리요?

아아! 새 천지가 눈앞에 펼쳐지도다. 힘의 시대가 가고 도의의 시대가 오도다. 지난 온 세기가 갈고 닦아 키우고 기른 인도의 정신이 바야흐로 새 문명의 밝아오는 빛을 인류의 역사에 쏘아 비추기 시작하도다. 새봄이 온 누리에 찾아들어 만물의 소생을 재촉하는도다. 얼어붙은 얼음과 찬 눈에 숨도 제대로 쉬지 못하는 것이 저 한때의 현세라 하면, 화창한 봄바람과 따듯한 햇볕에 원기와 혈맥을 떨쳐 쳐는 것은 이 한때의 형세이니, 하늘과 땅에 새 기운이 되돌아오는 때를 맞고, 세계 변화의 물결을 탄 우리는 아무 머뭇거릴 것 없으며, 아무 거리낄 것 없도다. 우리의 본디부터 지녀온 자유권을 지켜 풍성한 삶의 즐거움을 실컷 누릴 것이며, 우리의 풍부한 독창력을 발휘하여 봄기운 가득한 온누리에 민족의 정화를 맺게 할 것이로다.

우리가 이에 떨쳐 일어나도다. 양심이 우리와 함께 있으며, 진리가 우리와 더불어 나아가는 도다. 남녀노소 없이 음침한 옛집에서 힘차게 뛰쳐나와 삼라만상과 더불어 즐거운 부활을 이루어 내게 되도다. 천만세 조상들의 넋이 은밀히 우리를 지키며, 전 세계의 움직임이 우리를 밖에서 보호하나니, 시작이 곧 성공이라, 다만 저 앞의 빛으로 힘차게 나아갈 따름이로다.

공약 3장

하나, 오늘 우리들의 이 거사는 정의 · 인도 · 생존 · 번영을 위하는 겨레의 요구이니, 오직 자유의 정신을 발휘할 것이요, 결코 배타적 감정으로 치닫지 말라.

하나, 마지막 한 사람에 이르기까지, 마지막 한 순간에 다다를 때까지, 민족의 정당한 의사를 시원스럽게 발표하라.

하나, 모든 행동은 가장 질서를 존중하여, 우리들의 주장과 태도를 어디까지나 떳떳하고 정당하게 하라.

(필자주 : 국–한문 혼용으로 된 기미 독립선언문과 공약 3장은 필자가 순 한글 현대문으로 작성 했음)

위에서 보듯, 3.1 독립운동의 정신을 담고 있는 3.1 독립선언서는 한민족적 패기가 열렬하나 이것은 다만 일본에 항거 · 독립이라는 소송적인 선언이 아니라 한민족이 독립을 획득하고자 하는 목표가 동방의 평화에 있는 것을 밝히고 또 그 독립을 획득하는 절차도 파괴적이 아니요, 오직 평화적이어야 한다는 것을 공약하였는데, 실로 이 선언서야말로 '평화'라는 동방사상의 정수(精髓)를 이루는 것이라 할 수 있다. 이는 중국에서 홍수전(洪秀全)이 태평천국(太平天國)의 혁명을 일으킬 때, 한족의 민족의식을 환기하여 청조가 중국의 인륜을 파괴하였기 때문에, 천명을 받들어 반인륜적인 청조를 멸망시킨다고 하였고, 증국번(曾國藩)은 기독교로 개종한 태평천국의 도당은 동방의 인륜을 파괴하였으므로, 토벌하는 것이라 한 것과, 또 손문(孫文)은 삼민주의 중의 '민생주의'에 마르크스의 학설을 가미하였으나, 그 계급 투쟁의 원리는 채택하지 않았고, 간디는 영국에 맹렬히 반대하였으나, 무저항주의 선을 넘어가지 않았던 것과 같이 이들의 사상은 결국 3.1 운동의 정신과 같이 그 맥락을 같이 하는 것으로, 그것은 '평화'라는 동방의 이념에 근거하며, 이 평화의 이념은 오직 인륜 사회의 건설로서만 자기 자신을 실현시킬 수 있다는 것이었다. 이러한 동방의 사상은 동방인들의 계절풍적 풍토에 기인한 농경사회의 생활체험에서 온 것이며, 실로 일종의 동방적 숙명이라 할 수밖에 없다. 그러므로 광복 후 대한민국 헌법에서도 그 전문에 한국적인 국제 평화 유지를 천명하였고, 조문에서 침략적 전쟁을 부인한다는 것은 결코 시의(時宜)에 의한 것이 아니라 할 것이다.[7)]

이 무렵, 그 전날 비밀연락에 따라 학생들은 파고다공원으로 운집하고 있었고, 그중에는 시민들도 끼어 있었다. 오후 2시에 경신학교 졸업생 정재용(鄭在鎔)이 독립선언서를 낭독하자, 끝날 무렵에는 학생들이 모자를 하늘을 향해 날리며, 만세를 부르며 종로 쪽

7) 金璟植, 교육사 · 철학개론(개정판), 교육과학사, 1999, 196면.

으로 뛰쳐나와 시가 행진에 들어갔다. 이 운동은 순식간에 전국적으로 확대되어 태극기를 흔들며, 독립만세를 외치는 소리가 방방곡곡에서 울렸다.

3월 1일 서울에서 3.1운동이 발발함과 거의 같은 시간에 평안남북도, 황해도, 함경도의 주요 도시에서는 독립선언과 함께 시위운동에 들어갔다. 경기도에서는 3월 3일 개성에서 시작되어, 인천, 시흥, 양평 등지로, 강원도에서는 3월 2일과 3일 평강, 금화에서 일어나 각지로 번지고, 충청도에서는 3월 19일 괴산을 비롯하여 청주, 영동, 보은, 천안, 공주로, 경상북도는 좀 늦게 3월 8일 대구에서 발단하여, 김천, 안동, 선산, 의성 등지로 번졌으며, 경상남도에서는 3월 3일 부산, 마산 등지에서 발단되어 창녕, 진주, 초계, 함양 등지로 번졌다.

이와 같은 거족적인 3.1운동의 폭발은 당시 독립운동가가 그대로 나타내주고 있다.

> 터졌고나 터졌고나 조선독립의 소리,
> 10년을 참고 참아 인제 터졌네,
> 3천리 금수강산 2천만 민족 살았고나,
> 살았고나, 이 한소리에 만세만세
> 독립인 만만세 만만세[8)]

이 평화적인 시위운동을 일본은 무력으로써 탄압하였다. 일본은 헌병과 경찰뿐 아니라 육 · 해군까지 동원하였다. 맨주먹의 평화적인 시위군중을 향하여 총탄을 쏘아댔으며, 학교 · 교회 · 민가 등 많은 건물에 방화를 자행하였다. 이리하여 일본 관헌에 의하여 체포된 자는 46,948명, 피살자는 7,509명, 피상자는 15,961명이었

8) 조선독립 만만세 국사편찬위원회, 같은 책, 177면.

고, 또 일본 관헌에 의하여 헐리고 불살라진 민가가 715채, 교회당이 47개소, 학교가 2개교에 이르렀다고 전한다. 그러나 실제는 이 통계 숫자를 훨씬 넘었다. 심지어 수원 제암리(堤岩里)에서와 같이, 교회 안에 수십 명을 감금하여 놓고, 거기에 불을 질러 태워 죽이는 참혹한 사건까지 있었다. 당시 전승국의 하나인 일본이 차지하는 국제적인 지위가 높았기 때문에 이러한 비인도적 탄압정책에 대한 맨주먹 투쟁에도 불구하고, 조선인의 주장은 열강의 지원을 받지 못하는 형편이었다.

3.1운동은 위와 같은 많은 희생과 피해를 내고, 2개월 만인 4월 말부터는, 점점 약화되어 가고 지하운동화되었다. 그러나 3.1운동은 실패에 끝난 것이 아니고 대외적으로는 상해에 임시정부가 수립되고, 당시까지 여러 갈래로 전개되었던 독립운동이 3.1운동을 계기로 일원화되어, 앞으로의 독립운동에 있어 민족의 역량을 하나로 집결시켜 만주, 연해주, 미국 등의 독립운동은 더욱 격화되었다. 또한 대내적으로는 일제의 통치방식이 무단정치에서 이른바 문화정치로 바뀌었고, 한민족의 사회, 문화 독립운동의 새로운 기점이 되기도 하였다.

3.1운동과 학생과의 인식에 있어서 유의할 것이 있다. 3.1운동을 주도한 민족의 지도자들은 학생의 독립선언이었던 2.8독립선언에 직접적인 영향을 받았고, 최초 3.1운동 계획의 착상도 일반사회단체가 아닌 당시 교육기관인 중앙학교 교장 사택에서 고하 송진우, 기당 현상윤, 인촌 김성수 등의 당시 중앙학교 교직자에 의하여 있게 되어 실재 계획이 진행되어 천도교와 기독교계에 연계되었고, 3.1운동전개과정에서도 학생들이 행동대적 독립시위에 섰다는 점을 유의해야 할 것이다.

구한말의 근대학교 성립 이후 1919년 2.8 동경유학생 독립운동에 이르기까지의 학생운동이 근대적 학생층의 형성, 신지식의 보급을 통하여 구국적 민족교육 내지 국권회복운동이었다고 하면, 2.8운동과 3.1학생 독립운동은 민족 독립운동이라 할 수 있다.

동경 유학생들의 2.8운동이 민족독립 항쟁의 가능성을 행동으로 보여주었기에, 3.1운동은 일제에게 거국적인 반일 운동으로 나타났고, 우리에게는 처음으로 민족주의를 개화시킨 것이며, 또한 독립된 민족으로서의 자결의 권리를 부르짖은 것이다.

이런 의미에서 맥켄지(F.F. Mckenzie)는, "1919년 봄에 일어난 한국 국민의 평화적인 대일 항쟁의 봉기는 세계적인 하나의 경이였다. 지금까지 세계의 정치가들로부터 무기력하고 비겁하다는 별명과 딱지를 붙여 오던 한 나라가 아주 높은 수준의 영웅심을 발휘한 것이다."[9]라고 하였다. 이는 다름 아닌 한국 민족의 자주 · 자치능력의 증거가 이미 나타났음을 의미한 말이다.

여하튼 3.1운동의 정신은 1920년대 교육진흥운동 및 민족역량의 개발운동으로 전개되었다.

3.1운동 전만 해도 우리나라 여성은 극히 수줍고 소극적인 태도를 취했다. 물론 외간남자들과 같이 식탁에도 앉지 않았다. 우리나라 여성의 수줍은 태도는 두 가지로 해석할 수 있다. 하나는 그 수줍은 태도가 안에서 사회적으로 얼마나 역이용되었는가를, 다른 하나는 그 수줍음 속에서 한국 여성이 사회적으로 얼마나 고뇌의 생을 영위하였는가를 표현한 말이기도 하다.[10]

그런데 3.1운동이 일어났을 때, 가장 특이한 현상은 여성 및 여학생들의 역할이었다. 벌써 서기 1915년 4월에 당시의 일본 유학생 김정애(金貞慶) · 라혜석(羅蕙錫) 등은 '조선여자유학생친목

9) F.A. Mackenzie kerea's Fight for Freedom, Reprinted by Yonsei University Press, 1969, 序文.

10) 孫仁銖, 韓國人의 價値觀, 서울: 文音社, 1978, 61면.

회'를 발기하고 「여성계(女性界)」를 발행하면서 2.8독립운동에 큰 활동을 한 바 있다. 국내에서도 3.1운동 때 부산 일신(一新)여학교로부터, 북으로는 성진 보신(普信)여학교에 이르기까지 남학생 못지않게 만세시위를 벌였다는 점이다. 더욱이 이들 여학생들은 파리 평화회의에 호소문까지 보내었다.

그리고 3.1운동을 치루고 난 동년 10월 19일에는 '대한민국 애국부인회'가 조직되었는데, 동회는 여성들의 민족운동단체였고 여성동지에 대한 원호, 여성들만의 단체로서 뒤에 여성해방운동, 여권운동의 요람이 되었다.[11] 따라서 3.1운동에서의 여성 참여의 의의는 여성의 사회참여 의식이 보다 성숙된 열매를 맺게 해 주었다는 데 그 뜻이 있다.

그러기에 임시정부에서는 임시헌장을 선포한 가운데 제3조에서 "대한민국의 인민은 남녀귀천 및 빈부의 계급없이 일체 평등으로 한다"고 하고, 다시 제5조에서 "대한민국의 인민으로서 공민의 자격이 있는 자는 선거 및 피선거권을 가진다"고 하여 남녀평등주의와 여성의 참정권을 이미 인정해 주게 되었다. 다시 말하면, 오랜 세월에 걸쳐 남녀차별의 논리가 지배해 온 우리나라에 평등 추구의 전통이 확립된 것이다.

이로써 보면, 3.1운동을 계기로 여성은 벌써 약자가 아니라는 점을 보여주었을 뿐 아니라 무척 성숙했던 것이다. 이에 따라 점차 '애국적 여성상'이 부각되어 가기 시작했다. 그리하여 여성운동은 사회적인 면으로는 직접 · 간접으로 독립운동이고, 여성 내부에서는 신문명에 대한 자각과 계몽운동으로 나타났다.[12]

이상과 같이 3.1운동을 통해 우리민족은 '네이션'적 일체감을

11) 趙芝薰, 같은 책, 729면 참조.

12) 孫仁銖, 韓國女性敎育, 서울: 延世大學校出版部, 1977, 274~275면.

가진 근대적 국민으로 성장할 계기를 마련했으며,[13] 대내 · 대외적으로 우리 민족정신을 새로 인식케 하였고, 그 이후 두고두고 독립운동의 정신적 지주가 되었다. 그러기에 오늘날 대한민국의 헌법은 그 전문(前文)에서 3.1운동의 정신을 계승하였음을 명백히 밝히고 있다.

제3절 전북지방의 3.1학생독립운동

1. 군산 영명중학교(群山永明中學校)와 멜본딘 여학교[14]

군산지역은 당시 일본인이 많이 거주하는 개항장으로 반일감정이 거센 지방이였다.

호남지방의 3.1운동의 첫 전개 과정은 주로 기독교 계통의 영명학교에서 시작되었다. 주목할만한 사실은 주로 구암교회의 신자와 기독교계 사학 영명학교, 멜본딘여학교, 구암예수병원 등 학생 및 직원들이 만세 운동의 중심에 있었다는 사실이다.

그 당시 군산경찰서에서는 구암스테이션을 3.1운동 이전부터 주요 감시대상으로 주목하고 있었다. 학교의 교직원, 병원의 사무원들을 군산경찰서로 연행하여 3~4일씩 사상과 신원조사를 거친 후 내보냈다. 이러한 일련의 일들은 연례행사처럼 당사자들을 괴롭혀 왔다. 이러한 상황에서 3.1운동은 당시 피 끓는 젊은이들에게는 항일의 절호의 기회가 아닐 수 없었다.

군산지역의 동 운동 전개 과정에 있어서, 우리는 우선 당시 박연세 교사, 김병수 세브란스 의전 학생, 3.1운동 민족대표 33인의

13) 차기벽, 같은 책, 186면.

14) 연정 김경식, 湖南抗日民族教育展開史, 도서출판 조은, 2021, 116~125

한 분인 이갑성을 주목할 필요가 있다.[15)]

김병수가 독립운동에 적극적으로 참여하게 된 것은, 당시 세브란스병원 제약실에 근무하던 이갑성을 만나면서부터인데, 그는 민족대표 33인 중의 한 분이었다. 이갑성은 김병수가 다른 학생들보다 민족심이 강하다는 것을 생각하고, 그에게 군산지방 연락책임자로 독립선언서 전달업무를 맡기자 곧 바로 이를 수행하기로 했다. 그는 이갑성으로부터 지시사항을 전달받은 후 2월 19일 군산행 기차에 승차했다.

군산에 도착한 김병수는 2월 20일 영병학교 은사로 자기를 세브란스 의전에 추천해 준 박연세 교사를 만나 군산에서 만세운동을 전개하기로 다짐하고, 자세한 거사 일을 박연세와 계획하였다. 김병수는 서울에서 독립만세운동이 기독교와 천도교를 중심으로 진행되고 있다는 사실과 이갑성으로부터 받은 지시사항을 영명학교 교사인 박연세, 이수열, 고석주, 김수영, 송헌옥 등에게 전달하였다. 이에 박연세는 조옥초 학생에게 군산의 독립만세운동의 준비상황을 알려주고, 급히 상경하여 독립만세운동을 전개하는 대표들과 접촉하고, 서울의 독립운동 상황을 파악하여 빠른 시일 내에 연락을 취하도록 지시하였다. 박연세 교사의 지시를 박은 조옥초 학생은 서울의 이갑성과 기독교계 독립운동 대표자들에게 군산의 거사 준비 상황을 전해 주었다.

이로써 박연세는 거사가 차질없이 진행되도록 만반의 준비를 해야만 했고, 치밀한 거사계획을 준비하기 시작했다. 그는 우선 3.1운동 적극 가담 교사들과 자주 만나 세부적인 실천계획을 지시하였다. 이어 그는 학생인 김영후와 송기옥에게 거사에 필요한 태극

15) 군산영명학교 제2회 졸업생인 박연세(朴淵世: 서기 1883~1994)는 애국애족의 인물임.

기 제작을 지시하고, 멜본딘 여학교 교사인 김영배를 만나 여학생들에게도 태극기를 만들 것을 의뢰하였다.

이에 따라 멜본딘 여학교에서는 은밀하게 태극기를 그렸고, 영명학교 지하실에서는 독립선언문을 등사하였다. 그리고 만일에 대비하기 위해, 전세종 학생을 비롯한 몇몇 학생들은 4층 다락방에서 그들 부모들이 제공해 준 음식을 먹으면서 4일동안 비밀리에 독립신문을 등사했다. 멜본딘 여학생들은 태극기를 만든 후에, 비밀장소로 옮기는 과정에서도 왜경의 눈에 노출되지 않도록 가슴과 치마 속에 넣어 비밀장소로 이송하였다.

이렇게 제작된 태극기와 독립선언문을 교사들은 거사 일에 배포하기 전에 발각되는 것을 염려하여, 그 일부는 잿더미에 묻고, 일부는 비밀 장소에 숨겨두었다. 거사 준비가 끝날 무렵 박연세는 서울의 독립만세운동 일시를 사전에 김병수로부터 전해 들은 일이 있어, 군산의 거사일을 언제, 어디로 할 것인가를 놓고 고심하였다.

'대한독립만세'를 외칠 시간과 장소를 놓고, 드디어 교사들과 예수병원 직원들은 영명학교 지사실에 모였다, 참석자로서는 교사측으로서는 이두열, 박연세, 고석주, 김수영, 김성은, 송정현, 유희순 등의 교사들과 예수병원측 직원으로는 양기준, 유한종, 양성도 등이었다. 이들은 모두 구암교회 기독교 신자들로 서로 잘 알고 있는 사이였다. 그러나 민족의 독립만세운동을 논의하는 이 날의 분위기는 참으로 비밀을 욕구하고 막중한 것이어서 어느 누구도 섯듯 거사 일을 말하지 못하였으며 한 동안 침묵만 흘렀다. 이윽고 교사들 중 어느 누군가가 서울과 때를 같이 하여, 3월 1일에 거행하자는 의견을 제시하여 논의 끝에, 당시 5일장으로 서는 3월 6일 장날을 택했다. 그것은 그 당시로서는 장날에 사람이 제일 많이 모이기 때문이었다.

그러나 거사 전날인 3월 5일 의외의 사건이 터졌다. 거사의 조짐을 눈치챈 듯 왜경 십여 명이 영명학교와 멜본딘 여학교를 급습하여 학교 건물 안을 샅샅이 수색하기 시작하였다. 그리하여 등사기와 태극기, 독립만세 운동과 관련된 각종 문서 등이 발각되어 주모자격인 주모자 박연세 장로와 이두열 교사 두 명을 수갑을 채우고 연행하려 하자, 나머지 교사들과 예수병원 직원들은 "우리들도 함께 잡아가라."외치며 대항했으나, 두 교사만 연행하였다. 이들 왜경에게 거세게 항의하였으나 권총을 쏘기까지 하였다.

두 교사가 강제 연행되는 모습을 지켜보고 있던 학생들과 예수병원 직원들은 그 모습이 시야에서 멀어지려 할 때, 그들 중 누군가가 "대한독립만세!"를 외치자, 연이어 태극기를 꺼내들고 외치며 항거의 의사표시를 하였다.

한편 박연세, 이두열 두 교사가 연행됨으로써, 그날의 거사가 자칫 수포로 돌아갈뻔 하였다. 그러나 김윤실 교사가 나머지 교사와 학생들을 소집하여 긴급회의를 열고, 그 결과 거사 계획이 수포로 돌아가기 전에 하루 앞당겨, 당일인 3월 5일 그 날 바로 독립만세 운동을 전개하자고 결의하였다. 긴급회의를 마친 이들은 예수병원 직원과 영명학교 교사 20여 명, 학생 100여 명, 멜본딘 여학교 학생 그리고 주민들 다수와 함께 140여 명 가량이 영명학교 교정에 모였다. 그리고 곧바로 전세종, 양기철, 송기옥, 이도준, 홍천경, 고준명, 유복섭, 오한길, 강규언, 강인성 등 영명학교 학생들은 그간 극비리에 제작한 독립선언서와 태극기를 군중들에게 나누어 주었다. 이윽고 교사들이 '대한독립만세'를 선창하자, 모인 군중들은 모두 한목소리로 목청껏 '대한독립만세'를 외쳤다. 서기 1910년 일제의 위협 속에 대낮에 궁궐에서 반민족적인 이른바 을사5적의 종이 한 장에 서명함으로써, 나라가 통째로 하루아침에 일제 수중으로 넘어 간지 10년, 일개 궁항 벽촌의 군산에서의 독립만세운동은 전북에서는 처음으로 시작되었다. 영명학교 교정에서 '만세'를 외치던 이들은 손에 손에 태극기를 흔들며 지금의 군산 중앙로 쪽으로 향해 밀고 나갔다. 영명학교 교정에서 출발한 '만세 운동 대열'이 시내 일각에 이르자, 이곳에 있던 사람들이 운비하기 시작하더니 순식간에 대열은 많은 인파로 늘어났다.

독립만세의 대열은 선두에서 영명학교의 교사들과 학생 측에선 정문진, 김영상, 전종식, 박동근, 임종유, 이병관 등이 군중을 이끌었으며, 이들의 대열은 군산경찰서 방면으로 향하고 있었다. 이들은 독립선언서를 여기저기 산포 하였고, '독립 만세'를 외치던 군중은 어느새 5백여 명으로 늘어났으며, 점차 그 수가 증가하여 당시 군산은 '독립만세운동'의 파도 속에 휘말리고 말았다. 이들 군중의 대열이 이윽고 군산경찰서 앞에 측정하기 어려울 만큼 다다르자 경찰서 왜경들은 당황한 빛을 감추지 못하였다. 이들은 앞서 강제 연행된 박연세, 이두열 두 교사의 석방을 강력히 요구하기도 하였다.

이들 시위 군중의 증가에 따라 이에 당황한 일제경찰들은 익산 주재 일헌병대에 지원을 요청하여 결국은 출동한 헌병들은 앞장선 군중들에게 무자비하게 사격을 가하기 시작하였다. 앞 대열에 있던 3~4명이 총탄에 쓰러지자, 무방비 군중들은 그들의 무력 진압에 만세 대열이 뒤에서부터 흐트러지기 시작하여 골목 등으로 흩어졌다. 당시 만세운동 현장에서 일제경찰들에게 검거되거나 체포된 사람은 고석주, 송정현, 양성도, 안경태, 홍천경, 임병률, 이진규, 송기주, 이재근 등 90여 명으로 모두 군산경찰서 유치장에 투옥되고 말았다.

또한 파견된 헌병대와 일제경찰들은 구암동에 소재한 영명학교와 멜본딘여학교를 수색하여 독립선언문 2천여 장과 독립운동에 관련된 문서를 압수해 갔으며 학교의 기물도 파괴하였다. 동 사건으로 영명학교와 멜본딘 양교는 일단 수업이 중지되었으며, 양교의 교사들은 모두 연행되어 며칠씩 심문을 받는 고충을 당하기도 했다. 역시 구암예수병원 직원들도 전원이 구속됨으로써 병원은 마비되었으며, 페터슨 원장은 서기 1924년 왜경들로부터 많은 압력을 받고 동 병원을 떠나기도 했다.

군산에서 3.1운동으로 왜경에 검거된 사람은 90여 명이나 되었다. 그중 12명은 미성년자인 관계로 태형후 석방되었고, 그 나머지는 구속 송치되었다. 한편 구암스테이션의 총책임자인 부위렴 선교사는 일제경찰에게 영명학교 교사와 학생, 병원 직원들을 석방하라고 집요하게 요구하였다. 구암예수병원에는 일인들도 상당수가 치료 받거나 입원했기 때문에 일시 만세운동 가담자는 이러한 요구에 풀려나기도 했다. 특히 군산지방은 일본인들이 많이 거주했기 때문에 독립운동의 감정은 다른 지방보다 남다를 수밖에 없었다.

3월 5일에 있었던 영명학교와 예수병원 그리고 기독교 신자와 시민으로 확산된 만세시위 등으로 민심은 극도로 항일의식으로 고조되었다. 유언비어가 난무하였고, 만세운동 주모자의 색출, 검색, 경계의 강화 등으로 국도의 불안한 시국이었다.

군산공립보통학교 학생들의 취학 거부 운동에 이어 학교의 방화사건으로 재군산 일본인들은 전전긍긍하던 차에, 3월 28일에는 일본인들이 많이 사는 대화정(大和町; 현 영화동)에 방화사건이 잇따라 일어나 가뜩이나 긴장했던 일본인들은 공포에 떨기도 했다. 이리하여 일제경찰들의 경계는 강화되었고, 시민에 대한 박해는 더욱 심해갔다.

이에 반하여, 이 고장의 배일 감정은 날로 깊어갔다. 군산공립보통학교의 방화사건 발생 1주일 후인 3월 30일에 개정(開廷)될 제1차 만세운동 관련자들의 재판소의 공판을 앞두고, 군산주민들은 밤 9시경 수백 명의 군중이 횃불과 태극기를 들고 야간 시가지 시위를 시작한 바, 삽시간에 그 시위군중은 수 백명으로 불어났다. '독립만세가 무슨 죄냐?' 고 누군가가 외치자 모두 대한독립만세를 외쳤다. 그 당시 긴급 출동한 일제경찰의 총칼에 밀려 해산되기는 했으나 만세 소리와 총소리는 그치지 않았다.

30일 밤의 시위는 군옥지방에서 가장 많은 인원이 참석했으며, 희생자 또한 많았다. 당시 왜경은 조기 진압을 위하여 무자비한 탄압의 방법을 썼으며, 또한 재향군인과 일본인 남자들은 목총과 칼로 무장하고 그들의 집 가까이 오는 조선인은 무조건 구타하고 체포하였다. 이와 같은 험악한 상황 속에서 피해자의 소식은 순식간에 번져 시위대를 흥분시켰다. 시위는 과격해지고, 그 수는 늘어 군산 시내는 온통 피바다가 되어 삽시간에 아비규환의 생지옥이 되었다.

3월 31일 광주지방재판소 군산지원에서는 영명학교의 3월 5일 만세사건으로 구속된 자들에 대한 공판이 있었다. 공판정에 영명학교 교사와 학생 30여 명이 끌려 법정에 나오는 것을 보고 방청석에 앉아 있던 영명학교 4학년생 강문호는 울분을 참지 못하여,

순간 모자를 흔들며 대한독립만세를 외쳤다. 방청석에 앉아 있던 많은 방청객들은 이에 호응하여 독립만세를 외쳤다. 이리하여 강문호 학생은 이른바 법정 소란 및 보안법 위반이란 죄명으로 광주고등재판소에서 1년 6월의 형을 치르기도 했다.

이러한 일련의 군산지방 3.1독립만세 운동은 비폭력 항일저항 운동의 시금석이 되었고, 전주, 광주, 목포, 이리 등지로 파급되며 호남지방 항일 저항운동의 시금석이 되었으며, 기독교 단체를 비롯한 일반인에게 민족독립의 소중함을 각성시켜 주었다.

3월 1일 서울에서 시작된 3.1운동은 북부지방으로 일어났고, 남부지방에서는 3월 5일 군산에서 최초로 일어났는데, 그 최초 봉기의 중심이 영명학교였다. 이는 호남에서는 물론이거니와 물론 한강 이남에서도 최초의 봉기었다. 광주와 전주는 이보다 늦은 각각 11일과 13일이었다.

이리하여 3월 5일의 군산 시위는 만세운동이 전북 전역으로 확산되는 계기를 형성했다. 군산의 시위이후 임실(3월 12일), 전주(3월 13일), 고창, 청웅(3월 15일), 정읍(3월 16일), 김제, 신태인(3월 21일), 삼례, 오수, 남원, 산서(3월 23일), 진안(3월 25일), 장수(3월 26일), 금산(3월 29일), 무주, 옥구(4월 1일) 등지에서 지속적으로 시위가 일어났으며, 4월로 들어서면서 그 열기는 더욱 고조되었다. 익산의 4.4만세운동은 영명학교의 문용기 교사 등이 중심이 되어 일으킨 것이었고, 충남 강경의 봉기는 영명학교 학생 강금옥으로부터 권유를 받아 역시 영명학교 출신이며 강경사립 창영학교(昌永學校) 교사로 재직중인 엄창섭(嚴昌燮)이 중심이 되어 3월 10일에 일으킨 것이었다. 요컨대 영명학교는 한강 이남에서 최초로 3.1독립만세 운동을 일으켰음은 물론 호남지방의 만세운동의 중심에 있었다 할 것이다.

2. 군산 보통학교(群山 普通學校)

영명중학교 학생들의 만세시위 참가에 이어서, 이번에는 군산 보통학교 학생들이 만세시위 계획을 추신하였다. 당시 보통학교 상급학년의 연령은 18~19세 정도였다.

문종묵(文鍾默) · 김학구(金學求) · 김종련(金鍾鍊) · 나명조(羅明祚) · 신형식(申亨植) 등 뜻 있는 학생들은 비슷한 연령의 청년들인 권재길(權在吉) · 이남율(李南律) · 김수남(金壽男) 등과 긴밀한 연락을 취해 가며 준비를 진행하였다. 그러나 이를 알아차린 학교 당국은 이런 학생들의 동향을 감시, 저지하기에 여념이 없었다.

그래서 문종묵 · 김종련 등 학생은 교외의 권재길 · 이남율과 연락하여 선언문을 등사하여 군산 시내와 옥구군 내에 살포하기도 하고, 부두의 노동자를 찾아 독립 운동을 선전하는 한편 영명중학교 학생들과 접촉하여 재궐기를 촉구하기도 했다.

3월 14일에는 김학구 · 나명조 · 신형식이 주동이 되어 70여 명이 동맹 퇴학원을 학교 당국에 제출하였다. 이 무렵, 3월 12일 군산경찰서 창고에 불이나 일대 소동이 벌어졌다. 어린 청소년들은 일본인 교장과 교원, 그리고 친일파 교원들이 학생의 민족적 의지를 번번히 탄압한다는 생각을 하던 끝에, 군산 보통학교에 불을 지르기로 작정했다.

3월 23일 밤 11시경에 군산 보통학교에 방화하였다. 이 사건으로 김수남은 징역 10년, 이남율은 7년, 권재길 · 문종묵 · 김학구 · 나명조 · 김종련 · 신형식 등은 징역 1년의 언도를 받았다. 이 방화사건 이후에도 3월 30일 군산에서는 대대적인 만세 시위가 전

개되었다.[16)]

3. 기전여학교(紀全女學校)

기전여학교는 기독계 학교로서 서기 1901년 개교하였다. 동교는 기독교계 학교였지만 같은 기독교계 학교인 학교옆 신흥학교와 더불어 민족정신이 유별났다. 참으로 기독교 정신은 진정한 애국정신과 통했기 때문이었다. 선교사들은 일제의 감독과 탄압으로부터 학생들을 적극적으로 보호하여 주었다는 기독계 학교로 서기 1901년 서기 1918년 3월 21일 기전학교를 졸업한 임영신은 은사의 권유로 충남 천안군 너무나도 깊숙한 관산촌인 양대리(良垈里)의 양대소학교 교사로 근무하던 중이었다. 그는 어린 학생들을 열심히 가르치기도 하면서 비밀결사도 하였다. 그러던 2월 중순 어느 날 "고종황제 승하! 3월 1일 장례식을 기해 독립만세와 독립운동을 일으킬 순비를 하라."는 서울에 온 밀사의 전달이 있었다.

그 후 2월 27일, 임영신이 수업을 하고 있을 때, 거지 복장을 한 함태영(咸台永)[17)]이 찾아와 재빨리 종이 뭉치를 건네주며, 이것은 독립선언서이니 전주(全州)에 있는 동지들에게 전하여 사용하도록 하고는 떠나버렸다. 그때 바로 일제 경찰이 찾아와 방금 찾아온 이가 누군가 하고 물었으나, 임영신은 태연하게, 거지가 찾아와 돈을 달라기에 돈이 없어 주지 못했다고 하며 따돌려 버렸다.

임영신은 독립선언서를 갖고 전주로 가라는 비밀리 연락을 받았으나, 비밀결사 반장격인 서용란(徐用蘭)의 집에 가, 자세한 이야기를 하고는 학교에서 등사기를 가져와 몰래 5백 장의 선언서를

16) 독립운동사(9집) 학생운동사 편찬위원회, 같은 책, 284~285면. 앞의 3.1운동 재판기록 pp. 1503~1505,〈1919년, 영공제 238, 제272〉.

17) 함태영은 기독교단체를 책임 맡고, 당시 전라도 독립만세 책임자였으며, 전 부통령.

등사했다.

다음 날인 2월 28일, 황은숙, 한도숙, 민원식 등의 결사대를 통해 선언서는 시골 구석구석에 배부되었고, 3월 1일 양대리 장날 수백 명이 모여 그 누구의 사주도 없이 "대한독립 만세"의 벽찬 만세소리 외침이 있었다.

임영신은 만세의 그 행렬에 참가하지 않고 집에서 증거될만한 것은 즉각 소각해 버렸다. 그리고는 상복(喪服) 차림을 하고 머리를 부인처럼 한 뒤, 독립선언서를 전대(纏帶)[18]에 넣어 허리춤에 차고 이른 새벽 천안을 출발하여 전주에 가는 동안에 발각의 위태로운 고비가 있었으나 기지로 넘기고 무사히 도착하였다.

전주에 와서는 임영신은 이돈수(李敦洙) 장로 집에 도착하여 지참하고 온 독립선언서를 내보이고 모든 사정을 말하였다. 이돈수 장로는 서문밖교회 목사인 김인전, 청년의사인 신일용 등과 만나 동 독립선언문을 전달하였다. 한편 임영신은 이장오 집에 은신하면서 기전 동창들과 연락을 취하며 14명의 결사대가 조직되었다.

그 당시 기전의 민족정신 고취에 힘쓴 교사들은 김한순, 함의선 등이었다. 김인전 목사, 신일용 의사, 서문밖교회 신도인 신흥출신의 최종삼, 신흥출신으로 경동학교에 다니던 김종곤 등이 신일용의 병원집에서, 또는 최삼일의 집에 모여 독립선언서를 등사하였다. 결사대와 여학생들은 태극기를 만들었다.

기전학교와 신흥학교가 완전히 중심이 되어 움직여 나갔다. 거사일은 3월 13일(음력 2월 12일) 전주 장날로 결정되었다. 정오를 알리는 인경소리를 신호로 만세를 부르도록 약속이 되었다. 거사

18) 허리에 두루거나 어깨에 메개되는 자루(중간을 막고 두 끝을 터서 그 곳으로 돈이나 물건을 넣게 되었음).

시각이 다가오자 기전 학생들은 남문 밑 최한나 집으로 모여들었다.

쓰개치마 속에 태극기를 한 아름씩 숨겨 가지고 들어 왔다. 콜튼 교장이 학교 문도 잠그고 철저히 감시했기 때문에 기숙사 학생들은 미리 외출했거나 철망으로 넘어 나와야 했었다. 독립선언서는 채소 가마니로 위장하여 운반하였다. 남자들이 만세를 부르고 올라오면 남문에서 합세하기로 되어 있었다.

드디어 12시 정오의 인경이 울렸다. 어머니들이 '온다. 온다' 하고 알려주었다. 양손에 태극기를 들고 숨을 죽이고 기다리고 있던 학생들은 문을 박차고 뛰어나가며 만세를 목이 터져라 외쳤다. "조선 독립만세! 조선 독립만세! 조선 독립만세!" 남자들이 양쪽에서 여학생을 감싸주며 함께 만세를 불렀다. 중앙통 쪽으로 정신없이 상점은 철시하고 장은 깨어졌다. 뛰어가며 마음껏 불렀다. 장에 모인 사람들에게 태극기도 나누어 주었다. 너도나도 모두 만세 대열에 가담했다. 아무도 강요하지 않았다. 얼마나 부르고 싶었던 만세였던가?

전혀 예상치 못하였던 경찰은 이리(현 익산)와 군산으로 지원을 청하는 한편 뒤늦게 진압에 나섰다. 마구잡이로 폭력적으로 진압하였다. 군중 수가 너무나도 많아 빨간 잉크를 옷에 뿌려 표시해 놓고 검거하기도 했다. 그러나 군중은 쉽사리 진압되지 않았다. 흩어지는 듯하다가 다시 모이면서 해 질 무렵 전주우체국 앞에는 약 5천여 군중이 메우고 있었다. 그때 앞장을 서서 달리던 임영신이 경찰에 맞아 기절했다. 그러나 여학생들은 이에 굴하지 않고 계속 만세를 부르다가 기어이 기전의 결사대 임영신을 비롯한 14명(졸업생 3명, 재학생 11명)은 전원 경찰에 붙잡혀 가게 되었다. 기전

학생은 물론 수많은 사람이 체포되었다. 당일 체포된 사람은 434명, 부상자 수 15명이었다고 한다.[19)]

이들 연행된 기전의 졸업생과 재학생은 경찰서에서는 한 명씩 한 명씩 불러다가 취조가 시작되었다. 그것은 누가 조종했느냐며 주동자를 색출하려고 했다. 그러나 한결같이 모두 "내 나라, 내 조국을 위해서 내가 주동했다."고 대답했다. 문초를 받으면서도 한 사람도 비겁하거나 굴복하는 자가 없었다. 회유도 하고 협박도 했으나 결국 주동자 색출에는 실패했다.

3월 13일 당일 밤 12시쯤 체포된 기전의 결사대를 용수(머리에 덮어 씌우는 것)를 씌우고 일본 짚세기를 신겨 형무소로 향할 때 취조실에 20여 명의 재학생들이 잡혀와 꿇어앉아 있는 것을 보고 모두들 울어버리고 말았다. 이들은 전원 정식 구금하였다. 이들은 형무소의 먹을 수 없는 콩과 보릿덩어리 밥에 4일간이나 단식투쟁도 하였다. 결국은 형무소 소장이 이들을 보고 사식을 차입할 수 있도록 하였다. 그 후 부형이나 저명인사들로부터 위안과 사식을 받기도 했다.

경찰서에서 나온 왜경들의 모진 취조가 계속 되었다. 그러나 대답은 한결같이 "내가 주동했다.", "내 나라의 독립을 위해 만세를 부른 것이 뭣이 잘못인가?"의 항변할 뿐이었다. 결국 일제 경찰은 10일 만에 기전의 결사대 전원을 검찰에 송치했다. 20여 일 동안 검찰이 문초했으나 별 소득을 못 보고 기소했다. 조선총독부에서는 이들을 설득하기 위해 시학관(視學官)을 파견하여 설득했으나 그것도 허사였다.

고난의 형무소 생활이 3개월 계속되던 6월 20일 전주지방재판소

19) 朴殷植, 韓國獨立運動之血史, 서울신문사 출판국, 1946, 90면 참조.

에서 공판이 열였다. 개정된 후 결사대 전원에 최후의 진술이 주어졌다. 당시 21세의 임영신은 다음과 같이 열변을 토했다.

재판장님! 방청객 여러분! 내 나라의 독립을 위해, 또한 우리 조국의 앞날을 위해 만세를 부른 것이 무엇이 잘못입니까? 그런데도 우리를 갖가지 고문과 옥살이로써 죄인 대접을 하는 것은 만고의 죄가 된다는 것을 당신네들은 아셔야 합니다. 내 나라 내 강산에서 만세를 불렀다는 죄목으로 당신들 일본은 우리를 재판할 권리가 없습니다.……

21세의 임영신의 모습, 얼마나 당당하고 논리 정연한가?

결국 재판장은 연약한 여성이라는 점에 6개월 징역에 3년 집행유예를 선고했다. 그러나 이에 불복한 검사는 대구고등법원에 공소(控訴)했지만 기각되고 말았다.

한 지방의 기독계 여학교 학생들인 기전의 한민족 따님들의 3.1 독립 만세 사건을 두고 상해 임시정부의 박은식(朴殷植) 선생은 그의 〈한국독립운동지혈사(韓國運動之血史)〉에서 생생하게 상세히 증언하고 있지만,[20] 유독 눈길이 가는 대목이 있다.

……임영신은 일제 검사의 뺨을 때리며 섬 오랑캐의 민습(民習)을 예의인(禮儀人)에게 행하느냐?"는 바로 그 말이다.

4. 신흥학교(新興學校)[21]

전주신흥학교는 서기 1900년 설립된 기독계 학교였다. 서기 1937년 신사참배 거부로 자진 폐교선언을 하자 고창의 민족사학 고창고보가 전교생의 전학을 받아 들인 당시 유명한 학교였다.

20) 朴殷植, 같은 책, '제18장 부녀 및 아동의 애국열', 169면 참조.

21) 연정 김경식, 湖南抗日民族教育展開史 II, 도서출판 조은, 2021, 62~64면.

전북지방에서 만세운동이 가장 먼저 일어난 것은 기술한 바와 같이, 군산의 영명학교가 주축이 되어 서기 1919년 3월 5일이었다.

한편 전주에서는 2월 하순에 서문밖교회에서는 매년 열리는 충청도와 전북도 내의 장로, 집사들이 성경학교를 마치게 되었다. 그 선교사 마로덕(馬路德) 목사를 통하여 미리 김종곤(金鍾坤)의 집에서 만들어 둔 태극기와 인쇄물이 각 교회에서 모여든 약 300여 명의 장로와 집사들에게 나누어지고, 장날을 택해서 거사하도록 지시되었다. 3월 5일 군산에서 독립만세 시위가 감행되었다는 소식이 박태련(朴泰鍊), 김신극(金信極) 등 전주의 지도자들에게 전해졌다. 전주의 천도교, 기독교와 기전여학교, 신흥학교 등 각계 대표들은 3월 13일 장날을 시위 결행일로 정했다. 필요한 태극기는 천도교인과 시민용을 신간회 총무인 박태련의 집에서 인쇄하기로 하였다.[22)]

당시 서울을 비롯한 다른 지방에서 독립만세 소리가 울려 퍼지자, 전주의 일제 경찰들은 겁을 먹은 나머지, 신흥학교, 기전학교를 비롯한 각급 학교에 강제로 방학의 조치를 취하였다. 거사 5일을 앞두고 이와 같은 조치는 거사에 커다란 장애가 되었다. 당황한 애국지사 최종삼은 신흥학교 5명을 불러 집에서 침식을 같이 하면서, 밤에는 신흥학교 지하실에서 태극기를 만들었다.[23)]

이렇게 해서 만들어진 태극기는 거사 당일, 채소 가마니로 위장하여 장터로 실려 나갔고, 이 태극기는 거사 직전 시장의 통로인 완산동과 전주교 건너편에서 시장을 향해서 몰려드는 군중들에게 은밀하게 배부되었다. 12시 30분경 신흥학교와 기전여학교 남녀 학생 및 천도교와 일반인 등 약 15명이 태극기를 들고 남문 밖 시

---

22) 매일신문, 7214호 관련기사 참조.

23) 매일신문, 7214호 관련기사 참조.

장부근으로부터 제2보통학교(현, 완산초등학교) 교정부근에 모여 만세를 부르며 시중에 들어와 격문을 뿌리며 구보로 행진하여 일제 경찰과 충돌하였다.[24)]

신흥학교 학생들이 3.1운동에 앞장서게 된 것은 신흥학교 재학 중에 길러진 민족정신에 기인한다고 할 수 있다. 3.1운동 직전까지 학생들에게 영향을 주었거나 거사를 지도한 교사들은 유병민(劉秉敏), 문병무(文秉武), 조종환(趙鍾煥), 고경진(高敬鎭) 등이었으며, 이들 중 유병민은 서기 1919년 1월 고종황제의 국상(國喪)을 당하자, 건(巾)을 가지고 와서 눈물을 흘리며 북향재배하고 학생들 앞에서 통곡을 하였다니, 총명한 학생들이 영향을 받았지 않았겠는가?

당시 동 운동에 주동이 된 신흥학교 학생들은 고형진(高衡鎭), 남궁현((南宮炫), 김병학(金秉學), 김점쇠(金点釗), 이기곤(李起坤), 김경신(金敬信) 등이었다. 이들은 구속된 후에도 모두 의연한 자세를 보였는데, 특히 고형진, 남궁현 등은 법정에서도 굽히지 않고 굳은 독립 의지를 표명하였다. 특히 고형진은 항고 이유(抗告理由)에서 그 간교한 일제 일본인 판사를 보란 듯 비위를 거슬리지 않고, 그들의 지고한 명치(明治)를 '선제 폐하(先帝 陛下)'라고까지 치켜 세우면서, 일본의 강압에 의한 한일합방이 기만적 술책이며, 조선의 독립이 정당함을 웅변적으로 논술하면서 당당한 한민족의 입장을 말하여 일본인 재판관 판사의 말문을 막았다.[25)]

신흥학교가 기전여학교와 더불어 전주지역의 주도 세력이 되어 전주의 3.1운동을 전개했다는 것은 신흥학교가 기독교계 학교였

24) 매일신보, 1919년 3월 14일자, 3월 15일자, 3월 16일자, 3월 17일자, 3월 18일자 관련기사 참조.

25) 서기 1919년 10월 30일 대구고등법워 판결 大正 8年 제 981호 理由 참고.

지만, 민족혼의 요람이었음을 말해주고 있다.

이와 같은 신흥학교 학생들의 민족정신은 그 후 광주학생 운동과 신사참배 거부에 이르는 일제 식민통치의 전 기간에 걸쳐 면면이 이어져 왔으며, 오늘날 우리가 계승해야 할 정신적 유산이 아닐 수 없다.

5. 오수보통학교(獒樹普通學校)

오수보통학교의 소재지인 임실군(任實郡) 둔남면(屯南面) 오수리(獒樹里)는 남원군과 인접하여 시골 교통의 요지로 임실군내에서도 선진적인 위치에 있는 곳이어서 전라선이 통과하는 중요한 역이었기에 3.1 독립만세 시위도 임실군 내에서는 제일 먼저 일어난 곳이며, 그것도 보통학교 학생(연령은 비교적 높았다고 하나, 보통학교 과정임은 틀림 없다)들이 선두에 나섰던 것이다.

오수보통학교 교사(당시는 訓導라 칭함) 이광수(李光壽)는 고종(高宗)의 인산(因山) 서식이 알려지자, 서울(당시 京城이라 칭함)에 가서 오세창(吳世昌)·최팔용(崔八鏞) 등과 만나고 3.1독립운동에 대한 구체적 지시를 받아 가지고 내려왔다.

동 이광수 교사의 지도로 3월 10일 10시경 첫 수업시간이 끝나는 것을 신호로, 1~4학년 학생들의 약 절반이 운동장에 집합하여 자연발생적으로 조선독립만세를 고창하였다.

일본인 교장은 학부형을 불러 훈계하고 학생들을 경고하는 것으로 일단락지었다. 이렇게 된 것은 이광수 훈도의 서울 견문과 배후에서의 지도 그리고 학생들의 비밀유지의 철저함에서 희생자를 내지 않는 결과를 낳게 된 것이다.[26)]

---

26) 全北地域獨立運動追念塔建立推進委員會, 全北地域獨立運動史, 1994, 452면.

6. 고창보통학교(高敞普通學校)

3.1독립만세 운동의 시위가 요원의 불길처럼 전국에 번져가고 있을 때, 고창보통학교 학생들은 3월 19일 태극기를 들고 대한독립 만세를 외치며 시위를 벌여 장거리로 나가다가 일본인 관헌을 만나 10여 명이 잡혀갔고, 시위군중 속에서 김명만(金明萬)을 붙들어 갔다. 또 3월 21일에는 학생들과 청년회 회원들이 합동하여 태극기를 들고, 모양성(牟陽城)에 올라가 시가지를 향하여, 독립만세를 부르고 거리로 나와 만세 시위를 벌이다가, 역시 청년회원 중 10여 명이 붙잡혀 갔다.[27)]

7. 이리(裡里) 지역 학교의 학생

이리(현 익산시)는 호남교통의 중심지이다. 여기에서도 3월 26일 목포행 열차의 승객들과 이곳 주민들이 합세하여 만세를 불렀고 4월 4일 본격적인 궐기를 했다. 이리에서의 만세시위는 문용기(文鏞祺)·박도현(朴道賢)·장경춘(張京春) 등 기독교 계통의 젊은 인사들이 선도적인 역할을 했다.

그 중에서 문용기는 기골이 장대하고 신·구학문에 상당한 실력을 보유하며 군산의 영명학교, 목포 영명학교 등에서 교편을 잡고 있었기 때문에 지방민들에게 상당한 영향력을 행사할 수 있는 인물이었다. 이상의 유지들은 4월 4일 이리의 장날을 기하여 궐기한다는 계획을 추진하였다. 그리하여 예정된 4월 4일 정오경부터 이리 시장에는 약 3백 명의 군중이 모여 만세시위를 전개하였다.

이 만세 시위에는 이 지방 출신으로서 서울 등지에 유학하고 있

---

27) 동아일보, 1923. 5. 9일자 관련기사 참조.

던 학생들이 귀향하여 고향의 시위조직과 실천에 크게 기여했는데 다음과 같은 학생들이 있다.

* 세브란스 의학전문학교 — 김병수(金炳洙)
* 중동학교(中東學校) — 김종현(金宗鉉) · 김철환(金鐵煥) 이시웅(李時雄) · 박영문(朴泳文)[28]

8. 만경보통학교(萬頃普通學校)

김제군(金堤郡) 만경면(萬頃面) 소재 만경보통학교의 교사와 학생이 4월 4일에는 궐기하였다. 만경보통학교의 교사이던 임창무(任昌茂) · 오연길(吳淵吉) · 장태석(張泰錫) · 이석재(李錫在) 등은 평소에 익산군 오산면(益山郡 五山面)의 애국 지사인 문용기(文鏞祺) 등과 비밀연락을 취하면서 학생들에게 민족의식을 고취하였다. 3월 1일 이후 거족적인 저항기를 맞이하여 이들 뜻있는 교사들은 좌시할 수 없었다. 4월 4일 정오경에 교사 임창무는 3,4학년 학생들을 교정에 모아 놓고, 만세시위에 참가해야 한다는 점을 역설하고, 태극기를 들고 선두에 서서 대한 독립 만세를 부르니, 학생 1백여명이 대열에 잠가하여 만경 시장으로 진출하였다. 학생, 교사에 의한 감격적인 만세시위를 본 군중은 일제히 여기에 호응하였다. 이 같은 만세시위로 임창무 등 주동자는 구속되었다.[29]

9. 줄포보통학교(茁浦普通學校)

4월 18일 부안군 줄포면(扶安郡 茁浦面)에서 만세 운동이 일어

---

28) 張道斌, 《3.1운동사》 (하) 520~523면.

29) 위의 책, 530~531면.

났다. 여기에 앞서 줄포보통학교에서는 4월 7~8일 경에도 학생들이 교정에서 만세를 부른다는 계획을 추진하다가 좌절된 일이 있다. 그 뒤 줄포보통학교의 뜻 있는 학생이던 김태순(金泰順)·박기봉(朴基鳳)·김동섭(金東燮) 등은 다시 4월 18일의 줄포 장날을 이용하여 거사한다는 계획을 추진하였다. 이들은 태극기를 준비하여 보안면(保安面) 사무소 게시판과 큰 길가의 소나무에 달기도 하고 학생들에게 나누어 주기도 하였다. 그들은 교사의 간섭을 뿌리치고 오전 11시경 수업을 끝낸 뒤, 학교를 벗어나 시장으로 갔다. 일부 학생들은 태극기를 장꾼들에게 나누어 주고 만세시위에 들어갔으나 경찰에 의하여 저지 당하고 주동학생 김태순·김동섭·서용순(徐龍順)·이병근(李秉根)·박병섭(朴炳燮)·이병갑(李炳甲) 등이 체포되었으나 학교장과 학부형의 교섭으로 석방되었다.[30]

10. 화동학교(華東學校)

4월 3일 진안군 주천면 주양리(鎭安郡 朱川面 朱陽里)에 있던 화동학교(華東學敎) 학생들과 지방 유지들에 의하여 만세운동이 일어났다. 그날 밤 10시경에도 학생과 주민 60여명이 모여 만세를 불렀다.[31]

이때의 주동자는 지방유지 김주한(金周漢)과 오해관(吳海寬)이었다.[32]

30) 위의 책, 532~533면.
31) 위의 책, 546면.
32) 위의 책. 533~534면.

11. 고창군 성내면 거주의 학생학생들

3월 10일 고창군 성내면 월산리(高敞郡 星內面 月山里)에 거주하는 이종철과 학생 이종수(李鍾洙) · 이대성(李大成) · 유판술(劉判述) 등이 주동이 되어 선전활동을 했다. 다수의 태극기를 만들어 사람들이 살 보이는 상소에 붙이거나 "대한독립(大韓獨立)" "독립(獨立)"이라고 써서 장대에 붙여 성내면 사무소의 빈터에 세웠다. 한편 13일 학교 운동장으로 모이라는 삐라를 뿌렸으나 경찰에 발각되어 행동으로 옮기지 못하였다.[33]

제4절 전남지방의 3.1학생독립운동

1. 정명여학교(貞明女學校)

정명여학교는 서기 1903년 목포에 기독계 학교로서 전남지방에서 근대학교로서 최초로 설립된 학교이다.

8일 오후 1시 15분경에 창평정 근처에서 별안간 4명의 야소교학교 여생도가 몰려나오며 손에 한국기를 들고 만세를 부르는 것을 경관이 잡아 본서로 이치하였는데, '그날밤 목포시중의 무장은 의연하더라' 고 보도한다. 이어 12일에도 속보를 통해 "목포는 8일 밤에 야소교 경영의 정신여학교(필자 주; 정명여학교의 발 못 표현) 졸업생 약 40여 명이 운동을 개시하였으나 관원이 출장하여 제지하고 주모자를 찾았다더라."

위 글은 당시 조선총독부 기관지인 매일신보의 서기 1919년 4월

---

33) 위의 책, 546면.

11일자 보도 기사이다. 여기서 우리는 목포지방의 3.1운동의 중심엔 정명여학교가 있었음을 금새 인식할 수 있다. 그리고 또 이어 동 지는,

목포는 지난 8일 이래로 불온한 형세가 되어 각 상점은 오전 중에 철시하고 그 이튿 날 9일에도 오전 중 폐점되었는데 양일 간 관헌의 활동으로 선동자 20여 명을 포박가고 일본군대가 오는 등 더욱 엄중하였기 때문에 형세는 점차로 평온해지는 모양이더라.[34)]

이로 보면, 여기 그 당시의 목포 시내의 팽팽한 긴장감과 그것이 며칠간 계속되었을 것이라는 것도 우리는 배제할 수 없다.

당시 목포에서 만세운동을 주도적으로 벌일 수 있는 연령층이 분포한 학교로는 본교 외에도 같은 기독교계의 영흥학교가 있었다.

목포의 만세운동은 4월 8일에 최초로 일어난 것은 아니다. 이미 같은 해 3월 25일자 신문에서는 "목포에서 20일 다수의 군중이 시위운동을 시작하였는데, 목표경찰서장과 군수가 간절히 설유하여 해산하여더라."라고 기록하고 있다.

서울에서의 3.1운동의 여파가 20여 일만에 전국적으로 번지며 마침내 목포에도 3월 20일, 만세운동의 불이 붙은 것이다. 그러나 그 때까지만 해도 여러 가지로 준비도 부족했을 뿐만 아니라 참여율도 그다지 높지 않아서 군수가 나서므로써 쉽게 진정시킬 수 있었던 것이다. 그날의 움직임에 대해서는 우발적이라는 일부의 견해도 있지만, 그것은 목포의 만세운동은 이미 2월 중순부터 치밀하게 준비되고 있었으며, 이들은 거사일을 4월로 잡고 있었는데, 이들과는 달리 갑작스레 만세운동이 일어났기 때문이다.

---

34) 매일신보, 1919년 4월 14일자.

본교에서도 그 무렵 학교 내에서 태극기를 만들고 있었다. 거사일에 맞추어 각 단체별로 일을 부담하여 이에 필요한 여러 준비를 하고 태극기를 만드는 일부터 나누는 일까지 학교 내에서 선배들이 직접 진행해 나가고 있었다.

3월 10일 광주에 있었던 만세운동은 수피아, 숭일학교가 중심이 되었다. 이 보다 늦기는 했지만 목포에서의 만세운동 역시 양동교회와 본교가 중심이 되었다. 이경필(李敬弼) 목사를 비롯 서기현(徐岐峴) 장로, 서화일(徐華一) 집사, 양병진(梁炳辰) 집사 양인식 집사, 양일석 집사 등과 함께 본교 1회 졸업생 최자혜와 그 외 이금전, 김인엽, 김보현 등이 서기현 장로 집에 본부를 두고 거사를 준비하였다.

정명학교의 학생동원은 김진엽, 최자혜가 영흥학교의 경우는 동교 졸업생인 양일석이, 교인 동원은 이경필 목사가 각각 맡았다.

거사를 준비하는 동안에 광주에서는 독립운동에 대한 목포지역의 관심을 환기시키기 위해, 몇몇 인사들에게 ① 3.1독립선언서 사본, ② 2.8 독립선언서 사본, ③ 비밀 지하신문 2부(조선독립신문 제1호, 1919년 3월 11일자 각각 1부, ④ 격문, ⑤ 독립가 등의 인쇄물을 봉투에 봉하여 은밀히 전해 주었다. 그 중의 하나가 본교 7대 교장 김아각 목사에게 전해졌다. 봉투에는 '金牧師'[35]이라고 씌여 있어 이 점은 직접 김목사에게 전달되었다는 것을 말해 주고 있다. 이 점은 당시 외국인 선교사들이 우리 민족에게 주는 신뢰가 어떻했는지를 엿 보이게 해 주는 대목이라고 할 것이다.

만세운동을 위해 가장 필요한 도구는 태극기였던 바, 학생들은

---

35) 이 봉투는 그로부터 64년 후인 서기 1983년 2월 24일 동교 교무실 천정 보수작업 중에 발견 되었던 바, 이는 현재 독립기념관에 보관되어 있다.

교내에서 태극기를 만드는 일에 착수했다.

태극기는 당시 본교에 재직중이던 한문교사 곽우영(郭宇盈)이 그려준 원형을 본따서 목판에 4괘와 태극을 칼로 조각하여, 이에 한지를 펴고 솜방망이로 목판을 두들겨 박아낸 다음 물감을 칠해서 복사했다. 이 작업은 주로 기숙사와 지하실에서 진행되었다.

당시 유애나 교장은 학생들을 보호하기 위해 태극기를 만들고 있는 학생들을 만류하며, 일일이 둘러보고 조심을 당부하고 다녔는데, 비대한 몸으로 좁은 기숙사 2층 계단을 내려오다 떨어져 크게 다치게 되었다. 이 사고가 원인이 되어 결국 동 교장은 1년여 앓다가 서기 1920년 2월 21에 사망하였다.

어려움 속에 만들어진 태극기를 학생들은 둘둘 말아 보자기에 쌓아 어린아이처럼 만든 다음, 등에 업고서 양동교회와 교인의 집에 운반하였다. 양동의 부잣집 새댁인 최마리아는 빈 물통에 태극기를 담아서 밤이면 머리에 이고 운반하기도 하였다.

드디어 거사일인 4월 8일[36] 오전 2교시 수업이 끝나고 15분 동안 운동시간이었는데, 영흥학교 학생 김옥남이 울린 비상 종소리를 신호로 본교와 영흥학교 학생 2백여 명과 양동교회 교인들이 삽시간에 태극를 흔들며, 또 독립선언서를 뿌리면서 시가행진에 돌입하였다.

본교에서는 최자혜, 이금전, 김보현, 이능덕, 강(康)지성, 김영순, 이복점 등이 학생들을 지휘하고, 영흥학교에서는 양일석, 비상종을 울린 김옥남 그리고 김상원, 안병선, 윤듀황 등이 선두에 나서 지휘하였다.

36) 한국기독교 100사 등 일부의 자료에서는 3월 21일로 기록되고 있으나 최근의 자료나 당시의 신문 자료는 4월 8일로 보도하고 있다.

당시 양동교회 측에서는 이경필 목사와 서시현 장로를 중심으로 여러 교인들이 합세하였다. 학생들은 정문을 벗어나 프렌치병원(현, 양동 제일교회 자리) 앞을 지나 동화고무공장을 거치면서 길가는 시민들을 끌어들임으로써 세(勢)가 더욱 불어났다. 이어 재판소 앞을 지나 산수정(현, 유달동 근방)까지 행진하면서 태극기를 흔들고 만세를 불렀다. 순식간에 목포시내는 함성과 소요로 슬렁였고, 일제 경찰도 재빠르게 움직이면서 학생과 시민을 붙잡기 시작하였다. 일제 경찰들은 쏟아져 나오는 여학생들의 댕기를 두세 겹씩 휘어잡아 내동이치며 진압하였다. 이 때 본교의 교사였던 김마르다 선생은 어린 여학생을 두들겨 패는 일제 경찰에 항의하며 "차라리 내 가슴에 총을 쏴라" 대들었다가 체포당하기까지 하였다. 내 조국, 내 강토에서 일제의 순사에게 묶여가야 하는 그 광경을 생각해 보라! 기가 차지 않는가?

이날 체포된 교인과 학생들은 2백여 명이 넘었으며, 수용 한계를 넘어서 영흥학교 윤남하를 비롯한 여학생들은 훈방 조치하고 1백여 명을 구속 시켰다.

본교에서는 최자혜 선생을 비롯 다수의 졸업생과 재학생들이 목포형무소에 수감되어 부득이 정상적인 학교 일정이 진행되지 못하고, 결국은 임시휴교에 들어갔다. 이로인해 서기 1920년부터 서기 1922년까지는 고등과 졸업생을 배출하지 못하였다.

당시 이 일로 구속된 본교 교사와 학생들은 무려 15명이나 되었다.

2. 수피아(須彼亞) 여학교[37)]

서기 1907년 광주에 설립된 기독계 광주 수피아 여학교는 서기

37) 광주수피아여자중 · 고등학교, 수피아 百年史, 2008, 248~261면 재구성.

1919년 2월 중순경 김마리아(서기 1910년경 동교 교사 역임), 여성 독립운동가)가 당시 교사로 있던 그의 언니 김함나에게 2.8독립선언서를 전해주었고, 교사 박애순(朴愛順)이 만국강화회의 상황과 매일신보에 실린 독립운동에 관한 기사를 읽어주고, 독립운동의 필요성을 일러주어 수피아 학생들의 독립운동에의 참여의 불씨를 던졌다.

서기 1919년 3.1운동의 움직임이 전국적으로 확산되고 있을 때, 광주에까지 그 파장이 있었던 것은 3월 6일이었다. 그날 밤 광주 양림동 남궁혁 목사의 집에서 숭일학교 교사 최병진을 비롯 수피아학교 교사 박애순, 진신애 등 12명이 모여 광주의 독립운동을 세웠고, 거사 일을 3월 10일로 결정했다. 그리고 각자 맡은 일을 분담하는 등 세부 계획을 세웠고, 수피아에서는 박애순 선생이 학생을 동원하고 독립선언서를 배포하는 등의 책임을 맡기로 하였다.

한편 동교 교사 박애순은 3월 3일경에 동교 학생들에게 독립사상을 고취하기 위하여, 매일신보의 기사를 읽어주고 "만국강화회의에서 우리나라도 독립이 승인되었으므로, 각지에서 독립운동이 전개되고 있으니, 우리들도 이 운동을 벌여 대한 독립만세를 불러야 된다."고 말하므로써, 학생들의 피 끓는 애국심을 불러일으키는 동시에 전교생의 적극적인 호응을 받았다.

여기서 우리는 박애순 교사에 대하여 잠간 이해 할 필요가 있다. 그는 3.1운동 당시 북문안교회 교인으로 당시 수피아의 교사였다. 그는 목포의 정명여학교(보통과 1회, 서기 1911년) 출신으로 광주에 와 수피아여학교 고등과(지금의 중학교, 서기 1915년 3월 제1회졸업)를 거쳐, 서울에서 사범교육을 마치고 모교에서 교편을 잡고 있었다. 그는 애국심이 출중한 사람으로서 학생들에게 자주독립의 당위성을 강조했다. 그는 서울에서 독립운동의 밀령을 가지고 온 김철(金鐵 또는 金福鉉)과 숭일학교 교사인 김강과 최병준 등과 함께 3월 10일에 있을 광주 독립만세운동의 계획을 세웠고, 이 거사를 앞두고 학생들에게 독립사상을 고취하기 위하여 매일신보를 읽어 주고 만국강화회의에서 조선도 독립이 승인되어 각지에서 독립운동을 개시하고 있으므로 우리도 그 운동을 개시하여 독립만세를 불러야 한다고 설득한 분이다. 그는 체포되어 혹독한 심문을 받으면서도 조금도 흐트러짐 없이 당당한 모습이었다. 재판정에서 "나는 독립을 절실히 희망하였기 때문에 그 운동에 참가하였다."라고 말했으며, 자신이 주도했음을 시인하여 징역 1년 6월의 언도를 받았다. 그는 복역 중 잔여기간 6개월을 남겨 놓고 모범수로 석방되었다. 그는 옥중에서 매일 조국의 광복을 위하여 간절한 기도를 드렸고 성경책이 닳도록 읽었다. 그 성격책이 지금 독립기념관에 전시되어 있다. 독립유공자로 대통령 표창장(서기 1986년 12월 16일)이 추서 되었다.

3월 9일 밤, 숭일학교 교사 최병준이 양림 오원 기념각에서 수피아 학생들에게 설교를 하였는데 그 내용은 대략 다음과 같은 요지였다. 즉 "그리스도는 일생을 희생하여 세급제도를 타파하고 사유를 위하여 헌신하였습니다. 신도가 된 우리들은 어떠한 장애라도 이를 배제하고 이 목적 수행에 노력하지 않으면 아니 될 것입니다."

한편 최병준은 송흥진과 함께 숭일 학생들에게도 다음과 같은 내용으로 학생들의 분발을 촉구하였다. 즉, "서울 기타 각지에서는 벌서 독립운동을 개시했는데, 이곳 광주에서만 이것을 좌시한다면 후일에 동지들의 조소를 어떻게 받을 것인가? 우리 이곳 광주에서도 마땅히 독립운동을 시작해야 한다."

그리고 최병준은 결행 당일 학생 중에서 몇 명을 골라 학생 한 명당 약 20매씩 독립선언서 등을 배부하였고, 박애순은 그날 김 강에게서 받은 독립선언서 약 50매를 수피아 여학생들에게 나누어 주었다.

광주에서 독립운동을 갖기로 했다는 소식을 들은 수피아 학생들은 기숙사 상급생들인 홍순남, 박영자, 최경애, 양태원 등이 주축이 되어 기숙사 지하실에서 밤 12시가 넘은 뒤 몰래 태극기를 만들었는데, 태극기 제작 재료는 고종황제 인산 날 입었던 치마를 뜯어 한 사람이 10매씩 만들었다.

드디어, 3월 10일 광주의 작은 장날, 독립만세의 함정이 울려 펴졌다. 거삿 날 아침, 박애순 교사는 홍순만, 박영자에게 독립선언서 50부를 나누어 주고, 오후 2시까지 부동교 밑 큰 시장으로 모이도록 했다. 그 곳에서 오후 3시 30분 일반 시민, 숭일학교, 농업학교 학생들과 합세하여 독립선언서를 낭독하기로 하였다. 저마다 가슴에 태극기를 품은 수피아 여학생들이 양림동 쪽에서 광주천변으로 뛰어 내려와, 장날에 모인 사람들에게 태극기를 꺼내주며 만세를 부르자고 부르짖었다.

일반 시민, 학생 등 1천여 명이 모여 독립선언서를 낭독한 뒤, 태극기를 흔들며 서문통(현 광주우체국 앞에서 황금동 가는 길), 충장로 파출소, 금남로 구 법원에서 다시 우체국 앞으로 시위를 계속하다가, 광주경찰서 마당으로 들어서서 더욱 맹열히 조선독립만세를 외쳤다.

일제경찰들이 총대로 군중들을 마구 후려칠 때, 수피아 학생들은 검정 통치마를 둘러 쓰고 태극기를 흔들며 목이 터저라 만세를 불렀다. 일제경찰들이 "남들은 종이 태극기인데, 네 년들은 돈이 어디서 나서 베로 태극기를 만들었느냐? 서양 놈들에게 돈을 받았느냐."며 수피아 학생들에게 욕설을 퍼붓기도 했다.

광주에서 독립만세운동에 참가한 많은 사람들이 일제 경찰에 체포되어 고초를 당하고 재판에 회부되어 기철, 정광호, 최병준, 김강, 최한영, 정상호, 주형옥, 김철주 등 민세운동을 선도했던 지도교사들이 징역 언도를 받았다.

수피아 교사와 학생들 중에 16세 이상 23명은 구속 기소 되어 공판 결과 4월 30일에 형이 언도되었던 바, 그 명단은 다음과 같다.

박애순(23세, 교사, 징역 1년 6월), 진신애(20세, 교사, 징역 10월), 홍순남(징역 8월), 박영자(징역 8월), 최경애(징역 8월, 집행유예 2년). 양태원(징역 8월, 집행유예 2년), 김필호(징역 4월), 임진실(징역 4월), 고연홍(징역 4월, 집행유예2년), 박성순(징역 4월), 이태옥(징역 4월), 김양순(징역 4월, 집행유예 2년), 양순희(징역 4월), 윤혈여(징역 4월), 김덕순(징역 4월), 조옥희(징역 4월), 이봉금(징역 4월, 집행유예 2년), 하영자(징역 4월), 강화선(징역 4월, 집행유예 2년), 이나혈(징역 4월, 집행유예 2년). 김안순(징역 4월, 수피아 출신 간호원), 최수향(징역 4월, 집행유예 2년), 홍승애(무죄)

서기 1995년 3.1운동 당시 전교생이 독립만세운동에 참여하고, 23명이 옥고를 치룬 항일 저항의 역사를 기리기 위하여 수피아대강당 앞에 '광주 3.1 만세운동 기념 동상'을 건립하였다.

3. 숭일학교(崇一學校)

숭일학교는 서기 1908년 전남 광주에 설립된 기독교계 학교이다.

광주의 3.1운동은 숭일과 수피아의 양교가 중심이 되어 전개되었다. 서기 1919년 2월 말 경에 서울에 있는 강팔수 목사는 독립운동의 연락원으로 광주에 와서 최흥종과 김철을 만나서, 3월 1일 국장(國葬)을 계기로 대 운동이 전개될 것을 말해주고, 광주 독립운동을 부탁하였다.[38] 한편 2.8독립선언서는 동경에서 유학하고 귀국한 전광도에 의해서 광주 기독교 청년들에게 전해졌으며, 그때 청년들은 서서히 움직이기 시작하였다.

숭일학교 교사들과 학생들이 이 운동에 적극적으로 가담하게 된 동기는, 평소에 교사들은 애국심과 독립심을 학생들에게 심어주었으며, 학생들은 늘 나라를 위해 기도해 왔기 때문이었다.

숭일학교 학생들은 교사의 지도하에 태극기와 독립선언서를 준비하는 데, 거사 예정일인 10일 전날까지 꼬박 3일간을 식사를 거르며 거의 잠도 설치고 준비하였다. 일하여 준비된 독립선언서와 태극기는 자그만치 6가마로 수만장이었다.[39]

인원동원에는 서정희가 일반 시민을, 김강은 교인을, 홍승애는 수피아 여자고등보통학교를, 숭일고등보통학교 교사인 최병준은 숭일학교를, 감태열, 최영균, 김용규 등은 시내의 각급 학교 학생을 각각 맡고, 독립선언서, 태극기 등의 인쇄는 최한영이 맡았으며, 준비자금은 대부분 이기호가 담당하였다.[40]

최병준은 열열한 애국자였다. 그는 거사를 앞두고 채플시간에 다음과 같은 설교를 했다.

그리스도는 자기의 몸을 희생하여 계급제도를 타파하고 자유를 위해 애쓰셨다. 기독교인인 우리는 어떠한 장애라도 배재하고, 그 목적의 수행을 위하여 노력을 해야 한다.[41]

---

38) 전라남도사편찬위원회, 전라남도사, 835면,
39) 전남일보, 서기 1979년 1월 6일 관련 기사 참조.
40) 위의 자료 참조,
41) 전남일보, 서기 1979년 1월 6일자 관련 기사 참조.

이러한 설교를 들은 숭일학교 학생들은 그리스도의 삶을 재현시키고 또 그리스도처럼 남을 위해서 희생되는 삶이 고상한 삶으로 알았다. 그래서 이들 학생들은 비상한 결의를 갖고 소병준 교사의 인솔로 작은 장터를 향해 출발하였다.

즉, 3월 10일 오후 3시가 조금 지나서 양림동에서는 북문안교회 교인들과 수피아 여학교 서정희 등이 가마니에 싸들고 온 태극기를 휘날렸고, 숭일학교 학생들은 광주천을 따라 내려오고, 일반 시민들은 서문통으로, 농업학교 학생들과 또 다른 시민들은 북문통으로, 삽시간에 1천여 명의 인파가 작은 장터로 몰려 들었다.[42]

작은 장터에 모여든 군중들은 손에 손에 태극기를 들고 만세를 불렀다. 장꾼과 시민들에게 태극기를 나누어 주었던 숭일학교, 수피아여학교, 광주농업학교 학생들은 여간 바쁘지 않았다. 그런데 태극기를 받아 들었던 광주 시민들의 독립운동가가 한꺼번에 퍼져갔다. "터졌구나! 터졌구나! 조선 독립성 10년을 참고 참아 이제 터졌네!"[43]

광주 시민들과 학생들이 한데 어울려서 만세를 부르고 있을 때, 광주 교외에 있는 지산면 일곡리에 사는 이주성은 숭일학교 출신인 이윤호, 이창호 두 아들을 선두로 해서 역시 이날 작은 장터로 수 백 명 군중들을 이끌고 시장에 나타났었다.[44] 어디 그 뿐이겠는가? 온통 광주는 독립만세 소리로 들끓었으며, 심지어 조선인 경찰관도 총칼을 버리고 같이 만세를 불렀다. 이 일에 대하여 숭일학교 제19회 출신이며 독립운동가였던 최윤상은 광주 60년사에서 다음과 같이 증언하고 있다.

---

42) 광주시사편찬위원회, 광주시사, 56면 참조.
43) 전남일보, 1979년 1월 8일 관련기사 참조.
44) 전라남도사편찬위원회, 같은 책, 836면.

목이 터져라 하고 부르는 대한 독립 만세 소리에 호응하여 군, 읍 각처에서 모여든 수 천의 장꾼들은 일시에 장사 손을 놓고 열광적인 대한 독립 만세를 소리 높이 호창하였다. 쌀 장사는 쌀 되를 들고, 생선 장사는 갈치를 치겨들고, 만세를 높이 부르는가 하면 시장간을 헤매든 거지들도 기며 날뛰며 이에 호응하고, 조선인 경찰 순사인 전용기는 차고 다니던 칼을 끌러 놓고 독립만세를 불렀으며, 고등계(정보계) 형사였던 송동일까지도 감격하여 대한 독립만세를 소리 높혀 외치던 판이었다.[45]

총칼로 진압에 나섰던 일제 헌병들은 수천의 군중에게 감히 접근하지 못하였다. 시위 군중들은 만세를 부르면서, 서문통과 우체국 앞을 지나 재판소 앞을 통과하여 광주경찰서 앞까지 행진을 계속하였다. 이때 위협을 느낀 일제 헌병들은 평화적인 시위 행렬에 무차별 총을 발사하고 말았다. 결국 닥치는 대로 체포하기에 이르렀으며, 구두 발에 채이고 유혈이 낭자하였으나 일반 시민, 학생들은 조금도 굴하지 않고 우렁차게 함성을 불으며 독립만세를 부르는 투혼은 최후까지 변하지 않았다.[46]

10일의 만세운동에서 많은 구속자를 내고 상처뿐 이었지만, 그 이튿 날인 11일에도 만세운동은 계속되었다. 11일 오후 5시께 숭일학교 학생들과 광주농업학교 학생들이 선두가 된 3백여 명의 대열이 만세를 부르며 시위 행진을 벌였고, 13일 광주 큰 장날에는 장꾼들을 포함한 1천여 명의 군중이 만세를 부르고 일부는 시위행진도 했다.[47]

숭일학교 학생들은 만세시위가 끝나면 다시 기숙사에 모여 다음 날을 의론하고 계획하곤 하였다. 따라서 당시 기숙사는 숭일학교

---

45) 광주 60년사, 61~62면.

46) 위의 자료 참조.

47) 전남일보, 1979년 1월 8일자 관계 기사 참조.

학생들의 3.1운동에 대한 모의처이자 작전처이며 기도의 장소로 화하였다. 그러기에 숭일학교 기숙사는 일제 경찰의 요시찰지역이 되기도 하였다.

광주지방의 독립만세운동으로 2개월 동안에 연 21회에 걸쳐 행했으며, 시위군중은 1만 2천 명, 일제 경찰의 총칼에 희생된 자 28명, 검거된 자는 자그만치 1,831명이나 되었다.[48)]

이 운동에 적극적으로 참여했던 숭실학교의 교사와 학생들은 수 없이 감옥에 갇히게 되었고, 일제 경찰관과 헌병들은 혹독한 탄압과 육체에 당할 수 없는 고통을 가하게 되었다. 결국 숭일학교 전문부에 다니던 송만춘은 시위 현장에서부터 부상을 당하고 감옥에 갇히게 되었다. 광주지방에서 구속된 자는 모두 77명으로 모두 재판을 받게 되었다.

당시 구속된 사람의 통계를 보면 다음과 같다.[49)]

숭일학교 교사 2명

숭일학교 학생 27명

수피아여학교 교사 2명

수피아여학교 학생 20명

농업학교 학생 5명

일반인 21명

이 외에도 숭실학교 최병준, 김강과 시민 최한영은 3년 징역형을 받고 복역했으며, 또한 숭일학교 관리 직원 송홍진은 학생들의 선두에 서서 만세운동을 지도하다가 2년 징역형을 받았다. 그런가 하면 경찰서에 잡혀가 숭실학교의 애국 청소년은 아무 죄도 없이 3~4개월의 체형을 선고 받았다.

---

48) 朴殷植, 韓國獨立運動之血史, 下, 178면.

49) 光州地方法院 判決文(大正 8年 558號) 참조.

제7호 출판법 위반으로 제형을 받은 학생들의 통계를 보면 다음과 같다.[50)]

체형 3년 김강 외 14명

체형 2년 송광선 외 9명

체형 2년 박외순 외 3명

체형 8월 김화순 외 8명

체형 6월 이나주 외 15명

체형 10월 김성민

체형 4월 박오기 3인

이들은 모두 대구 복심법원에 불복 항소하였다. 그런데 그 중 숭일학교 특별과(전문대학과정) 재학 중이던 송광춘은 만세를 부르다가 일제 경찰로부터 심한 타박상을 입고 대구형무소로 이송되었으나, 서기 그해 12월 하순 추운 감방에서 옥사하고 말았다. 이 소식을 전해 들은 숭일학교 학생들은 물론 북문안교회 교인들 그리고 광주 시민들까지 슬렁거리기 시작하였다.

동 송광춘의 유해(遺骸)는 광주로 운구(運柩) 중 송정리에 도착한다는 말을 들은 사람들은 상여를 준비하여 광주까지 운구하려고 대기 중에 이었다. 송광춘의 유해가 송정리역에 도착하자, 숭일학생들을 비롯해서 광주청년회 2~30명은 동지들이 운구해 온 유해를 상여에 옮기어, 30리 길 광주까지 운구하였고, 그때 연도에 늘어선 많은 주민은 고(故) 송광춘의 상여에 고개를 숙여 애도하기도 했다. 이에 운구와 더불어 또다시 민심이 술렁거리기 시작하자 일제 경찰은 숭일중학교 지하실에 둔 유해를 압수까지 해 버렸다.[51)]

---

50) 전라남도지편찬위원회, 같은 책, 836~837면 참조, 光州地方法院 判決文(大正 558호) 참조.

51) 전남일보, 서기 1978년 1월 8일 관련기사 참조.

우리는 이상에서 개략적이나마 3.1운동 당시 광주의 운동 모습과 비록 여기에 지면관계로 소개는 못하였지만, 당시 판결문에 나타난 어린 숭일학교 학생들의 논리적이고 당차고 담대한 애국의 모습을 읽을 수 있다.

4. 광주농업학교

광주농업학교도 관학이었지만 그 당시 학생들도 숭일학교, 수피아학교와 연계하여 3.1 독립만세운동에 참여하였다. 그 당시 주요 학생으로는 다음과 같다.

이동운(24) · 송기호(20) · 김정수(21) · 정병소(22) · 황오봉(19) · 최연순(24)이 주도하였다.[52)]

광주의 만세시위는 3월 10일 끝난 것이 아니고 다음날 오후 5시, 숭일학교 · 농업학교 학생이 중심이 된 약 3백명의 군중이 만세시위를 벌였고, 13일 장날에는 또 1천여명이 만세를 부르고 일부는 시위를 감행하였다.

5. 광주보통학교(光州普通學校)

4월 8일에는 광주보통학교 학생들에 의하여 만세시위가 시도되었다. 4학년 급장이던 최영섭(崔泳燮)은 유봉식(柳鳳植) 등 청년들과 연락하여 4월 8일 11시를 기하여 광주 자혜의원(慈惠醫院) 앞에서 만세시위를 전개할 것을 결정하였다. 최영섭은 4월 7일 4학년 학생들을 운동장에 모아 놓고 만세 계획을 알려주고 4월 8일 학교는 쉬고 자혜병원 앞으로 나올 것을 설명하여 일동의 찬성을

52) 위의 책, 616~620면.

얻었다.

당일 예정한 시간에 최종하(崔鍾夏) · 김봉수(金鳳洙) · 김길선(金吉善) 등이 약속된 장소로 나갔으나 경찰에 만세계획이 누설되어 좌절되었고 최영섭은 구속되었다.[53]

6. 해남(海南) 보통학교

해남에서의 만세시위는 보통학교 학생들이 먼저 시작하였다.

해남보통학교 학생 김 규수(金圭秀)는 평소 일제의 강제병합에 저항 의식을 지니고 있던 중, 3.1항쟁기를 맞이하여 좌시할 수 없다하여 궐기할 것을 다짐하고 거사준비에 나섰다. 그는 4월 1일 해남보통학교의 기숙사로 김한식(金漢植) · 임영식(林永植) · 신 건희(申健熙) · 윤옥하(尹玉夏) 등의 학우를 찾아 민족 독립의 필요성을 강조하고 만세시위를 제의하여 일동의 찬성을 얻었다. 거사일은 4월 6일의 해남 장날로 정했다.

4월 5일에 김규수 · 김현태 · 신건희 · 임영식 · 윤옥하 · 윤준하 · 김명곤 · 박동렬 · 윤백인 · 박복구 · 이재실 · 양동훈 · 박천홍 · 김성암 등이 보통학교 기숙사에 모여 4월 6일의 해남 장날에 만세시위를 단행한다는 결의를 다시 다짐하고 준비를 급속도로 진행하였다.

이들은 천으로 만든 큰 태극기 80개, 작은 태극기 8개, 그리고 종이로 만든 태극기 80개를 만들었다. 한편 신건희는 독립선언 광고문을 기초하고 김규수 · 김현태 · 윤옥하 · 임영식 등은 이를 등사하였다.

4월 6일 오후 1시경, 해남 보통학교 학생 김규수 · 김한식 · 양

53) 張道斌, 《3.1운동사》 (하), 561면.

동훈 등은 미리 준비해 두었던 태극기, 광고문 등을 감추어 가지고 시장으로 먼저 나가, 동지 학생들이 오기를 기다렸다가 일제히 태극기를 들고 광고문을 뿌리고 만세시위를 벌리니 다른 소년들도 여기에 참가하였고 시장의 군중도 모두 함께 호응하였다.

양동훈 · 김한식 · 곽경토(郭京土) · 이병춘(李秉春) · 문병춘(文秉春) · 김이주(金伊住) 등 어린 소년들은 군중을 향하여 소선 독립의 필요성을 외쳐댔다. 마침내 시위에 참여한 군중의 수는 1천여 명을 넘었다. 특히 해남(海南)에서는 보통학교 학생들이 주동이 되어 만세시위를 주도했으니 군중과 일반 소년의 동조로 빨랐고 그 폭도 매우 넓었다. 이날의 만세시위는 약 2시간 계속 되었으나 경찰은 강제 해산을 시켰다. 그러나 보통학교 학생들의 궐기를 계승하여 4월 11일에는 해남 읍내에서 김동훈(金東勳)을 비롯한 지방 청년 안정석(安正錫) · 안유석(安儒錫) · 안창석(安昌錫) · 손태옥(孫太玉) · 남상권(南相權) · 손승옥(孫升玉) · 조종운(曺鍾運) · 김흥봉(金興鳳) · 김흥룡(金興龍) 등과 읍내의 유지인 김경두(金璟斗) · 한창수(韓昌洙) · 김영배(金永培) · 천석균(千錫均) 등에 의한 별도의 만세 시위가 전개되었다.

그리고 다음은 만세시위에 참여한 주동 학생의 명단이다.

김규수(金圭秀) · 김한식(金漢植) · 임영식(任永植) · 신건희(申健熙) · 윤옥하(尹玉夏) · 윤준하(尹俊夏) · 이사국(李士國) · 박천홍(朴天洪) · 양동훈(梁東勳) · 김명곤(金明坤) · 김현태(金鉉泰) · 이재실(李在實) · 이준탁(李俊鐸) · 박복구(朴福九) · 김성암(金成岩) · 윤백인(尹伯仁) · 김영휘(金永輝) · 황인복(黃仁卜) · 김봉두(金奉斗) · 정순민(鄭順民) · 송주봉(宋株奉) · 김삼암(金三岩) · 민오옥(閔五玉) · 김명곤(金明坤) · 진홍수(陳洪洙)[54]

---

54) 위의 책, 616~620면.

이들 중에서 김규수는 징역 1년, 김한식 · 임영식 · 박동렬은 각각 징역 8개월, 신건희 · 윤옥하 · 박천홍은 각각 6개월, 김명곤 · 윤준하 · 이재실 각각 징역 4개월, 이준탁 · 박복구 · 김성암 · 윤백인 · 양동훈은 각각 태(笞) 90에 처분되었다.

7. 영암보통학교(靈岩普通學校)

영암읍내(靈岩邑內)의 궐기는 조극환(曺克煥) 등의 지방 유지들에 의하여 보통학교 학생들과 주민의 합동으로 3월 11일 결행하려 했으나 행동개시와 함게 경찰의 제지로 좌절되었다. 그러나 군내의 여러 곳에서 동요하기 시작하였다.

드디어 영암읍내에서는 4월 10일 장날을 기하여 만세시위가 전개되었다. 이 때 영암보통학교 학생으로서 태극기의 제작, 독립신문 등 인쇄물의 반포 및 당일의 시위에 적극적 활동한 학생의 명단은 다음과 같다.

김봉근(金奉根) · 김영언(金永彦) · 유인봉(柳寅奉) · 이종구(李鐘謳) · 이지봉(李枝奉) · 천병권(千秉權) · 진봉재(秦奉才) · 박종련(朴鍾連) · 채동팔(蔡東八)[55)]

강진군(康津郡)의 만세시위에서 그 동기를 조성한 사람은 동경 유학생인 김안식(金安植)의 귀향이었다. 그는 3월 20일에 고향으로 돌아와서 3월 25일 거사한다는 예정을 잡고 준비를 추진하던 중 지방 청년 다수와 함께 체포되었다. 그러나 4월 4일 교회계통의 주동으로 만세시위는 실천되었는데 이 때 강진보통학교 학생 60여명이 참여하여 시위 분위기를 더욱 고조시켰다.

이같은 보통학교 학생의 참여로 말미암아 학생 오승남(吳承

55) 위의 책, 605~606면.

男 · 21) · 박일춘(朴一春 · 18), 이은표(李殷杓 · 22) 등은 재판에 회부되어 오승남은 징역 1년 2월, 박일춘 · 이은표는 태(笞) 90대에 처분되었다.[56)]

3월 15일 화순(和順)에서는 서당생도 조경환(曺庚煥) · 조기현(曺基賢) 등이 기성인의 대열에 끼어 경미산(更美山)에 올라가서, 산위에 태극기를 높이 세우고 독립 만세를 부르는데 참여하였다.[57)]

8. 나주 남화학교(南華學校)

나주군(羅州郡) 반남면(潘南面)에 지방유지, 정복현(鄭茯鉉) · 안영태(安永泰) 등이 창설한 남화학교(南華學校)가 있었다. 이 남화학교의 학생 정순규(鄭淳圭) · 나하집(羅夏集) · 나준집(羅駿集) 등은 광주 숭일학교의 학생 김성민(金聖珉)과 연락을 취하여 3월 25일, 반남 장날을 기해 만세 운동을 전개할 계획을 추진하였다. 그러나 김성민이 광주에서 체포되므로서 3월 23일 이 계획이 드러나 완전히 좌절되고 말았다.[58)]

9. 곡성보통학교(谷城普通學校)

3월 26일에는 곡성보통학교의 부훈도(副訓導) 신태윤(申泰允)과 동교학생 수십명이 곡성 장터에서 만세시위를 전개하였다. 신태윤

---

56) 앞의 《3.1운동사》 (하) pp.615~616. 앞의 3.1운동 재판기록 pp.1548~1549. 〈1919년 형 제466호 판결문〉

57) 앞의 《3.1운동사》 (하) p.569.

58) 앞의 《3.1운동사》 (하) p.571.

은 학생의 선두에서 만세를 불렀다.[59]

3월 26일 함평(咸平)에서 그 곳 보통학교 학생들과 일반 시민에 의한 만세가 있었고, 그것이 기폭제가 되어 여러 면(面)으로 번져 나갔다.[60)]

10. 우수영 보통학교(右水營普通學校)

4월 21일 우수영(右水營) 보통학교에서 운동회가 있었는데, 이 날을 기회로 하여 만세시위를 전개하기 위하여 이곳 보통학교 학생들이 중심이 되어 계획을 추진하였으나 실패하고 말았다.

이 계획에 참여한 학생은 다음과 같다.

윤인섭(尹仁燮) · 전서봉(全西峰) · 박기술(朴奇述) · 박동수(朴東秀) · 최이규(崔伊奎) · 주봉옥(朱奉玉) · 박규성(朴圭星) · 박용문(朴用文) · 이준섭(李俊燮)[61)]

4월 초에는 완도군(莞島郡) 완도 보통학교의 학생이 궐기한다는 계획이 추진되었다.

그러나 4월 7일 오후 9시경에 "대한 독립 만세 시작"이라는 벽보가 읍내 요소에 붙게 되므로써 군경은 긴장하여 완도 보통학교 학생 50여명을 검속하였기 때문에, 학교는 일시 휴교상태에 들어갔다. 완도 보통학교의 만세 계획에 참여한 학생은 다음과 같다. 김우진(金宇鎭) · 차종화(車鐘和) · 문종열(文鍾烈) · 이철암(李鐵岩) · 김기찬(金基贊)[62)] 등이다.

---

59) 앞의 《3.1운동사》 (하) pp.581~582
60) 앞의 《3.1운동사》 (하) pp.603~604
61) 앞의 《3.1운동사》 (하) pp.609~611
62) 위의 책, 623면.

제5절 3.1독립운동의 교육사적 의의

이제 우리는 3.1운동의 교육사적 의의를 다음과 같이 정리할 수 있다.

첫째, 3.1운동은 관공 · 사립 구별 없이 전개된 학생들의 민족감정의 총화였다.

당시 학생들은 누구보다도 새로운 사조를 민감하게 받아들이는 선구자였고, 다시 그것을 우리 민족사회에 전달 · 소개하는 신문화운동의 담당자였다. 따라서 그들은 우리 민족이 일제 강점 하에 있다는 사실을 어느 계층보다도 민감하게 받아들이고 있었던 것이다.

그러기에 3.1운동에는 구한말부터 교육구국운동으로 설립한 사립학교 학생들만이 참가한 것이 아니다. 일제가 일본정신으로 동화 · 유도하려고 세운 조선총독부 직할 전문학교 4교를 비롯하여, 관 · 공립 고등보통학교와 심지어는 공립보통학교 학생들까지 참가하여 하나의 민족운동으로 승화시켰던 것이다.

이런 점에서 보면, 3.1운동은 학생들의 민족감정의 총화였다고 말할 수 있다. 그러므로 3.1운동 후에 철저한 민족주의 정신을 가진 학생들은 노예적 식민지교육을 배척하는 기운이 높아지고, 특히 관 · 공립학교를 기피하는 경향이 뚜렷이 나타났다. 그리하여 그들은 관 · 공립학교를 그만두고 사립학교로 오고, 어떤 학생은 새로 기독교를 믿고, 또 어떤 학생은 만주의 간도지역과 남경 혹은 연해주로 가서 무관학교에 들어갔다. 서울의 경우, 13개 공립보통학교 지원자 수가 서기 1918년 신학기에 1,953명이었던 것이 3.1운동 당년의 신학이에는 1,137명으로 줄어들었다.[63] 이런한 현상은 지방의 공립보통학교와 고등보통학교도 마찬가지였다.

---

63) 京城府史 第3卷, 744면 참조.

둘째, 사립학교간은 물론이고 학생간에도 유대 의식이 더욱 강화되었다.

3.1운동 후 일제의 철퇴가 내리면 내릴수록 민족주의 정신에서 내어뻗은 사학들은 서로 간에 뜨거운 유대의식을 맺어 나갔다. 특히 오산학교의 이승훈(李承薰), 보성학교의 최린(崔麟), 중앙학교의 송진우(宋鎭禹) 등이 한층 더 가까운 사이가 되었다.

그리하여 이들은 사립학교를 단합하여 눈에 뵈지 않는 정신의 거미줄을 우리 국토에 둘러쳐야 한다고 생각하였다. 이 계획에 따라 우선 정주 오산학교와 서울의 중앙학교가, 오산학교와 신천(信川) 농민학교가 서로 자매관계를 맺었고, 그리고 연희전문학교와 세브란스 의학전문학교도 종래보다 더욱 돈독한 자매관계를 맺었다.

여기서는 무슨 규약이나 임원이 있는 것도 아니었으나, 정신과 정신의 강한 밧줄이 서로는 하나로 묶었던 것이다. 또한 민족사학의 정신과 학생운동에 관하여 "북선에 오산고보, 남선에 고창보고(高敞高普)"라는 말이 나오기도 했다. 이뿐만 아니라 사립학교 교장단에서는 서기 1920년 6월 조선 전도(全道)의 유지를 망라하여 '조선교육회'를 창립하고 뒤이어 서기 1922년 1월에는 '조선교육협회'가 조직되었다. 이들 교직단체들은 교원 상호간의 단결을 통하여 교원의 사회적 지위향상과 교권의 옹호 확대를 도모하는 데 참뜻이 있었을 뿐 아니라, 뒤에 말할 조선민립대학 설립운동에 커다란 구실을 하게 되었다.

한편, 학생들 역시도 3.1운동 전후에 하나의 조직세력을 지니고 있었기에, 이 운동을 계기로 학생들은 구심적인 단체의 필요성을 느끼었다. 실례를 들면 호남 이외의 경우이기는 하지만 서기 1920년 5월 9일에 연희전문학교 학생청년회가 주동이 되어 서울시내 중학교와 전문학교 학생들이 정동예배당에서 '조선학생대회'를 조직하고 다음과 같은 목적과 사업계획을 밝혔다.

(1) 조선학생의 친목과 단결을 도모한다.
(2) 조선물산을 장려한다.
(3) 지방세를 타파한다.

이 조선학생대회는 한 때 2만 명의 회원을 헤아렸다고 하는데, 이를 모체로 하여 학생들은 다시 1923년 2월 9일 중앙기독교청년회관에서 '조선학생회' 창립총회를 개최하였는데, 그 중요 헌장은 다음과 같다.

(1) 조선학생의 단결을 도모하고 학생문제의 해결을 기한다.
(2) 학생 상호간의 선도와 친목을 기한다.

또다시 서기 1924년 9월 11일에는 서울시내 일부 학생이 중심이 되어 조선학생회와는 별도의 단체인 '조선학생총연합회' 창립총회를 개최했다. 한편으로는 공학회(共學會)가 해산당하자, 일부 학생이 서기 1925년 9월 27일 사회주의 계열의 또 다른 '조선학생사회과학연구회'를 창립하였는데, 그 강령은 다음과 같다.

(1) 사회과학의 보급.
(2) 학생의 사상동일과 상호단결.
(3) 인간본위교육의 실시.
(4) 조선학생 당면문제의 해결.

이와 같이 학생단체들은 시대사조에 따라 여러 가지 다양성을 띠면서 교육구국운동에 앞장섰고, 민족교육자들 역시도 사학을 통하여 민족주의 교육운동과 후진 양성에 노력하였다.

셋째, 3.1운동 후 '아동중심'의 교육과 '인간본위'의 교육사상 그리고 '조선본위'의 교육을 주장하게 되었다.

우리나라에서 '젊은이', '늙은이' 처럼 '어린이'라는 말을 처음 사용한 것은 서기 1920년 8월 25일에 나온 『개벽(開闢)』(천도교 청년회 발간) 지에 제3호에 '어린이 노래'라 하여 소파(小波) 방정환(方定煥)이 번역한 '불켜는 아이'라는 시에서이다. 다시 소파는 서기 1921년 5월 1일 김기전(金起田)과 함께 그가 관계하던 천도교를 배경으로 하여 '천도교 소년회'를 창설하고 어린이 속으로 뛰어들었다. 소파를 중심으로 한 천도교 소년회는 서기 1923년 3월에 「어린이」지를 창간하게 되고, 또 다시 같은 해 5월 1일에 어린이날을 제정했다.

잊혀진 어린이들에게 처음으로 눈길을 돌린 것이다. 이같이 「어린이」지가 창간되고 '어린이날'이 제정됨으로써 '어린이'라는 말은 이제 완전히 보편화되기 시작했다. 특히 어린이날은 우리나라 어린이들에게 인권옹호의 횃불을 든 기념일이요, 또한 어린이 해방의 깊은 뜻을 지닌 날이다.[64)]

한편, 서기 1920년대의 교육운동 역시 철저한 인간본위와 조선본위의 교육을 부르짖고 나섰다. 서기 1919년에 한국을 찾아온 선교사 피셔(J.E. Fisher)는 연희전문학교 교수로 있으면서 그의 저서 「한국의 민주주의와 선교교육(Democracy and Mission Edcucation in Korea」을 통하여 배우는 사람의 개성 존중, 능력 존중, 가르침과 배움의 자유 확립, 그리고 미래를 위한 준비로서의 교육을 강조하였다.

한편, 이 무렵에는 연희전문학교 교수 최현배(崔鉉培)도 1926년 가을 · 겨울 사이에 동아일보 지상에 「조선민족 갱생의 도」를 집필

64) 孫仁銖, 韓國教育史 II, 文音社, 1987, 652면.

하여 인간본위와 조선본위의 교육을 제기하였다. 그는 여기서 "신교육은 피교육자를 사람답게 만들기에 그 근본 의의가 있다"고 전제하고, 다음과 같이 주장했다.[65)]

(1) 신교육은 교육자나 피교육자나 두 쪽이 다 조선사람인 것을 깊이 자각하여야 한다. 그러므로 신교육은 피교육자로 하여금 더욱 똑똑하게 더욱 비하게 조선 사람인 것을 깨지게 하는 것으로 그 본부를 삼을 것이다.

(2) 신교육은 아동으로 하여금 조선을 이해하는 지(知)가 투철하게 되며, 조선을 사랑하는 정(情)이 열렬하게 하며, 조선을 위하여 헌신적 활동을 하겠다는 확고부동의 의지를 양함으로써 그 근본정신을 삼아야 한다.

한편, 우리 교육계에서도 조선교육회를 중심으로 서기 1927년 11월 11일 세계평화기념일을 기회삼아 교육주간(教育週刊)을 발기하고, 동 월 12일에 다음과 같이 '조선본위의 교육'을 주장하고 나섰다.

(1) 우리는 자연적 인간성에 위반되는 교육을 반대하고 하루라도 속히 조선본위의 교육을 획득하기를 기한다.

(2) 문맹타파의 운동을 고조하여 대중교육을 수립하기를 기한다.

그리고 신간회도 서기 1927년 그 창립 초기에 조선인 본위의 교육을 주장했다. 즉,

(1) 민간인 교육기관에 대한 허가제 폐지.

(2) 일체 학교교육의 조선인 본위.

(3) 일체 학교교육 용어의 조선어 사용.

(4) 학생 생도의 연구 자유 및 자치 및 자치권의 확립.

---

65) 崔鉉培, 朝鮮民族更生의 道, 서울: 正音社, 1962, 182면 참조.

이러한 '인간본위'의 교육과 '조선본위'의 교육에 따라, 서기 1921년 이후로 각급 학교의 항일 맹휴는 한국역사와 한국의 문법의 교수, 노예 교육과 차별교육의 철폐, 학생회 자치와 언론 집회의 자유, 제국주의 교육의 반대, 한국인 교원의 다수 채용 등을 들고 나서게 되었다.

넷째, 3.1운동은 우리나라 학생운동의 전통을 세웠다.

우리나라 현대 교육사에서 가장 특이한 존재는 학생운동이다. 구한 말 이래 교육을 통한 국권회복이라는 한결같은 민족적 염원이 한 세대를 지난 일제 치하 35년간에도 그냥 그대로 계속되었는데, 처음으로 조직성을 갖고 제국주의 식민지장치에 대항하여 독립운동을 일으킨 것이 3.1운동이다.

3.1운동은 어느 특수계층에만 국한된 것이 아니라 진 국민의 독립항쟁이었다. 여기에는 기독교 · 불교 · 천도교를 비롯하여 농민 · 노동자 · 유림 · 학생 등의 민족 전 계층이 참여 · 호응하고 있는데, 이 중에서 학생들은 하나의 조직세력을 갖고 전위적 선도역할을 다한 것이다. 그리하여 학생들은 3.1운동을 민족운동으로서 정성스럽게 만들었으며, 학생운동에 소중한 정신적 유산을 남겨주었다.

그 후 젊은 학생들은 3.1운동의 정신을 계승하여, 이로부터 7년 후에는 6.10만세운동을 일으켰다. 이 운동 역시 3.1 정신을 배경으로 하여 이루이진 것이며, 학생 주체의 독립만세운동이라는 데 그 뜻이 있다. 이 정신은 다시 3년 후에 이른바 광주학생운동으로 발현하게 되었다. 이 운동의 주체는 학생이었으나, 신간회를 비롯한 사회단체 · 청년단체 등이 즉각적인 지원태세를 갖춤으로 해서 학생운동을 민족운동으로 승화시킨 데에 그 참뜻이 있다.

실로 이 운동은 학생운동이 아니라, 3.1운동 이후 최대의 대일 민족 항쟁이라 볼 수 있다. 그러니 3.1운동은 일제 치하에서의 학생독립운동의 위치를 공고히 한 것이며, 우리나라 학생운동의 전통을 세운 것이다.

다섯째, 3.1운동 후 조국의 광복을 위하여 중국 상해에서 대한민국 임시정부를 조직하여 선포하기에 이르렀다.

3.1운동 후 일본통치에 조직적으로 항거하는 기관의 필요성을 느낀 지사들은 각처에서 상해로 집결하였다. 그리하여 각 도 대의원 30명이 회합하여 임시헌장 10개조를 채택, 발표하고 서기 1919년 4월 17일에 임시정부를 조직하여 관제를 선포하였다. 임시헌장 제1조에 "대한민국은 민주공화제로 함"이라고 한 것은 감히 군주제에 도전하지 못하던 지난날을 생각하면 커다란 발전이다. 그것은 근대적인 국민국가를 이룩하려는 운동이며, 주권재민의 민주공화제였다는 데 새 국가상의 정립을 보게 된다. 그리고 임시정부는 국권의 지속성을 과시한 점에서 국내세력의 성장과 민족의식의 고위에 도움을 주었다.

여하튼 3.1운동으로 근대적 민족주의의 대중적 기반을 다지고, 해외로 나간 독립운동은 상해 임시정부의 성립을 보게 되었음은 한국 민족주의 그 자체의 큰 발전이라 볼 수 있다. 임시정부는 무엇보다도 국가를 대표하는 정부로서 조직된 것이었고, 또한 당시 조선의 존재를 국제적으로 대변해 주는 기관이었다.

그리고 3.1운동과 해외에서의 임시정부 수립 및 민주헌법 제정과는 뗄 수 없는 관련이 있으며, 3.1독립선언은 바로 민주헌정으로 구현된 민주국가의 잠재적 성립을 선언한 것이다.[66]

그러기에 오늘날 우리나라 헌법도 바로 이 정신을 계승하고 있

66) 차기벽, 한국민족주의의 이념과 실태, 서울: 까치사, 1978, 186면 참조.

다.

여섯째, 3.1운동은 안방(內房)에 갇힌 여성을 바깥 사회로 끌어내어 여성 참여의식의 성숙된 열매를 맺게 해 주었다는 데 뜻이 있다.

제3장 광주학생운동

제1절 광주학생운동의 사회적 배경

서기 1929년 11월 3일 일어난 광주학생운동은 종국적으로는 전국적으로 194개교에 이르는 54,000여 명에 이르는 학생들이 참여하는 거국적인 항일(抗日)학생운동이었다. 이는 항일독립적인 면에서 3.1 민족운동, 6.10만세운동과 더불어 주권상실기(主權喪失期)인 일제 강점 암흑기의 3대 민족운동의 하나로서 간주되고 있다.

우리는 이제 광주학생운동이 일어날 당시의 정치 · 사회적 배경으로서의 우선 당시 일제 식민지 정책을 인식하고자 한다.

1. 당시 일제의 교육정책

광주학생운동이 일어나던 서기 1920년대는 일제 식민통치기의 이른바 문화정치(文化政治) 시기였다. 이 시기는 서기 1919년 3.1 운동이 일어난 후로부터 중 · 일 전쟁이 발발한 서기 1937년까지의 기간을 일컫는다. 그러고 보면 광주학생운동은 이른바 '문화정치' 라는 일제식민지 교육이 한참 진행되던 시기에 일어났다.

일제의 그 동안 10년간의 일제탄압의 식민지정책은 자체적으로 그 한계성을 드러내고 말았다. 한민족의 줄기찬 저항은 3.1운동을 정점으로 하여, 일제는 조선통치에 대한 정책의 변화를 가져오게 되었다. 헌병경찰에 의한 무단정치(武斷政治)는 이른바 문화정치(文化政治)로의 전환이다. 여기서 이른바 '문화정치'란 그들의 악독한 식민지 정책을 은폐하고 미화하려는 용어로써 이는 일종의 기만정치이며, 실질적으로는 조선인의 민족정신을 말살하려고 한 시도가 더욱 강하게 음성적으로 나타나고 있다.

그들의 이른바 문화정치라는 것이 얼마나 기만적이었는가를 인식해 볼 필요가 있다. 서기 1919년 9월 3일 새로 부임한 재등(齋藤) 총독은 조선총독부 및 부속 관서에 이른바 문화정치를 표방하는 훈시에서 다음과 같이 말하고 있다.[1)]

병합한지 이미 십성상(十星霜)을 경과하여……어시호(於是乎)정부는 금회(今回)제도 관제를 개정하고 객월 20일 공포하기에 이르렀다.…… 즉, 총독은 문무관 누구든 임용할 수 있는 길을 열었고, 다시 헌병에 의한 경찰제도 대신 보통경찰제도에 의한 경찰제도로 하였다.……요컨대 문화적 제도의 혁신에 의하여 조선인을 유도하여서 그 행복과 이익의 증진을 도모하고 장래 문화의 발달과 민력의 충실을 응하여 정치, 사회상 대우에도 일본일과 동일한 취급을 할 수 있는 궁극적 목적에 달하고자 서기(庶幾)하는 데 不外하다,……이에 2,3 근본방침에 대하여 유의할 것을 바라나이다.

一. ……

一. ……

一. 언론, 출판, 집회에 대해서는 질서와 공공유지에 무효한 한, 상당히 고려를 가하여 민의의 창달을 계하여야 한다.

一. 교육, 산업, 교통, 경찰, 위생, 사회구제 기타 행정에 쇄신을 가하고 국민생활의 안정을 도모하여 일반의 복리를 증진하는 데 있어 새로 일면을 개척할 것을 기한다. 특히 지방에 있어서 민풍의 함양과 민력의 작용은 지방단체의 힘에 기대할 것이 필요할 것이므로 장래 시기로 보아 지방

1) 朝鮮總督府 官報 1919年9月14日字, 車錫基, 韓國民族主義硏究, 서울 : 進明文化社, 1983, 244~245면에서 재인용.

자치제도를 지행할 목적으로 속히 이의 조사연구에 착수하려 한다.……될 수 있는 한 조선인의 문화와 구관을 존중하고 기선을 기르고 그 폐를 제거하여 시세의 진운에 순응하고자 기하려는데 있다.

3.1운동 이전의 일제 식민지정책이 탄압을 위주로 한 정책부재의 것이었다면, 서기 1920년대의 정책은 보다 세련된, 보다 융통자재한 그리고 보다 기만성이 높은 고등식민지정책이었다 할 것이다.

이와 같은 식민지정책의 방향전환은 교육정책에 반영됨은 당연한 일이었다. 그러나 당시 공포되었던 동화교육(同化教育) 내지 노예적 교육을 계속하여 구심점으로 하면서, 만만 운영상의 묘를 달리 했을 뿐이었다. 이것은 조선인의 당시 민심동요를 막고 식민지교육의 실리를 찾자는데 그 목적이 있었다.

이른바 문화정치라는 미명하에 교육제도의 개편은 중앙교육행정기구의 개편과 각 학교규칙 개정으로부터 나타났다. 즉 총독부는 그 관제에 따라 겉으로는 교육에 관한 관심을 보여 내무국에 속했던 학무국을 독립시키고, 그 밑에 학무과, 편집과, 종교과로 개설설치하여 학무국을 강화하였다.

이와 동시에 교육제도의 개혁에도 착수하여 서기 1919년 12월 1일자로 고등보통학교규칙(부령 187호), 여자고등보통학교규칙(부령 188호)을 개정, 다음 해 1월 1일부터 시행한다고 하였다. 여기에서 종전 교육과정 편성에서 실과편중이라는 조선인의 불평을 완화하기 위하여, 외국어를 필수과목으로 인정하고 과학, 법제, 경제 등을 추가하여 일본 내의 학교와 연관을 맺을 수 있도록 하였다. 그러나 상기 고등보통학교의 교육내용이 일견 생각해서는 충실히 짜인 것 같으나 실은 일본어의 강화가 더욱 적극화 되었고,

조선어의 교수목적을 일상용어로서 독해하는 정도로 그 비중을 약화시켰으며, 일본역사, 일본지리에 대한 교수를 철저하게 강요하였던 것이다. 그리고 일본어 시간은 주당 7시간과 일본역사는 3시간인데 비하여 조선어 시간은 한문을 합하여 3시간으로 제약하였고, 조선역사는 한 시간도 배정하지 않았다. 그러나 이러한 것도 서기 1920년 11월 12일 부령으로 고등보통학교를 개정하여 그 때까지의 필수과목으로 되어있던 조선어를 선택 수의(隨宜) 과목으로 만들고 그야말로 형식적 운영에 그치게 되었다.

서기 1922년 총독부는 칙령 제19호 조선교육령의 전면 개편이 있었으나, 이는 식민지 교 본격화기의 기초를 이루는 것으로 전문 제32조로 되어 있었으며 4월 1일부터 시행하게 되었다. 이것이 조선교육령 2차 개정이다. 그 골자를 보면 다음과 같다.

형식상 '내선공학(內鮮共學)'과 '一視同仁'을 내세워 일본과 동일한 수업연한으로 학제를 개편하였다. 개정교육령에 의한 학교제도를 보면, 보통학교 4~6년, 고등보통학교 5년, 여자고등보통학교 3~5년, 실업교육기관 3~5년, 전문학교 3년 이상 등 종래의 각급 학교 수업연한을 융통성있게 늘려 형식상으로는 일제의 학제와 동일한 수준으로 맞추었으며, 사범학교(남자 6년, 여자 5년), 대학(예과 2년, 학부 3~4년) 등을 신설하여 일본의 학제에 맞추었다.

그러나 내면적으로는 조선 내에 거주하는 일본인을 위한 학제와 조선인을 위한 학제를 따로 마련하여 전자를 일본어를 사용하는 자를 위한 제도, 후자를 일본어를 상용하지 않는 자를 위한 제도라고 구별하였으나, 기실 일본인과 조선인을 차별하는 유치한 수단이었던 것이다.

이른바 문화정치를 폄에 있어 교육개편의 합리성을 주장하고 신 · 구 교육령의 차이점을 밝히고 있는 바, 그 내용을 요약하면 다음과 같다.

① 일본과 동일한 교육주의와 제도의 채용, ② 보통교육에서 대학교육까지 연장, 사범교육의 인정, ③ 조 · 일인 공학의 원칙, ④ 일본어 상용자와 조선어 상용자의 교육기관 분리, ⑤ 보통수업년한 6년, ⑥ 실업과를 일본과 같은 제도로 채용, ⑦ 대학 예과의 설치 등이다.

한편 동화교육의 추진을 보면, ① 초 · 중등학교에서는 일본어 시간을 조선어 시간의 2~3배 늘이고, 보통학교에 일본역사와 지리, 실업교과 등을 신설하여 일본문화를 주입하는 한편, 저급의 직업교육을 실시했다. ② 보통학교를 서기 1933년까지 1개면에 1개교씩 설치하여 겉으로는 문치(文治)에 힘 쓰는 것 같이 하면서, 내면적으로는 식민지 산업의 수요와 확장에 따른 저급의 산업 보조원과 피사역인을 양성하려 했다. ③ 동화교육의 추진자를 양성하기 위해서 남녀 사범학교를 신설하고, 서기 1934년에는 2년제의 단기학교인 간이학교를 신설하여 일본어에 통하는 저급의 노동인력을 양성하려 했다. ④ 서기 1924년에 관립학교인 '경성제국대학'을 창설, 조선인의 항거(민립대학 설립 반대)를 회유하려 했다. 경성제국대학의 학문수준은 일본 국내의 각 제국대학과 동일하였으나, 일제는 경성제국대학이 민족운동의 모태가 될 것을 두려워한 나머지 정치 · 경제 · 이공 등의 학부 설립을 기피하고, 법문학부와 의학부만을 설립하는 등 정치적 배려를 가하여 식민지대학으로 머물게 하였다.

2. 서기 1920년대 말 당시 학생의 동향

상술한 바와 같이, 일제는 그들의 식민지 교육정책의 수행에 있어서, 3.1운동전의 무단정치의 수법에서 이른바, 문화정치의 유연한 교육정책으로 전환한다면, 한민족은 항거 없이 순수이 따를 것으로 예측하고 기대했다. 그러나 반대로 서기 1919년 3.1운동 이후 서기 1920년대 한민족 학생운동은 실로 다양하였다.

이같이 다양한 학생들의 항일민족운동이 추구하는 근본적인 목표는 우리 민족의 자주 독립에 있었다. 그 당시 학생운동은 그 구호에 있어서는 다양하였지만 맹휴(盟休)운동을 전개하였다. 서기 1928년에 발발한 맹휴만 보더라도 다양하였다, 즉 차별교육, 우리의 역사와 문화왜곡, 식민지교육 반대 등 다양하였다. 이러한 학교의 맹휴에 가담하여 희생된 학생 수만 보더라도 퇴학 497명, 정학 1464명, 근신 47명 등이었다.[2)]

서기 1928년 이후 그 다음 해 광주학생운동이 일어나기 전까지의 전문학교, 중학교, 보통학교의 대표적인 저항운동을 들면 다음과 같다.

연희전문학교 상과생들은 서기 1929년 5월 27일 동맹휴학에 들어갔던 바, 그 요구조건은 다음과 같다. 즉, 학생 대우의 개선, 상과 과장의 교체, 기도(祈禱)하는 제도의 개선, 성경교육의 시대에 적합화, 학생 조행조사 카드제 폐지, 타자(打字) 과목을 수의과목으로 할 일 등이었다.

동 사건으로 동교의 맹휴는 장기화되고 연락이 없는 1백여 명을 제명처분 하고 학부형과 그 보증인에게 통치하였다.[3)]

북청(北靑)농업학교에서는 서기 1928년 여름 독서회(讀書會)를 조직하였다. 동 독서회는 휘문고(徽文高)에 재학 중인 한상준(韓相駿)이라는 학생이 여름방학을 이용하여, 고향인 북청(北靑)으로 돌

2) 서기 1928년 11월 10일자, 조선일보 및 동아일보 기사 참조.
3) 서기 1929년 8월 1일자, 조선일보 참조.

아와 북청농업학교에서 독서회의 조직을 지도한 것으로 알려지고 있다. 그는 북청농고에서 농고생 수십 명과 더불어 자연과학, 사회과학의 연구도 연구지만 결국은 조선민족의 독립을 위한 민족사상의 연구를 목적으로 하는 학생 결사(結社) 문제를 지도하였다. 결국 학교 당국은 주동학생을 퇴학시키자 전교생이 여기에 대항할 기세를 보여, 학교 당국은 서기 1928년 12월 24일 학생 전체에게 정학(停學) 처분을 내렸다. 이러한 학교 측의 처사에 분개한 학생들은 당시 일인 교장을 향하여, 일제히 함성을 지르며 위압적인 시위를 하자, 도망가는 교사 몇 명을 보고 뒤 쫓아가, 일본인교사 3명을 구타하기도 하였다. 동 사건이 있기 전에 학생들은 일본인 교원 배척, 식민지 교육 반대. 실습시간의 단축 등을 들고 투쟁을 벌인 바도 있었다.

동 농업학교 독서회 주동 학생 한상준을 비롯 10명의 학생은 치안유지법 위반, 폭력행위 등의 죄목으로 재판에 회부 되었다.[4)]

하동농업보습학교(河東農業補習學校) · 하동보통학교(河東普通學校) 학생의 일제신등(日帝神燈) 파괴 서기 1929년 하동의 학생들은 경남 하동군 하동면 광평리(廣坪里) 소재 이른바 일본의 천조대신(天照大臣)을 모신다는 신사(神祠)에 교사 인솔하에 갔다 오던 길에, 동 신사와 경찰서에 이르는 약 8정(町)의 거리의 양쪽에 있던 80여 개의 신등(神燈) 중 수 십개를 파괴해 버린 사건이 있었다. 이러한 파괴의 저항행위로 당국은 당황하였고, 이에 따른 학생들에 대한 처벌은 농업보습학교 2학년, 1학년 각각 1명, 하동보통학교 5학년, 1학년 각각 1명이 각각 15원의 과료 판결을 내렸다.[5)]

남원보통학교 사건 서기 1928년 남원보통학교 6년생인 천근석

4) 조선일보, 1929년11월 29일자, 동아일보, 1930년 1월 22일자, 조선일보, 1930년 1월 23일자, 조선일보, 1928년 11월 5일자 관련기사 참조.

5) 사단법인 광주학생독립운동 지회편, 광주학생독립운동사, 1974, 176~177면.

등 수 명은 평소 일제 식민지교육에 반감을 품고 저항운동을 모색하다가 발각되기도 하였다. 그중 1명은 계속 검속 심문을 받자 학생들은 이의 요구 조건을 학교장이 수락하지 않을 경우 동맹휴학을 하기로 하였던 바, 그들의 요구 조건은 조선역사를 교수할 것, 아동보육을 향상 시킬 것, 아동도서부를 설치할 것, 몇몇 선생을 교체할 것 등이었다. 이상의 요구 조건중 조선역사의 교수요구는 당시 학생맹휴중 보통학교에서는 몇 군데 없었던 일이었다.[6)]

3. 당시 호남지방의 제 상황

서기 1928년 6월 26일부터 광주고보의 맹휴투쟁이 본격적으로 시작되었지만 이러한 광주학생들의 항일운동을 고무적으로 촉구할 수 있었던 것은, 주변의 사회적 상황과 학생운동의 성장과정도 배제할 수 없다. 우리는 이에 몇 가지의 경우를 들고자 한다.

1) 사회적 상황

광주 · 송정리지방의 격문사건 서기 1928년 4월 16일의 일이다. 며칠 전 광주와 송정리에 항일 격문이 살포된 사항을 중시하고, 그 혐의를 이 지방의 청년회를 혐의하여 청년회의 간부의 집을 수색하는 등 광주경찰서에서 파견한 경관대가 송정리 주재소를 거점으로 맹활약하였다. 동 경관대는 청년회장 이성태(李成泰) 외 위원 4명을 구속하였다.[7)] 그리고는 4월 21일 경찰은 다시 광주소년연맹위원 2명과 광주고보 5학년생 1명을 전기 사건의 혐의자로 구속하였다.[8)] 경찰은 계속하여 10여 명을 취조 끝에 결국 이경채(李景

6) 동아일보, 1928. 4. 30일자, 동년 5월 7일 자 관련 기사 참고.
7) 동아일보, 1928년 4월 21일자 관련 기사 참조.
8) 동아일보, 1928년 4월 25 일자 관련기사 참조.

采;광주고보생) 등 8명이 공판에 회부되었다.[9] 특히 당시 이경채가 말했던 'OOO선전문', 즉 '조선 독립 선언문'의 작성과 살포에 가담했다는 사실은 서기 1928년 6월 26일부터 시작된 광주고보 맹휴운동의 도화선이 되었다는 점에서 크게 주목할만한 사건이었다.

전북 기자대회와 일제의 탄압 서기 1928년 4월 28일 전북 임실의 임실청년회관에서 전북 기자 정기대회를 개최하였을 때, 경찰은 사전 검열 없이 개입할 수 없다는 이유로 부당하게 방해를 하고, 집회계를 제출한 전영률(全榮律)과 사회자 손각(孫角)을 경찰로 연행하고, 토의한 23건 중 7건을 강제로 중지시킨 바 있다. 당일 당가 인원은 49명이었던 바 그 중 2명이 연행되고 47명은 회의를 진행한 바 있다. 그러나 동년 5월 7일 전주서는 동아일보 전주지국 기자 김지수(金智洙), 조선일보 전주지국 기자 하준기(河駿基)를 비롯하여 동아일보 이리 지국장 배헌, 중외일보 이리지국장 임혁근(林赫根), 군산에서는 박춘을 구속하였다.[10]

이어서 임실청년회장 이명수(李明壽), 동아일보 순천지국장 손각(孫角), 주외일보 남원지국장 임영춘, 동아일보 군산지국장 조판오(趙判五) 등을 구속하고 가택과 지국을 수색하였다. 이와 같이 구속과 수색을 진행한 이유는 전북 기자대회의 토의사항과 강령이 불온하다는 이유였다. 또한 이들 가운데 6명은 취조하여 결국 송국 되었다.[11]

이러한 당시 전북 기자대회 사건은 국내 언론계는 물론 호남지방의 항일적 분위기를 더욱 가열화 시켰을 것으로 생각된다.

이리동척(裡里東拓) 습격 계획 서기 1928년 6월 2일부터 이리

9) 동아일보, 1928년 7월 26일자 관련기사 참조.
10) 동아일보, 1928년 5월 9일자 관련기사 참조.
11) 동아일보, 1928년 5월 10일자 관련기사 참조.

경찰서는 극비리에 활동을 개시하여 장성, 김제, 화순, 전주 등지의 청년 다수를 구속한 바 있다. 이것은 이리동척습격계획에 연류된 사건이다. 평북 의주 출신 조인현(趙仁賢)는 통의부(統義府) 계통의 비밀공작원이었던 바, 그는 3년간 이리, 김제 등 지방에서 공작을 전개하여, 일제의 착취기관이었던 동척(東拓) 지점을 비롯 관공서를 습격할 목적으로 폭탄을 제조하고, 총기를 밀수입함은 물론 자금 충당을 위해 지폐 위조 등 구체적으로 비밀리 진행하던 중 발각된 사인 바, 동 사건으로 경찰의 취조를 거쳐 송국된 관련자는 14명이었다.[12)]

동 사건은 서기 1928년대 해외무장단이 아닌 국내의 공작을 통해서 무력투쟁을 전개하고자 했다는 점에서 호남지방에서 또 하나의 충격적인 사건이었다.

전남소년연맹대회와 그 탄압 전남소년연맹은 서기 1928년 5월 8일 창립총회를 열기로 예정되어 있었으나 동년 5월 4일 경찰은 갑자기 동 준비위원들을 소환하여 집회를 금지시켰다. 당일 회의 금지를 모르던 전남 각 지방 소년 운동 대표자 60여 명이 광주에 모여들었으나 총회는 불가능했다. 그리하여 이들은 간담회라도 열 것을 기대하고 무등산 폭포를 구경한다고 빙자한 뒤 하나 둘 씩 광주시내를 빠져나와 약 40여 명이 증심사(證心寺)로 모여들어 이른바 '간담회'를 개최했다. 그러나 그 날 밤 11시경 정사복 경찰 10여 명은 동 간담회를 급습하여 전원 연행하였던 바, 그 중에는 서울 조선소년총연합회(총연맹)에서 조직사명을 띠고 파견된 정홍교, 고정환도 끼어 있었다.[13)]

이들 40여 명 중 25명은 다음 날 석방되고, 남은 대표들은 경찰

12) 동아일보, 1928년 6월 5, 7, 9, 14, 15일자 관련기사 참조.
13) 동아일보, 1928년 8월 7일~8일자 관련 기사 참조,

의 가혹한 취조를 받기도 했으며, 8월 18일 다시 9명은 석방되고 8명은 광주지법 검사국으로 송국 되었다.[14)]

한편 전북 이리의 경찰은 8월 9일로 예정된 전북소년연맹 창립대회를 금지시켜 버렸다.

이와같이 서기 1928년 호남에서 일어난 민족적 결사운동이 일제의 경찰에 의해 무산되고 짓밟히는 과정은 광주 학생층에 충격과 용기를 불러일으켰다. 더욱이 서기 1927년 신간회 학회 조직의 민족적 운동은 이들 사건과 복합되어 광주학생운동이 전개될 수 있는 사회적 토양을 형성해 주고 있었다.

2) 학생운동의 성장과정

최초의 전국적인 학생 단체는 서기 1920년 경성(京城;서울)의 중학교 이상의 800여 명이 참가하여 조직한 조선학생대회였다. 조선학생대회는 서기 1921년 경성시내 7개 중등학교 교장회의에서 탈퇴하지 않는 중등학생은 퇴학처리 한다는 결의를 하므로서 결국은 해산되고, 서기 1923년 전문학교 학생들만으로 구성된 '조선학생회'가 구성되었다. 한편 사회주의사상은 학생운동에도 영향을 미쳐, 서기 1925년 사회주의적 성향을 가진 최초의 단체인 '공학회(共學會)'가 조직되어 사회과학의 연구와 민중본위의 교육을 강령으로 내세웠으나 일제의 해산명령으로 6개월만에 해산되고 말았다. 이어 '조선학생과학연구회', '서울학생구락부', '경성학생동맹' 등이 결성되었는데 '화요회'의 영향을 받은 '조선학생과학연구회'가 6.10만세운동에 주도적으로 참여하는 등 제일 활발한 활동을 하였다. 서기 1920년대 전반까지만 해도 학생단체들은 거의 서울중심의 경향을 보이고 있었다. 그러나 중반에 들어서서

14) 동아일보, 1928년 8월 20일자 관련기사 참조.

는 학교 또는 지역의 학생단체들이 많이 조직되었다. 이들은 독서회(讀書會)나 반회(班會) 등 비밀결사의 형태를 많이 띠고 있었다. 이와 같은 상황하에서 서기 1927년 민족유일의 단체인 '신간회(新幹會)'가 결성되고, 그 산하에 학생부가 조직되었으며, 이 학생부를 중심으로 민주주의 경향의 조선학생회 등과 사회주의 경향의 조선학생과학연구회 등의 학생단체들이 연합전선을 펴며, 동맹휴학 등의 방법을 통해 학생운동을 활발히 전개하였다. 또한 이들의 투쟁은 단순한 당시 일제의 교육차별에 대한 저항 뿐만 아니라 정치적, 민족해방문제를 주장하던 단계에까지 나아갔으며, 광주학생운동이 전국적으로 확산하는 데에는, 바로 이러한 학생단체의 조직적 성장이 하나의 요인이 되었다.

3.1운동이후 학생운동의 대표적인 형태는 학교맹휴(學校盟休)였다. 주로 사립학교에서는 정규적인 중등학교로 승격하기 위해서 학교 내부의 시설과 유자격 교사의 초빙을 요구하며 맹휴를 계속하였고, 공립학교에 있어서도 마찬가지의 요구를 내걸고 맹휴하였다. 그러나 학생들의 맹휴는 다만 학교 내부적인 것만이 아니고 그 저변에는 배일정신이 강하게 자리잡고 있었다는 것은 두말할 것도 없다. 더구나 사회주의 사상이 팽창해 감에 따라 직접적인 독립운동보다 간접적인 배일운동으로 전개되었다. 동맹휴학 발생수에 있어서 서기 1921년 23건이었던 것이 서기 1927년에는 72건, 그 다음 해인 서기 1928년에는 83건으로 증가하였던 것만 보아도 맹휴 증가의 급증현상을 인식할 수 있다.[15] 또한 호남지방의 서기 1920년대 동맹휴학의 발생에 있어서도 전남이 28건, 전북이 29건의 발생을 보이고 있다.[16] 또한 호남에 있어서 2회 이상 동맹휴학

15) 김성식편, 한국학생운동의 사상적 배경, 지식산업사, 1977년, 184면,
16) 김성식편, 같은 책, 184면.

한 학교로는 광주고보 사건, 여수수산 3건, 전주농업 3건, 고창고보 6건 등으로 나타나고 있다.[17] 이로 보면 호남에서는 광주학생운동이 일어나기 전부터 이미 동맹휴학이 활발하게 전개되고 있었음을 인식할 수 있다.

서기 1920년대 후반에 나타나는 학생운동의 또다른 점은 비밀결사의 조직이었다. 치안유지법과 6.10만세 운동을 계기로 일제는 학생단체에 대해서도 탄압을 가하기 시작하였다. 이에 따라 학생들은 맹휴를 전개해 나가는 동시에 일제의 눈에 띄지 않고 정기적인 항일투쟁을 목적으로 비밀결사를 조직해 났다. 그리하여 전국적으로 두 가지 형태의 비밀결사가 조직되었던 바, 각급 학교 단위로 결성된 독서회(讀書會)와 또하나는 독서회를 기반으로 하면서도 지역단위로 조직된 서울의 조선학생전위동맹, 대구의 신우동맹, 광주의 성진회, 독서회 중앙부 등이 그것이다. 이들의 조직은 광주학생운동이 전국적으로 확산하는데 중요한 역할을 하였다.

4. 광주지역 학생비밀결사

1) 광주지역 학생 비밀결사

서기 1926년에서 1930년대 초기에 이르기까지 국내의 독립운동은 민족주의와 사회주의가 반일적 차원에서 일시적이나마 통합하여 신간회(新幹會)운동, 근우회(槿友會)운동으로 나타났고, 이것은 당시 항일민족운동의 한 조류를 형성하여 그 시대의 민족사상에 넓은 공감대를 형성하고 있었다. 6.10만세운동이나 광주학생운동도 이 같은 민족 공통의 과제인 자주독립을 대전제로 하는 민족의 이상에서 출발한 것이다. 그러므로 성진회(醒進會)와 독서회 중앙

17) 朝鮮總督府 警務局, 조선에 있어서 동맹휴교의 고찰, 1929년, 6~10면 참조.

본부(讀書會 中央本部)는 광주학생운동의 지도적 학생의 결사(結社)로서, 한민족 공동의 대국적 상황을 학생의 입장에서 집약하고, 광주지역 학생계의 현실에서 조직화한 항일적 교양과 저항을 목적으로 하는 결사체라고 할 수 있다.

(1) 성진회(醒進會)

성진회가 언제 발족하였으며, 그 동기가 무엇인가에 대해서는 당시의 관계자 간에도 이설이 있다. 성진회 창설자의 한 사람인 왕재일(王在一)은 성진회는 서기 1925년 9월 25일 조직한 비밀결사라고 말하면서[18] 창설의 동기를 다음과 같이 진술하고 있다.

> 일본은 한국인의 지능을 막기 위해서 물리나 화학 같은 자연과학 계통의 과목을 가르치지 않았다. 그 뿐만 아니라 방학을 이용해서 고향에 돌아가 야학을 가르치던 광주고보 5년생 남정욱(南廷旭) 군을 퇴학 처분하였다. 이에 격분한 학생들은 단체를 조직해야 되겠다고 생각해서 광주고보생 9명, 광주농업생 7명으로 성진회를 조직하여 광주시내 학생들도 이에 적극 호응하게 되었다.[19]

한편 광주학생운동의 직접적인 발단에 있어서 일본인 학생에게 주먹으로 제일탄을 갈긴 장본인인 박준채(朴準採)는 다음과 같이 증언하고 있다.

> (전략) 성진회는 1926년 11월 3일 광주시내 현재의 불로동인 부동정(不動町) 최규창(崔圭昌)의 하숙에서 광주고보생, 광주농업고생 등 10여 명이 장재성(張載性) · 왕재일 · 박인성(朴仁性) 등의 발기로 조선의 독립

18) 동아일보, 1960년 11월 3일자, '성진회 창설자 왕재일씨의 회고' 참조.
19) 위와 같음.

과 사회과학 연구를 목적으로 하여 조직하였다고 한다.[20)]

이와 같이 성진회의 성립일에 있어서 그 일자가 엇갈리나, 이는 성립일 증언자들의 기억의 차이일 뿐, 성진회가 서기 1920년대 중반에 성립되었다는 점에서는 의견을 같이하고 있다.

성진회의 창립 동기나 목적에 있어서는 왕재일, 박준채가 모두 비슷하게 밝히고 있다. 이들을 종합해 보면 ① 조선의 독립, ② 사회과학 연구, ③ 식민지 교육체제 반대라는 뚜렷한 민족적, 사회적인 방향의식을 대전제로 하여 조직된 반일 항쟁체로서의 학생비밀결사였다.[21)]

동 성진회는 그 뒤 '독서회 중앙본부'로 확대 개편되면서 그 조직을 광주사범학교, 광주여자고등보통학교, 목포상업학교 등에 까지 확대해 가는 한편 '학생소비조합'을 만들어 자금조달에 힘쓰고 동 조합 건물의 2층을 비밀 회합장소로 쓰게 되었다. 이러한 학생 비밀 결사가 배후에 있었기에 서기 1928년의 대맹휴나 그 다음 해의 대투쟁이 끈질기게 전개될 수 있었던 것이다.[22)]

성진회는 활동한지 5개월만인 서기 1927년 3월 하순 정남균의 집에서 표면적으로는 해체되었다. 동 성진회의 중심적인 회원이었던 왕재일 · 장재성 · 정남균 · 박인생 · 안종의 등 5명이 그들의 학교를 졸업하고 또한 회원 중에 한 회원이 광주경찰서 소속 형사와 인척관계가 있다는 사실이 알려지면서, 혹 비밀누설이 있을까 염려하여 그 회원을 배제하기 위해서였다. 이와 같이 광주고등보통학교, 광주농업학교, 광주사범학교 학생들은 성진회의 목적을 추

20) 新東亞, 서기 1969년 9월호, 314~326면 참조.(이하에서는 전게를 생략하고, '박준채의 논고'로 약기함)

21) 독립운동사 편찬위원회, 독립운동사(9) 학생독립운동사, 1969, 492면.

22) 한정일, 日帝下 光州學生民族運動史, 전예원, 11981, 140~142면.

진하기 위하여 분산적인 활동을 펴고 있었다. 당시 서기 1929년 6월경 동경(東京)에서 광주로 돌아온 장재성이 학생들의 반일 연구 활동을 단일적으로 조직해야 할 필요성을 강조하여, 반일적인 학생들을 학교별로 조직하게 하고 장재성 본인은 각 학교의 독서회 조직에 깊이 개입하였다.[23)]

성진회와 독서회에 참가한 학생은 총 105명이었다. 거의가 전남 출신의 학생이었고 그 중 2명만이 경북 출신이었다.[24)]

(2) 독서회(讀書會)

＊ 독서회 중앙본부(讀書會 中央本部)[25)]

서기 1929년 6월, 광주시내 김기권 집에 김상환 · 김보섭 · 윤창하(尹敞夏) · 송동식 · 강달모(姜達模) · 조길룡 · 김순복(金順福) · 장재성 등이 모여 독서회 중앙본부를 조직하고 다음과 같이 부서를 결정하였다.

책임비서	장재성
조사 선전위원	김상환 · 김보섭
조직교양부위원	송동식 · 김순복
출판부위원	조길룡
재정위원	윤창하

결의 사항

1. 부원은 1주 1회 회합하여 협의할 것.
2. 중앙부원에 의해 각 학교별로 중앙부와 비슷한 조직과 동일

23) 독립운동사(9) 학생독립운동사 편찬위원회, 같은 책, 493면.
24) 위의 책, 497~501면 명단 참고.
25) 위의 책, 494면 참고.

목적의 비밀결사 (독서회)를 조직하여 중앙부가 이것을 연락 통일할 것.

3. 학교별 조직원에게도 중앙부의 존재를 절대로 비밀로 할 것.
4. 소비조합을 조직할 것.

동 중앙회는 수회에 걸쳐 장재성, 김순복의 집에 모여 학교별 조직 방법과 회의 목적의 달성을 협의하였다.

* **광주고등보통학교 독서회**[26)]

서기 1929년 6월경 광주시내 서남리(瑞南里) 최규문의 집에서 김상환 · 김보섭 · 윤창하 · 김대원 · 오쾌일 · 장재성 등이 모여 광주고보 독서회 조직에 관한 기본대책을 협의하였다. 그리고는 다음 날 장재성 등 십 팔구 명이 무등산에서 회합을 하고 광주고보 독서회를 조직하였다. 대표겸 조직교양부 위원엔 김상환이었다. 그날 결의 사항을 보면, 전회원을 5개 조로 나누어 크럽 별로 연구한다는 것, 회비는 매월 20전으로 한다는 것, 장 모(某)는 회의 외부에서 지도한다는 것 등이었다.

* **광주농업학교 독서회**[27)]

서기 1929년 6월 하순 경에 광주농업학교의 독서회가 발족하였다. 조길룡, 장재성 등 약 20여 명이 무등산에 모여 광주고보와 비슷한 독서회를 모집하였다. 대표겸 재정위원은 조길룡이었다.

그날 결의한 사항은 회원을 4개 조로 나누어 조길룡 · 이영범 · 정욱 · 김순복이 책임지도 한다는 것, 동 년 10월 중 류환묵(劉煥墨) 집에 모여 2학년 중심의 독서회 조직을 논했고, 김수동, 정해사 등이 김남철 집에 모여 3학년 중심의 독서회 조직을 협의 결정

---

26) 위의 책, 494∽495 면 참고.

27) 위위 책, 495면 참고.

하였다.

* **광주사범학교 독서회**[28)]

서기 1929년 7월 하순 송동식 등 13명이 수피아 여학교 뒷산에 모여 비밀결사 조직을 협의 결정하고, 4개 클럽으로 조직하기로 하였다. 그리고는 이들은 동년 9월 중순 광주형무소 뒷산에서 장재성 등과 만나 광주사범독서회를 정식 발족시켰다. 대표로는 송동식이 선출되었다. 결의 사항으로는 회원을 5개 반으로 나누어 지도한다는 것, 회비는 매월 20전으로 한다는 것 등이었다.

* **학생소비조합의 조직**[29)]

김상환, 송동식 등 8명은 서기 1929년 6월~9월까지 장재성의 집을 비롯하여 여러 곳에서 모임을 갖고, 독서회원의 친목과 단결을 도모하고, 한편으로는 경제적인 도움이 될 수 있도록 학생소비조합을 만들기로 하였다.

회원 1구에 3원 비율로 3백원을 만들기로 하고, 김기권이 500원, 나승규가 100원을 출자했으며, 광주고보 학생 90원, 사범과 농업학교에서 각 50원, 여자고보에서 30원을 출자하여, 동년 9월 초순경 장재성의 개입으로 그의 이웃 집에 문방구점을 차려 회원이 모이는 장소로 하였다.

이상에서 인식할 수 있드시, 광주지역 학생들은 성진회를 결성하고 그것을 독서회로 발전시켰다. 따라서 성진회 주동 학생들이 모두 학교를 졸업하자 조직을 좀 더 광범위하고 발전적인 방향으로 비밀조직으로서 독서회를 조직 계승하였다. 이들 조직을 토대로 광주지역의 항일(抗日)의 힘을 축적하는 토대가 되었다는 점에 항일민족사적 의의가 있다할 것이다.

---

28) 위의 책, 496~497면 참고.
29) 위의 책, 496∽497면 참고.

(3) 광주여자고등보통학교 소녀회

서기 1920년대이후 광주지역 학생들의 항일민족적 분위기에 힘입어, 광주여자고보에서는 민족의 독립과 자유의 쟁취, 그리고 여성의 해방을 목적으로 하는 비밀결사인 동 교의 '소년회'를 조직하였다. 서기 1928년 11월 초순 성진회에 영향을 주고 있던 장재성의 여동생인 당시 광주여고보생 장매성을 비롯 박오련 · 박계남 · 장경애 · 남협협 등이 광주사범 뒷산에 모여 '소녀회'를 조직하였다.

이들 소녀회 회원들은 학교 내외에서 동지 포섭을 확대할 것과 회의 목적을 달성하기 위하여 매월 1회씩 연구를 갖기로 결의하여 모임을 계속한 바 있고, 학생소비조합을 조직할 때 그들이 주동하여 30원을 출자하였다.

광주학생운동이 발발했을 때는 적극적인 참여가 계기가 되어 주동 여학생들이 구속되 장매성은 징역 2년에 처해졌으나, 그 후에도 시험을 거부하고 백지동맹을 단행하기도 했다. 특히 서기 1930년 1월 13일 오전에 광주여고보의 이광춘은 최후까지 일제 교육에 대한 반대의사를 표명하기 위하여 백지동맹을 단행해야 한다고 연설한 바도 있다. 그리하여 '소녀회'의 주동자들은 서기 1930년 1월 15일 일제히 검거되어 동년 10월 6일 광주지법에서 장매성은 징역 2년, 그 외의 여학생들은 징역 1년에 집행유예 5년의 형을 받기도 했다.

5. 광주지역 동맹휴학의 고양

1) 광주고보 동맹휴학의 제 양상

상술한 비밀결사운동과 더불어 광주지역 학생들의 항일의식과 역량의 성장은 당시 수차례의 맹휴를 통한 민족적 자각을 통해서였다. 그 당시 맹휴의 상황을 보면 광주고보에서는 서기 1923년, 1924년, 1927년, 1928년 각각 1회씩 총 4회의 맹휴가 일어났다. 광주농고는 서기 1923년과 1928년, 광주여고보는 서기 1928년 각각 맹휴가 있었다. 광주고보의 맹휴는 그 횟수로 보아서 호남지방에 있어서는 고창고보(6회) 다음이었다.

광주고보의 맹휴상황을 개관하면 다음과 같다. 서기 1923년 1월의 경우는 일본인 교사가 이유없이 학생을 구타한 사건을 계기로 1,2,3학년 학생들이 동맹휴학을 하였다.[30] 그후 동사건의 처리 과정에서 맹휴의 주동자를 처벌하지 않겠다고 약속해 놓고, 교장은 그들을 정학처분하자 교장을 불신하며, 그 처분의 취소를 요구하며 3학년생이 다시 맹휴를 전개하였다.[31]

광주농고의 경우는 서기 1923년 3월 당시 3년제로서는 상급학교 진학에 장애가 있자 5년제 승격을 요구하며 동맹휴학이 전개되었다.[32]

광주지역 맹휴의 특성은 서기 1924년 맹휴에서 잘 드러나고 있다. 6월 14일 당시 맹휴가 또다시 일어나게 된 것은 광주고보와 재광주 일본인 선발팀과의 야구경기 때문이었다. 광주고보가 1:0으로 이기고 경기가 끝나자, 광주고보 측 선수에게 모욕적인 언사를 한 일본팀의 응원단장 의사인 안동 진(安東 進;일본인)을 고보선수들이 구타한 사건이 벌어졌다.[33] 문제는 동월 16일 경찰이 고보 선수 중 최동문(崔東文) · 지창수(池昌洙) · 윤처현(尹處鉉) · 김재영(金在英) 등을 인치 조사하면서 확대 되었다. 그런데 경찰서에

30) 조선일보, 1923년 1월 30일자 관련 기사 참조.
31) 조선일보, 1923년, 2월 13일자 관련 기사 참조.
32) 조선일보, 1923년 3월 12일~13일자 관련 기사 참조.
33) 조선일보, 1924년 6월 20일자 관련 기사 참조.

학생조사를 의뢰한 자는 바로 당 광주고보의 일본 교장이었다. 이에 분개한 4백 명의 학생들이 동월 17일 강당에 모여 인치된 학생의 석방과 무책임한 일인 교장의 반성을 촉구하였다.

인치된 선수들은 당일 밤 보석으로 풀려났으나, 학생들은 18일에도 강당에 모여 선후 대책을 논의하였던 바, 이 자리에 교장이 들어와 전교 학생 400명에게 무기정학을 선언하였다. 문제는 자꾸 꼬여갔다. 이에 학생들은 교장 사퇴시까지 맹휴할 것을 결정함은 물론 교장의 비행을 들어 총독부 당국에 진정서를 제출하기로 하였다. 지방에서 올라온 학생 백여 명은 교장의 교체시까지 출석하지 않기로 하고 귀향하였다.[34]

이처럼 사태가 확산되자 동월 21일 광주 거주 학부형들이 흥학관(興學館)에서 긴급회의를 열었다. 이 자리에서 학부형들은 무기정학의 취소, 교장의 퇴직을 주장하고 이에 불응시에는 도민대회를 개최하고 총독에게 직접 진정할 것 등을 결의하였다. 이에 학교장은 강경한 어조로 학생의 무기정학 취소처분을 거부하자[35] 학부형들은 이에 대응하여 또 다시 동월 25일 흥학관에서 전남 학부형대회를 개최하였다. 이에 도내 각 군에서 백여 명의 학부형이 참석하고 축문 50여 통이 답지하였다고 한다. 동 대회에서는 10명의 위원을 선정하여 학교측에 향후 대책을 질문하였다. 그러나 아무런 반응이 없자, 학부형들은 이제는 도민대회의 개최를 결의하였다.[36] 이에 광주경찰서에서는 소집취지서를 전부 압수함에 도민대회의 개최는 좌절되고 말았다. 이러한 경찰의 협조에 기세가 등등한 학교 당국은 주동 학생 10여 명을 퇴학처분하기로 하고 20여

---

34) 조선일보, 1924년 6월 23일자 관련 기사 참조.

35) 조선일보, 1924년 6월 30일자 관련 기사 참조.

36) 동아일보, 1924년 7월 8일자, 조선일보, 1924년 7월 8일자 관련 기사 참조.

명에게는 '진사치 아니면 제명하겠다'는[37] 통지서를 발송하였다. 이에 학생들은 학교 당국에 대처하여 통일된 행동을 취하기 위해 광주에 모두 집합하기로 하고, 학생대회의 개최를 준비하였다. 동맹휴투쟁은 동년 9월 수습되었으나 주도 학생 4학년의 고광우, 국채덕, 최헌수, 지창수 등은 퇴학처분 당하고 말았다.

이상에서 인식할 수 있듯이, 서기 1924년의 맹휴는 일제 식민지 교육 현실에 대한 저항을 표방한 것은 아니었다. 그러나 이후 서기 1928년 맹휴와 그 다음 해의 학생시위에 중요한 경험으로 작용한 것은 분명하다 아니할 수 없다.

서기 1927년 만주 · 일본 등지로 수학여행을 하고 돌아온 학생들은 학교시설의 미비와 민족차별교육을 이유로 다시 맹휴를 감행하였다. 수학여행에서 돌아오는 길에 평양고보를 견학하였던 바, 시설에서 본교와는 차이가 너무나도 심하여 물리 · 화학교실을 갖추어 교육의 내실을 기하여 달라는 것이었다. 이에 당시 백정(白井: 시라이) 교장은 각서까지 써주며 학생들의 요구를 들어 주겠다는 약속까지 하였으나 해를 넘기도록 이행하지 않았다. 학생들의 불만이 쌓여가는 것은 당연한 일이었다.[38]

이러한 상황에서 서기 1928년 6월 26일부터 적극적으로 시작한 항일맹휴운동의 도화선은 일른바 '이경채' 사건으로 불타오르기 시작하였다. 항목을 바꿔 개관하고자 하다.

2) 서기 1928년 이른바 '이경채 사건': 항일맹휴운동의 도화선

상술해온 광주고보 학생들의 맹휴 상황 하에서 서기 1928년 3

37) 동아일보, 1924년 7월 24일자 관련 기사 참조.

38) 光州學生獨立運動同志會, 光州學生獨立運動史, 國際文化社,1996, 65~66면.

월 고보 5학년생 이른바 이경채(李京采)[39] 격문사건으로 다시 맹휴가 촉발했던 바, 이것은 본격적으로 시작된 광주고보의 항일 맹휴운동의 도화선이 되고 있다. 이경채 사건은 광주 · 송정리지방에 격문이 뿌려진 사건이다. 이경채는 이 사건으로 동년 6월 8일 체포되었다.[40] 광주고보 당시 교장은 검사장으로부터 이경채 사건에 대한 경과를 듣고 형이 확정되지 않은 6월 19일 부친을 불러 이경채를 권고 퇴학시켰다.

이런 일이 있기 전 이미 학생들은 교장과 당국을 상대로 항일 맹휴의 직접적인 명분을 도출하기 위하여 6월 15일 광주고보 5학년생들은 대표를 선출하여 이경채와 그 가족을 위문하겠다는 요청을 학교 당국에 제의했으나 인정되지 않았다. 이와 같은 상황하에서 6월 22일 5학년 학생들은 '이경채 권고퇴학의 이유를 밝히라'라는 새로운 요구조건을 내어 걸고 동요하는 사태로 발전하였다.[41]

6월 24일, 일본인 학교장은 이와 같은 사태에 대한 수습책으로 학부형회를 소집하고 '학생들의 사상선도'와 '풍기문제'에 대한 소감을 말하고, 이어 교직원과 학부형들이 다과회를 베풀고 있을 때 5학년 학생대표 11명은 진성서를 배포하였다.[42] 이에 6월 25일 학교 당국은 동 11명에 대하여 근신 처분을 내렸다. 그런데 그 당시 학생들의 진정서는 특별교실(물리, 화학 교실)설치, 퇴학처분한 이경채는 예심중에 있으니 무죄로 방면되는 때는 복교토록 할 것,

39) 이경채는 서기 1928년 당시 광주고보 5학년생으로 친구인 박병하 · 윤해병 등과 서기 1927년 여름부터 사회 가학 연구에 몰두해 오다가 서기 1828년 3월 28일~4월 18일에 이르기까지 매일 성토문을 작성하여 광주 시내와 송정리의 요소에 첨부하고 또한 각 중학교, 경찰서 등에 우송하였다. 여기에는 한길상 · 지창수 · 강○석 · 조칠성 · 박승남 등도 관련하였다.(《광주학생 독립운동사》120~122면 참고)

40) 동아일보, 1928년 7월 26일자 관련 기사 참고.

41) 양동주, 항일학생사, 청탑출판사, 1956, 32~35면.

42) 양동주, 같은 책, 36면.

그리고 매년 배정되는 학교 경비처리문제 등에 관한 것으로 학부형회가 공식적으로 결의한 것이었다.

한편 4,5학년 학생들은 2,3학년 학생들에게 연락을 취하여 밀의를 거듭한 끝에 수업을 거부하였으며, 26일에는 등교하자 곧 '광주고보 2,3학년 학생 일동'이라는 이름으로 진정서를 내고 일제히 동맹휴학에 들어갔다.[43] 그들이 맹휴와 더불어 학교 당국에 제출한 진정서는 대체적으로 다음과 같다.[44]

① 교우회의 내용을 확충하는 동시에 선생을 감독으로 하고 일절 처리를 학생 측에 일임할 일.

② 백정 교장(일본인)은 기만적 행동을 반성할 사.

③ 무자격 교원 4명의 사직을 촉구할 사.

④ 지전(池田), 도변(渡邊) 등 3선생은 교육적 양심의 반성을 촉구할 사.

⑥ 무도장을 신설하는 동시에 전임강사를 초빙할 사.

⑦ 학생에게 고압적 수단을 쓰고 퇴학, 정학, 근신 등을 불충분한 이유로 감행하지 말 것이며, 이경채 군이 무죄 방면되는 때에는 복교시킬 사.

⑦ 조선인 본위의 교육을 실시하기 위하여 조선인 교원을 다수 채용하는 동시에 조선 역사와 조선어 문법을 교수할 사.

⑧ 4,5학년 급장 등 11명에게 명령한 근신을 취소할 사.

이에서 보듯 광주고보생들은 맹휴라는 방법에 의하여 항일의 민족적 저항을 전개하였다. 우리는 위의 진정서 내용 중 ①항 자치

---

43) 양동주, 같은 책, 36~37면.

44) 동아일보, 1928년 6월 29일자 관련기사 참조.

권 획득문제와 ⑦항의 조선인 본위의 교육에 관한 사항에 주목할 필요가 있다. 이 점은 동 광주고보 맹휴의 특징적이었다. 이러한 교우회 자치권 차별현상이 궁극적으로 일제 식민지 노예에서 기인한다는 점을 자각하면서, 조선어 문법 교육, 조선역사 수업, 조선인 교원의 채용을 요구한 것이다. 이러한 사항은 서기 1927년 이후 전국적인 맹휴에서 주된 요구사항으로 자리잡고 있었다.

동년 6월 27일 학교 당국은 맹휴에서 주모적 활동을 하는 자로 인정되는 학생 27명을 출학처분하고, 3백여 명의 맹휴 참가자에 대하여 무기정학 처분을 단행하였다.

이러한 사태에 대하여 학부모회에서는 송태환(宋台煥) 외 4명의 대표들이 나서서 자발적으로 학부형 회의를 소집하기로 하였다.[45] 여기에서 간과할 수 없는 것은 광주지방의 학부형들은 학생들의 맹휴와 민족의 항쟁을 이미 긍정하는 입장을 취하고 있었다는 점이다. 즉 광주고보에서 대대적인 항일 맹휴가 벌어지기 이전인, 서기 1927년 6월 18일 '조선인 교육에 대한 연구 조사 및 실시와 사설 교육기관 통활' 등을 목적으로 하는 광주교육연구회가 창립되었다. 그런데 거기에서 선출된 20명의 이사들 중 김기호, 김상열, 정수태, 정상호 등은 민족주의자들이었고, 특히 정수태는 신간회 전남지회장이었다.[46]

이와같이 기성 학부모층의 광주지방에서의 '조선인 교육'에 대한 열의는, 식민지 교육체제에 대한 학생들의 항쟁을 긍정적으로 인식할 수밖에 없었다. 이 점은 6월 27일 학교 당국에서 출학생 27명의 보호자를 불렀으나, 단 2명 밖에 응하지 않았다는 사실이 말해 주고 있다. 학부형들은 6월 30일 신내 거주의 부형 40여 명

45) 동아일보, 1928년 6월 29일자 관련기사 참조.
46) 동아일보, 1927년 6월 21일자 관련 기사 참조.

을 모아 선후책을 강구하기 시작한 이래 수차에 걸쳐, 대표들이 학교 당국에 대하여 교섭을 벌였으나 성과를 얻지 못하게 되었다. 7월 5일은 1학년의 동요에 대하여 휴교조치를 취했기 때문에, 학생들은 여기에 대항하여 진정서를 제출하고 동맹휴학에 들어가 상급생들과 보조를 같이했다. 이리하여 광주고보의 맹휴는 전교생의 맹휴로 확대되었다.

한편 맹휴가 시작된 3일 후인 7월 28일 광주농업학교 2,3,4학년생 130명이 일본인 교사 배척 등을 내세우며 맹휴에 들어갔다. 이후 1학년도 이에 참여했다.[47] 동교의 맹휴는 광주고보 맹휴에 대한 동조의 성격이 강하였다.

농업학교 맹휴의 결과는 퇴학 12명, 무기 정학 102명, 나머지 20명과 1학년 학생 전원 근신, 그리고 5학년생 전원에게는 휴교조치라는 강경한 조치로 매듭지어졌다.[48]

학생맹휴에 대하여 학부형, 동창회 및 동경재류광주고보(東京在留光州高普) 졸업생들까지 지원적인 관여를 하게 되자, 사태는 더욱 심각한 양상을 띠게 되었다. 7월 18일에는 동창회가 소집되어, 모교 사태에 대한 대책위원으로서 5명(정승모, 최동문, 장재성, 강신항, 정종실)을 선출하여 상설기관을 구성하고 대책을 강구하기로 하였다. 이에 앞서 동경재류광주고보졸업생들은 '모교분규사건대책강구회'를 동경 현지에서 설립하고 최동문, 장재성, 전창모를 광주에 특파하였다. 이들 특파원은 광주의 동창회가 모교문제에 개입하기 시작하는데도 상당한 작용을 하였을 것이라는 추측을 배제할 수 없다.

---

47) 동아일보, 1928년 7월 2일자 관련기사 참조. 당시 학생들의 요구사항은 ① 민족차별 금지, ② 기숙사의 신축 및 개축, ③ 조선어 교수, ④ 학급의 증가와 매년 100명 모집할 것, ⑤ 학생의 개성 조중, ⑥ 조선역사 교수할 것 등이었다.

48) 한정일, 日帝下 光州學生民族運動史, 전예원, 1981, 146~147면.

3. 맹휴중앙본부(盟休中央本部)의 활동

이른바 '맹휴중앙본부'도 상술한 바와 같은 상황 하에서 발족된 것으로 파악된다. 하여튼 '맹휴중앙본부'가 설치됨으로서, 맹휴는 학교 내부 및 광주지방의 차별교육 문제에서 식민지 교육체제와 그 통치기구에 대하여 항쟁하는 성격으로 발전하게 된다. 그러므로 광주학생맹휴는 지엽적인 요구에서 민족적인 요구의 길로 맹휴의 성격을 이행시키는 것이었다.[49]

서기 1928년 8월 6일에는 광주고보 일인 교장 사택으로 그의 비교육적 자세를 통박하는 경문이 도착했고, 8월 2일에는 맹휴중앙본부의 항의문이 각 공립보통학교장들에게 발송되었다. 동 항의문에서 맹휴중앙본부는 각 보통학교의 졸업생으로 광주고보에 진학하여 맹휴에 참가하는 학생들에 대한 협박, 회유를 중지하라고 촉구하였다.

맹휴중앙본부 구성원들은 '격문(檄文)'에서 보는 바와 같이 맹휴를 단순히 학교차원의 문제로 인식하지 않고, 자신들이 일제 식민지 교육을 받고 있다는 사실을 분명히 인식하고 있다.[50] 그들은 단순히 교육현실에 대한 항변에 그치는 것이 아니라 조선인 전체가 일제의 압제하에 고통받고 있다는 사실을 적시하였다.

식민지 노예교육은 일제의 조선인 전체에 대해 가해진 전반적인 기만정책의 전형적인 한 형태에 불과하고, 민족적 파멸이 있는 것이라고 분명히 인식하였다. 그리하여 이들은 "우리들의 맹휴의 자체에만 향한 승리가 아니라, 이 승리는 실로 우리들 피압박 민족의

---

49) 독립운동사(9) 학생독립운동사 편찬위원회, 같은 책, 514면.

50) 서기 1928년 8월 1일 '격문', 광주고보생 맹휴중앙본부, 양동주, 광주학생독립운동사, 오남출판사, 1956, 74~78면에서 재인용.

해방의 길이요 소생의 원천이 되는 것이다"[51]라고 하여 맹휴운동을 민족해방운동으로 간주하고, 폐교를 각오한 결사 투쟁을 선언하고 있었다. 이러한 점은 광주농업학교 학생들도 유사한 생각이었다.

당시 독서회원이었던 김재룡, 육상걸이 작성한 광주농업학교의 격문에서 보듯 "싸우자, 싸우자, 모국을 위하여 최후까지 싸우자, 모국의 생명은 우리들의 활동 여하에 있다. 2천만 동포를 부활시켜 3천리 강산을 빛나게 하는 것은 우리들의 양 어깨에 있다."[52]고 하여, 맹휴의 민족적 사명감으로 인식하고 있었던 것이다. 맹휴중앙본부의 이러한 인식은 당시 전국적으로 전개되었던 각 학교의 맹휴와 비교할 때 매우 선진적이었다.

동 맹휴중앙본부는 맹휴학생들의 행동강령등을 통해 행동통일과 결속을 강화해 나갔다. 그러기에 동 중앙본부가 맹휴학생들에게 배포한 실천요목에는 일반사회인과 경찰 취조시의 답변요령까지 자세히 열거하였다.[53] 그리고 투쟁 양상은 당시 서기 1927년 휘문고보, 중앙고보, 그 다음 해 함흥고보의 동교생 폭행 등 실력행사, 그 무렵인 서기 1927년 보성고보와 그 이듬해 전주고보, 전주농업학교 학생의 교장을 교외로 강제 추방한 사건들[54]에 비배 온건한 방식을 취했던 것으로 보인다. 그리하여 맹휴는 주로 맹휴중앙본부를 중심으로 학교 당국과 학부형에 대한 성명전으로 전개되었다. 이러한 특성 때문에 맹휴중앙본부의 역할이 더욱 중요하였다. 이에 따라 광주고보와 광주농교 맹휴생에 대한 일제의 탄압도 매우 강도 높았다.

이러한 상황 하에서, 광주고보의 맹휴에 대해 졸업생 대책위, 학

---

51) '4백 용사에 격함', 양동주, 같은 책, 48면 재인용.

52) 독립운동사편찬위원회, 독립운동사 자료집 13집, 1499~1503면 참조.

53) 양동주, 같은 책, 81~83면 참조.

54) 장세현, 항일학생민족운동사연구, 일지사, 1975, 222~244, 254~261면 참조.

부형회 등이 학교와의 중재에 나섰다. 특히 광주고보 출신 동경유학생들이 대책 강구회를 결성하고 장재성, 최동문, 전창모를 대표로 선정하고 맹휴의 진상조사와 선후책을 강구하도록 하였다. 맹휴는 결국 학부형회가 학교 당국에 굴복하고 타협하여, 학교 측의 최후 통첩일인 9월 17일 자제들을 등교시킴으로써 종결되고 말았다.

광주농업교에서도 이에 앞서 9월 12일 수업을 재개하였다. 등교 후에도 9월 18일 광주고보 3학년 학생들이 수업을 거부하고 퇴장하였으나, 경찰이 학교에 난입하여 주모 학생 수 명을 검거하기도 하였다.[55]

이와 같은 경찰의 학교 난입에 의한 맹휴 학생 체포 현상에 대한 항쟁은 그 다음해인 서기 1929년 학생시위 당시 '교내 경찰 침입 절대 반대하자!' 라는 구호로 구체화 되었다.

당시 맹휴중앙본부는 청년운동의 세력의 지도를 받고 있었을 가능성은 높아 보였다. 그것은 다음과 같은 사실에서 우리는 그 추측을 배제할 수 없다. 즉, 맹휴중앙본부가 결성된 장소인 최창규의 하숙집은, 바로 맹휴 대책강구회 위원인 최동문의 집이었고, 장재성과 최규창은 성진회(醒進會)의 회원이었던 점, 그리고 맹휴중앙본부에 등사판을 제공한 인물이 광주청년회가 주관한 청년회관의 선생이었던 서재익이었던 점 등을 고려한 여러 가지 사실 때문이다.[56]

또한 광주고보와 광주농교의 맹휴과정에는 성진회 등 독서회원들이 주도적으로 활약하고 있었음도 우리는 인식할 수 있다. 이와 같은 인식은 다음과 같은 사실에서 온다. 그것은 광주고보의 경우

55) 조선일보, 1928년 9월 21일자 관련기사 참조.

56) 이애숙, 1920년대 광주지방의 청년 · 학생운동과 지역사회.

맹휴중앙본부가 성진회 회원인 최규창의 하숙집에서 결성되었음은 물론 최규창, 임주홍 등이 참여하였다.[57)]

광주농교의 경우, 맹휴주도 혐의로 실형을 받은 학생 중 김재룡과 유상걸의 경우만 보더라도, 이들 역시 서기 1927년 11월 결성된 문승구 그룹의 연구모임 회원으로 당시 선언서를 작성하는 등 주도적으로 활동하였다는 점에서이다.

서기 1928년 광주고보와 광주농교의 맹휴는 지도부의 학생맹휴의 의의에 관한 명확한 인식과 강렬한 투쟁의지에도 불구하고, 학교 당국과 경찰의 끈질긴 개입으로 실패로 끝나고 말았다. 그러나 계속되었던 맹휴는 그다음 해인 서기 1929년의 시위운동이 전교생의 차원에서 전개될 수 있었던 축적된 경험을 형성하였다 할 것이다. 또한 그간 교육현장에서 직접적으로 이루어지는 민족교육을 통해서도 학생들은 항일의식이 연마되고 있었다 할 것이다. 그 대표적인 경우로 광주고보에서 한문을 가르치던 송홍(宋鴻) 선생의 일제의 감시를 피해 학생들에게 민족교육을 실시한 경우를 지적하지 않을 수 없다.[58)]

제2절 서기 1929년 광주지역 학생 시위운동

1. 광주 학생 시위운동의 직접적인 원인

서기 1928년 광주고보와 광주농교 등의 맹휴로 점철되던 한 해도 지나고, 그 다음 해인 서기 1929년 봄을 맞이해서도 외견상으

57) 일부 기록에서는 최규창이 주로 격문을 작성하고 임주홍이 이의 등사를 담당하였다고 한다. 전남일보, 1989년 11월 3일자 관련기사 참조.

58) 동아일보, 1925년 11월 25일자, 무등일보, 1992년 11월 21일자 송홍 선생 관련기사 참조.

로는 학생계는 정상적인 듯했다. 그러나 3월에 들어서면서 광주고보의 분위기는 험악해지기 시작했다. 그것은 학교 당국이 김봉길·여도현·문두재 등의 학생을 학교규칙을 문란케 한다는 이유로, 이른바 유시 퇴학(諭示退學)을 시키려 한 것으로부터 비롯되었다.

이와 같은 사실을 알게 된 위 3인의 학생은 학교 당국의 처사에 항의하기로 결심하고 서기 1929년 3월 22일 밤, 수기동(당시 須奇屋町)에 있던 문두재의 집에서 성토문(제목 : '친애하는 광주고보생도') 700여 매를 등사하는 등 준비를 하였다. 그리고는 그 다음 날인 3월 23일 종업식이 있던 날 배포하기로 하고, 동 성토문을 친구 김경술(金庚戌)에게 건네주고, 김경술은 종업식 당일 등교하여 학생휴게실, 우천체조장, 학생용 서장함, 학생 변소 등에 살포하였다. 그리고 김봉길은 휴게실에서 다른 학생들을 상대로 삐라 살포의 취지를 설명하였다.

그 날 오전 9시경부터 학생 272명이 도열한 앞에서 일인 교장이 종업식을 진행하려고 할 때 김봉길과 여도현이 큰 소리를 치며, 자기들 김·여·문 셋을 퇴학시키려는 이유를 대라며 강경히 요구하자, 교장은 종업식을 중단한 채 교장실로 들어가버렸다.

사태가 여기에 이르자 여도현·김봉길 외 대부분의 학생들은 교장실로 몰려가 항의하려 하자, 교장은 안에서 문을 잠그고 대치하던 중 경찰이 닥쳐와 이들을 해산시켰다. 이와 같은 일로 교외내의 분위기는 심상치 않는 방향으로 전진하고 있었다.

그 당시 교장실을 강제로 들어가려던 사건의 주동 학생은 김봉길(23세), 여도현(20세), 김경무(20세), 하길담(19세) 있다. 또한 성토문인 '친애하는 광주고보 생도' 의 내용을 보면 다음과 같다.

저반 제군의 영웅적인 맹휴이래 음모가인 백정(白井規一) 교장은 잔학한 폭압으로써 무수한 학생들을 괵수해 왔다. 또한 이번 학년말을 기회로 하여 무더기 낙제 처분을 감행하려고 착착 그 음모를 진행시키고 있다. 보라! 친애하는 졸업생을 송별하는 회합까지도 박탈해 버리지 않았는가? 사생들에 대한 유린은 어떠한가? 빈약한 학생에 대하여 교우회비라는 명목으로 6원이라는 대금은 학생 폭압비로 사용되고 있지 않는가? 친애하는 제군, 제군은 결정적 투쟁을 하는 것 외에는 다른 것이 없다. 전학생이여! 단결하라! 무더기 퇴학과 낙제에 절대로 반대하라. 학생의 결단력을 가지고 무더기 추방을 취소하라. 입사, 퇴사의 자유를 획득하라! 스파이 양성소인 기숙사 봉쇄 운동을 일으키라. 스파이를 박멸하라! 백정 교장의 학부형 농락에 항의하라! 교우회 자치를 획득하라! 조선인 본위의 교육을 실시하라. 교육 노예 교육에 항의하라! 독서 자유를 획득하라! 학교 내의 경찰 침입과 간섭에 절대……[59)]

이상과 같은 일들이 있는 뒤로 봄 방학을 끝내고 학생들은 다시 등교하였다. 이와 때를 같이하여 학교 당국은 4월 초부터 학생의 동태를 감독하기 시작하였고, 5월에 들어서서는 벽이나 변소에 "조선 독립 만세!", "조선혼을 고취하자", "6월이 오면 전국적으로 맹휴하자!" 등등의 낙서가 학교 당국을 긴장시켰다.

그런데 서기 1929년 6월 25일부터는 심상찮은 일들이 벌어지고 있었다. 6월 25일 5학년생들은 자치회를 한다는 명목으로 수업을 거부하였고, 학교 당국은 2,3학년생들을 지도급 학생을 미리 달래기도 하는 등 연이은 심상찮은 일들이 벌어지고 있었다.

그 무렵 상급생들은 만주방면의 수학여행을 다녀와서는 더욱 조국의 불행을 통감하고, 매일 같이 하급생들에게 '조국 독립을 쟁취해야 한다'는 연설을 계속하는 상황이었다. 당시 이러한 상황

59) 양동주, 같은 책, 148~150면.

하에서 6월 26일 송정리의 한 · 일 학생들이 열차통학을 하고 있을 때, 한 일본인 중학생이 차창 밖으로 보이는 한 조선인이 개를 잡아 굽고 있는 광경을 보고 "야만인 짓이다"고 내뱉는 말에 광주고보생들이 구타한 일이 있었다.[60)]

공교롭게도 6월 26일 그날은 맹휴 1주년이 되는 날이기에 퍽 상징적인 사건이 되고 말았다.

이에서 보듯 서기 1928년대의 항일 맹휴로 말미암아 수순하고 원한도 없어야 할 한 · 일 학생간의 감정은 일제의 식민지 약탈이라는 대 전제하에 현실적으로 더욱 악화되는 상황이었다. 그 당시 광주지역 송정리 방향에서 기차통학하는 통학생은 광주중학생(일본인)이 98명, 광주고보생(조선인)이었다고 한다.[61)]

참고로 우리는 이해를 돕기 위하여, 당시 나주 · 영산포 지역 진출 일본인들의 환경을 잠시 살펴 보기로 한다. 이들 양교 학생들의 경제적인 환경 특히 그들 부형들을 보면 월등히 달랐다. 광주중 일본인 학생의 학부형은 일제 침략의 하급관리이거나, 아니면 당시 조선인의 생활방도를 다양하게 억압하고, 약취하기 위하여 송정리, 나주 · 영산포 방면으로 진출하여 일등 국민임을 자처할 뿐만 아니라, 그 지방의 이권을 독점하여 도탈행위를 일삼고 조선인의 위에 군림하려던 일본 이민들이었다. 특히나 나주 · 영산포지방에는 식민지 수탈을 목적으로한 동양척식주식회사의 이민이 많았고, 그들은 일제 본국에서 하층민 출신이 많았다. 그러한 자들의 2세들이 가정환경이 그러하니, 자연히 자만심에 찬 학생들이었을 것이라는 추측을 우리는 배제할 수 없을 것이다.

또한 서기 1931년 5월 16일 현재 나주 · 영산포지역 거주 일본

60) 양동주, 같은 책, 93~98면.

61) 독립운동사(9) 학생운동사 편집위원회, 같은 책, 529면.

인 수는 3,788명이었고, 일본인의 소유 토지는 37,320,905평이었으니, 일본인 1인당 토지 소유는 1만평 이었음에 반하여, 조선인 1인당 소유 면적은 3백 평에 불과하였다.[62)]

서기 1929년 10월 30일 오후 5시 반경 광주를 떠난 통학열차가 나주역에 도착했을 때였다. 나주역 구내 프랫홈에서 통학학생들은 몇 사람씩 무리를 지어 집찰구로 걸어 나오고 있었다. 그때 광주중학 3학년생 일본인 3명이 광주여고보 3학년인 박기옥(朴己玉) · 이금자(李錦子) · 박광춘(朴光春) 등의 댕기머리를 잡아당기면서, "센징(鮮人;일본어) 운운" 조롱하며 모욕적인 장난을 하자, 이들 조선 여학생들은 당황하여 어쩔 줄 모르는 상황이었다.

그때 마침 같이 걸어나오고 있던 박기옥 여학생 사촌 동생인 광주고보 2학년생인 박준채(朴準採)는 이 광경을 보고 격분하였다. 그는 나주역 광장으로 나와 그 일본인 학생들을 불러놓고 힐책한바, 오히려 그 일본인 학생들은 모욕적인 대답을 하여, 그때 박준채 학생은 그 일본인 학생 한 명의 얼굴을 주먹으로 구타함과 동시에 싸움이 벌어졌다. 이러한 광경을 보고 있던 나주역전 파출소 근무 일본인 순사가 불문곡직하고 박준채의 따귀를 때렸고, 그 부당함에 항의하는 박준채를 또다시 때리는 일이 벌어졌다. 그러나 그날도 조선인 학생들은 민족적인 격분을 참고 귀가하였다.

그다음 날인 10월 31일, 광주로 가는 통학열차 안에서 일본인 학생들이 무리를 지어 박준채의 자리로 찾아와 시비를 걸었다. 순식간에 조선인 학생들이 몰려와 조일 학생간의 대결은 있었으나 별일은 없었다. 그러나 오후 5시, 광주~송정리 간의 통학열차 안에서 박준채 외 수명과 일본인 학생 수 명의 조 · 일 학생 간에 기어코 패싸움이 벌어졌다. 박준채 외 수명은 차장실에 연행되어 장

62) 동아일보, 1931년 5월 16일자 관련 기사 참조.

기 통학증을 압수당한 바 있고, 그 때도 일본인 수명이 가세할 뿐만 아니라 광주일보(일본어로 발행) 일본인 기자와 일본인 승객들은 조선인 학생들에게만 비난하고 일본인 학생들에게는 노골적으로 동정적인 언행을 했기 때문에 조선인 학생들의 분노는 민족적인 감정으로 축적되었다.

11월 1일, 박준채와 앞서 박기옥의 머리채를 잡아낭긴 그 일본인 학생 등은 그 전 날인 10월 31일 압수당한 통학증을 받아 등교하였다. 일본인 학생들은 등교하여 중학교의 길전(吉田) 교유에게 어제의 일을 알렸고, 길전 교유는 광주고보의 도변(渡邊) · 강본(岡本)교유에게 연락함으로써 당일 방과 후에 박준채는 불려가 세유를 받았다.

이러한 양 교간의 사이가 이렇게 험악하다는 사실에 대비하기 위하여 광주고보의 장곡천(長谷川) 교유는 기차 통학생 감독을 목적으로 광주역에 파견되어 고보생들과 자리를 같이 하고 있었는데, 4시 35분 발차시간이 다 되었을 때 사태는 급전되고 말았다.

당일 통학생도 아닌 일본인 광주중학 5학년생 4~5명이 광주고보의 정세면에게 도전해 왔기 때문에, 기차에 타고 있던 광주고보생들은 정세면의 급보를 받고 일제히 하차하여, 개찰구의 본책을 경계선으로 하여 대결하게 되었다. 그때 일본인 중학생 수는 30명이었고, 광주고보생은 20명이었다.

광주역에서 벌어진 조 · 일 학생간의 새로운 사태에 접한 광주고보에서는 일본인 교유 지전(池田) · 복중(福重) · 강본(岡本)이 달려왔고, 광주중학 측에서는 역시 일본인 교유 의전(依田) · 증전 · 뇌구(瀨口) 등의 교유가 현장으로 달려와 수습에 나섰으나, 광주중학측 일본인 교유들은 중학생들을 오히려 선동했고, 광주고보생 중에 때린 자가 있다면서 없는 구타자를 수색하는 등 감정적인 언동을 서슴치 않았다.

광주고보와 광주중학의 교유 간에는 사태를 진정시키기 위해서 교섭을 벌였으나 중학교 측의 교유들의 교만한 방언으로 옥신각신하다가, 동시 퇴각을 하기도 하였다. 광주고보생들은 이런 사태에서 생긴 분노를 가라앉히고 대책을 세우기 위하여 귀교하였다.

5학년 을조 급장 노병주(盧秉柱)와 통학생 단장 채규호(蔡奎鎬) 등이 사실을 보고하고 의견을 교환했으나 묘안이 없어 오쾌일이 토론 종결을 동의하여 가결을 보고 7시 10분경 귀가하게 되었다. 장곡천 교유는 통학생을 인솔하고 송정리까지 가고, 안본(岸本) 교유는 나주까지 따라갔다. 그날 광주서 경찰 수 명도 학생을 감시하고 동행했다.

11월 2일이 되었다. 광주고보 통학생들은 우리측 교유들도 학생편에 서야 하며, 광주중학의 교유들은 교육자가 아니라는 부분적인 성토를 하였고, 또한 광주고보 교내에 항일적인 낙서가 써 붙여지기도 하였으나, 눈에 띄는 행동적인 대결은 없이 넘어갔다. 11월 2일 당일 하학열차에도 양교의 교유와 경찰이 동승했으며, 아침에는 전남지사가 양교 학교장을 불러 기차통학생에 대한 엄중한 감독을 지시한 바 있다.[63] 그러나 이러한 일제 당국의 형식적이며 관료적인 차원에서 발상된 수습책은 광주 학생계에 심층화된 민족의식에 기조를 둔 대일 항쟁정신을 퇴화시키거나 변질시킬 수는 없었다.

2. 제1차 시위운동 : 11월 3일 조 · 일학생의 충돌

우리는 이미 위에서의 인식해 온 바와 같이, 서기 1920년대 말기 이후 누적되는 반일 감정과 맹휴, 조 · 일학생간의 다툼, 그리

63) 양동주, 같은 책, 102～105면.

고 이른바 기차통학생 광주중학생과 광주고보생간의 다툼을 계기로, 광주고보를 비롯한 광주지역 학생들은 대일 항쟁의식이 한민족의 이름으로 고조되어 가고 있었다. 이러한 광주학생들의 항쟁동향은 그 동안 여러 단계를 거치는 발전적 대일 투쟁면에서도 볼 수 있는 일이었지만, 그것보다도 성숙된 내외의 제 정세를 민족항쟁의 길로 집약해 나갈 필요성이 강조되고 있었다. 이른바 무의식적이며 산발적인 대결에서 의식적이며 조직적인 항쟁의 길로 지도해야 할 시점에 도달한 것이다.[64)]

이러한 사실을 밝혀 주는 것으로서 우리는 다음과 같은 한 기록에서 인식할 수 있다.

……그런데 그날 이와 같이 많은 학생들이 모이게 된 것은 기념식(명치절)에 참석하기 위하여 온 것이 아니라, 이 날이 마침 성진회 창립 3주년 기념일이기에 '독서회 중앙본부'에서 이 날을 기하여 일제히 의거하자는 비밀 연락과 지시가 있었기 때문이었다.[65)]

위의 글 내용은 서기 1929년 11월 3일 광주고보 학생들의 대일 항쟁이 일어난 경위를 말해주고 있다.

서기 1929년 11월 3일은 몇 가지의 의미를 내포하고 있는 날이었다. 이날은 일제측으로는 일제의 4대 명절의 하나인 명치절(明治節)이었고, 우리 측으로서는 이 날이 음력으로는 10월 3일이 되어 개천절(開天節)이어서, 조선인 우리에게는 퍽 기분 나쁜 날이기도 하고 의미있는 날이기도 하였다. 그리고 광주 학생계의 독서회 회원들에게는 그 전신이었던 성진회 창립 3주년 기념일이었다. 그

64) 독립운동사(9) 학생독립운동사 편집위원회, 같은 책, 534~535면.

65) 박준채, '독립시위로 번진 한일 학생 충돌', 신동아, 1969년 9월호, 314~326면 참조.

러나 외견상으로는 명치절 행사가 주목되는 것이었다.

이 외에도 일제로서는 일제 식민지 지배의 한 성과로 볼 수 있는 이른바, '전남산 6백만석 돌파 축하회'가 지금의 광주공원에 자리했던 광주신사 앞에서 개최되기로 되어 있었기 때문에 전남에서는 각 군의 이 분야 관계 인사들이 모여 들었으니, 일제로서는 축제일과도 같이 느낄 수 있는 날이었다.

이러한 상황 속에서 광주고보생들의 분노는 거의 폭발시점에 달하고 있었다. 고보생들은 명치절 축하식에서 일제 국가의 제창에 학생들은 거부하여, 몇몇 학생들의 음성 밖에 들리지 않았고, 식후의 신사참배는 자유의사에 맡겨졌으나 이것도 거부되고 말았다. 그리고는 몇 명씩 또는 그 이상의 수로 무리를 지어 거리로 쏟아져 나갔다. 그중 일단의 학생들은 광주일보사에 몰려갔다. 그것은 광주일보사는 일제의 기관지로 그간 조 · 일 학생 충돌사건을 편파적으로 보도하여 조선인 학생들의 격분을 사왔던 것이다. 학생들이 신문사에 몰려가 항의소동을 벌이는 사이에 누군가가 신문사의 윤전기에 모래를 뿌려버렸다. 이는 학생 측의 짓이라고도 했고, 공장내의 조선인 직공의 짓이라고도 했다.[66]

그런데 연일 고조되어 오던 광주고보 · 광주중학 간의 사태 악화에 대비하기 위하여, 양교 학생들은 수명 또는 수십명씩 무리를 지어 집단적인 행동을 취하였다. 또한 양교의 관계 직원들도 경찰의 경계 못지않게 학생들의 거동을 감시하고자, 시내 요소 요소를 순행하고 있었다. 그러나 양교 학생들은 시내 도처에서 충돌하기 시작했다.

11월 3일 당일 오전 11시경, 오늘날 수기동인 수기옥정(須奇屋町)에 있는 우편국 앞에서 신사참배를 하고 돌아오는 재등준부(齋

66) 이은상, 민족운동 총서 제3집 '학생운동', 횃불사, 1981, 255~256면.

藤俊夫)라는 광주중학생(열차통학생) 등 16명의 일본인 학생들을 광주고보의 최쌍현(崔雙鉉) 등이 포착하고, 집단구타를 했던 바, 여기서 최쌍현 학생은 광주중학생 일본인 학생의 단도에 찔려 안면에 부상을 당하였다. 동 소식을 전해들은 일대의 광주고보생들은 도주하는 일본인 학생 일행을 또 다시 구타하기 시작하였다. 이에 김의원(金毅源), 최상을(崔相乙) 등 광주고보생 등이 가세하여, 한 일본인 학생을 굴복시키는 바, 나머지 일본인 학생들은 광주역 방향으로 도망치는 것이었다.[67)]

이어 수기옥정에서 패주한 일단의 광주중학생들을 추격한 광주고보 학생들은 계속 구타하였고, 사찰중인 광주서원 5명과 광주중학 교유의 제지를 뿌리치고, 풀랫홈 쪽으로 도망친 광주중학 학생들을 광주고보 학생측 행동대는 개찰구를 뛰어넘어 돌진하여, 닥치는대로 때려 눕히는 바, 광주중학생 30여 명은 본교 쪽으로 도추하기 시작하였다.[68)]

그 때 역두의 광주중학생은 본교에 급보를 전하였다. 광주중학 기숙사생 백 수십 명은 목도, 단도 등을 소지하고 일본인 유도 교사를 선두로 '고보생 타도'를 외치면서 충돌 현장으로 달려 왔으며, 또한 광주고보 기숙사생들도 역두(驛頭)에서 지원 연결을 받고 축구화를 신고 야구 방망이를 들고 지원에 나섰다. 당시 시내에 있던 광주고보생은 물론 광주농업학교 학생들도 이 소식에 접하고 역두로 몰려 들었다. 이들 양교 학생들은 광주중학교에서 시내로 들어오는 성저리(城底里) 십자로 부근의 토교(土橋)를 사이에 두고 대치하였던 바, 그 사태는 사뭇 험악하였다. 광주중학생들과 대결하여 있을 때 광주고보생들은 부근의 관동여관에 있던 장작을 한

67) 조선일보, 1959년 11월 3일자, '비분의 날-11월 3일' 참조.
68) 독립운동자 제9집 '학생운동사' 편집위원회, 같은 책, 537면.

개씩 구해 들고 광주중학생측을 공격할 태세로 나갔다. 그러나 학생 이외의 당사자들이 교섭을 벌여 동시 퇴각이 결정되어, 광주고보생 측은 노병주의 지휘로 학생강당으로 집결했는데, 만은 고보생들이 장작을 들고 있었다.[69)]

그 당시 시간은 정오가 조금 지났으며, 사태가 발생한지 약 1시간 뒤였다. 당일 오전의 충돌로 광주고보 학생은 10여 명이, 광주중학 학생은 2배가 넘는 20여 명이 부상을 당하였다.[70)]

한편 귀교한 광주고보생들은 5학년 노병주의 사회로 집회를 갖고, 향후 투쟁방법에 대해 토론을 계속하다가, 동교 독서회 재정부 위원인 이형우(李亨雨)의 제의에 따라, 가두 시위를 벌이기로 결의했다. 그 당시 광주역에서 철수할 때, 함께 온 광주농교 5학년이며 당시 광주-나주간 기차통학 단장이었던 최태주가 "광주고보생만이 조선 학생 아니오 우리 광주농교생도 한 피를 받은 동포이니, 생사를 같이하여 시위 대열에 참가하겠다."고 제의하여 참석한 모두의 호응을 받았다.

한편 학생들 시위 도중 흥학관(興學館)에서는 장재성과 장석천, 나승규, 국채진 등이 긴급회의를 열어 다음과 같은 내용을 실행에 옮길 것을 결의하기도 하였다.[71)]

1. 우리들의 투쟁 대상은 광주중학생이 아니라 일본제국주의이니 투쟁 방향을 일제(日帝)로 돌릴 것.

2. 광주중학생에 대한 적개심과 투쟁을 일제에 대한 증오와 독립투쟁으로 바꿀 것.

3. 광주중학생과 대치 중인 광주고보생을 해산시키지 말고 광주고보로 집합시켜 적개심에 불타는 학생들을 식민지 강압정책 반대 시위운동으로

69) 양동주, 항일학생사, 청탑출판사, 1956, 109~110면.

70) 양동주, 같은 책, 110면.

71) 光州學生運動同志會, 光州學生獨立運動史, 國際文化社, 1996, 86~87면.

돌릴 것.

4. 장재성이 시위운동을 직접 지도할 것.

5. 우리는 앞으로 다른 동지들과 연락하여 다음 투쟁을 계획하고 준비할 것.

이와 같은 투쟁을 결행하기로 하고 김병기, 강윤석, 김용대, 김상환 등의 지휘로 농구실을 때려 부수고 삽, 괭이, 목봉, 검도구 등으로 장작을 들지 않은 학생들에게 나누어 주었다.

이들 광주고보 3백여 명의 학생들은 조선인 학생들의 항일 항쟁의 자세를 만천하에 과시하기 위한 시가전을 각오하고, 오후 1시 대오를 정비하여 교문을 나섰다. 어린 학생들은 행렬의 가운데 배치하고, 대오의 전후에는 기골이 장대한 선배가 앞서고 뒤따랐다.[72)]

교문 밖에서는 이미 최태주의 연락을 받은 광주농교 학생들이 와서 대열의 뒤를 이었다. 교사들은 어쩔 바를 모르고 시위 대열 옆에서 따라가고만 있었다. 교문을 나선 시위대는 행진가를 부르며 시내로 돌진하였다.

시위대는 시가를 누비며 "조선 독립 만세"를 불렀으며, "식민지 노예교육을 철폐하라", "일본인 학교를 폐쇄하라" 등의 구호를 외치고, 응원가를 목이 터져라 하고 부르며, 행진을 계속했다. 조선 학생들의 사기는 충천했다. 학생들의 시위는 이제는 광주시민들도 참여하는 대시위로 발전하였던 것이다.[73)]

광주학생의 가두행동대는 충장로를 거쳐 광주역을 경유 광주중학을 습격할 계획이었다. 이에 경찰은 소방대는 물론 재향군인들까지 동원하여 강력한 저항선을 구축하였기에 진로를 바꾸워 일본

---

72) 정세현, 抗日學生民族運動史硏究, 一志社, 1975, 345면.

73) 光州學生運動同志會, 같은 책, 88면.

인 소학교(지금의 중앙초등학교)를 돌아 광주중학으로 다시 진격하려 했으나 이 역시 실패하고 충장로→우체국→도청 옆 상품진열관 부근에 이르자, 전남사범학교생 100여 명이 학교측의 저지선을 뚫고 학교 담을 뛰어넘어 시위대열에 합세하였다.

광주 학생 가두 행동대는 도립병원 쪽으로 나와 다시 광주중학의 습격을 시도했으나 경찰, 소방대 등의 완강한 방어에 부딪치게 되었고, 그들은 학생들이 소지한 장작, 몽둥이 등을 탈취하려고 했으나 또한 실패하고 말았다.[74)]

시위 행동대는 가두에서의 강력한 제지와 해산명령 등을 아랑곳하지 않고, 금동(金洞)을 지나 부동정(不動町)을 거쳐 광주고보로 돌아왔는데, 농업교생, 광주사범생 등은 교문에서 해산을 하고 고보생들은 강당에 집결하여 김향남(5학년)·오쾌일(4학년)·정명섭(4학년) 등이 차례로 등단하여 부상자 문제, 금후의 연결방향 등을 결의하고 대오를 지어 귀가했던 것이다.

당일 박상기(朴相琦)·최상을(崔相乙) 등 30여 명은 광주역에서 일인순사 2명을 구타하였고, 광주중학생 12명에게 부상을 입혔으며, 소시장 앞에서는 일본 순사를 집단 구타했다.[75)] 이러한 사건으로 11월 3일 가두투쟁에서 광주고보생 39명과 농업교생 1명이 구속되는 결과를 초래했다.[76)]

당시 광주지역 시위내용을 소개한 신문들은 11월 3일의 시위를 서기 1919년 3.1운동 이후 가장 큰 사건으로 기사를 작성하였다. 그 후 전남·서울을 중심으로 확산되어 전국에서 당일의 대규모

---

74) 정세현, 같은 책, 345면.

75) 양동주, 같은 책, 111~116면.

76) 조선총독부 학무국, '전라남도 광주에 있어서의 내선인 생도 투쟁 사건의 진상 및이의 선내(鮮內)에 학교에 미친 영향', 1930. 2. 7~8면, 독립운동사 제9권 학생독립운동사 편집위원회, 같은 책, 540면, 재인용.

시위가 어떻게 보여졌는가를 상세하게 알려 주는 대목이라고 하겠다.

여론이 비등해지자 총독부 당국도 사태의 심각성을 인식하고 보도를 금지시키기까지 하였다. 단순한 조 · 일학생간의 차별의식에 따른 반일감정에서, 한민족 의식을 바탕으로 한 식민지 노예교육 · 민족동화교육의 철폐를 위한 학생들의 저항의 몸부림은, 맹휴투쟁에서 한 단계 나아가 집단적이고 적극적인 가두 투쟁으로 발전하였던 것이다.

3. 제2차 시위운동 : 투쟁의 공동 전선화

광주지역의 각 학교 당국은 당시 11월 3일 도 당국은 시위운동과 관련하여 내렸던 3일간의 휴교 조치를 9일까지로 연장하였다. 광주 시내 주요 거점에는 무장경찰이 배치되어 험악하였으며, 조선 학생들이 4,5명만 모여 있어도 닥치는 대로 검거하여, 일반 민중들에게는 불안과 공포 그대로였다. 더욱이 4일 오후 5시부터는 전도에 걸쳐 검거 열풍이 11일까지 계속되었다. 그리하여 조선인 학생을 검거하여 60여명이 구속되었다. 한편 광주의 학생시위와 이로 인한 대규모의 학생검거 사실은 언론을 통해 전국에 알려져 큰 반향을 일으켰다.[77] 6.10만세 운동이후 학생의 시가행진과 대규모 학생 검거는 초유의 사태였기 때문이었다.

11월 7일 서울의 조선학생과학연구회와 중앙청년동맹에서 파견한 권유근과 부건은, 강영석, 장석천과 회담하여 사태를 파악한 후, 시위운동을 전국적으로 확대하자는데 의견을 모으고, 강영

77) 동아일보와 조선일보는 사태의 보도 뿐만 아니라 광주지역의 조 · 일학생 충돌과 학생 검거에 관한 일제의 정책을 우려하는 사설을 싣고 있었다. 조선일보 1929년 11월 5일자 사설, 동아일보 1929년 11월 6일자 사설 참조.

석, 권유근은 이를 추진하기 위해 8일 상경하였다.[78] 이어 11월 9일 장석천은 신간회(新幹會)에서 현지조사를 위해 광주에 온 허헌, 황상규, 김병로를 만나 전국적인 시위운동과 신간회의 자금지원에 합의하였다.[79] 이로써 서울지역 학생, 기성 사회단체와의 연계투쟁 계획이 수립된 것이다. 이것은 바로 광주의 학생시위가 광주라는 지역적 한계를 넘어 전국적인 시위운동으로 발전하는 계기가 마련된 것을 의미하고 있다. 이후 광주에서의 시위계획이 본격적으로 추진되었다. 중앙청년동맹에서 파견된 부건[80]은 광주에 잔류하면서, 광주고보, 광주농교, 전남사범학교 등 각 학교의 기숙사를 방문하여, 학생들의 맹휴 참가를 독려하다가 광주경찰서에 검거되었다.[81]

한편 장재성은 전남 청년연맹 간부들과의 합의에 따라, 9일 학생들에게 배부할 전단을 작성하였다. 내용인 즉, '학생 대중이여! 궐기하라'는 제목하에 '검거된 자를 우리의 힘으로 탈환하자!', '교내 경찰관 침입을 절대 반대하자', '교내외에서 언론 · 집회 · 결사 · 출판의 자유를 획득하자!', '조선인 본위의 교육제도를 확립하자!', '식민지 노예교육의 제도를 철폐하자!', '사회과학 연구의 자유를 획득하자!'는 것 등이었다. 이어 10일 밤은 광주고보의 오쾌일, 이영범, 전남사범학교의 이신형, 황상남, 농업학교의 조길룡, 김남철, 정욱 등 3개교의 독서회 중심인물들을 소집

---

78) 강석원과 권유근은 서울 경신학교 동문 관계였다.

79) 김성민, '광주학생운동의 확산과 서울지역 시위의 성격', 한국독립운동사연구 20집, 한국독립운동사연구소, 2003, 219~220면.

80) 부건은 일명 부병준으로 제주도 신좌면 출신, 서울 중앙고보에 입학하여 3학년을 중퇴한 후 일본대학 전문부 경제과 입학했으나 23세 때 서울로 와서 조선청년총동맹과 중앙총연맹에 가입하여 서무부원으로 활약하였다.(제주도, 제주도 항일독립운동사, 1996, 691면)

81) 제주도, 같은 책, 691면.

하였다. 이들은 임시휴교가 끝나는 11월의 수업 시작 시간을 기해 광주고보, 전남사범학교, 광주농업학교의 3개교가 일제히 선전 전단을 살포하고 시위운동을 감행하기로 정하였다. 앞에 말한 장재성 작성의 원고는 오쾌일의 책임하에 인쇄, 조길룡, 이신형을 통해 학생들에게 전달하기로 하였다. 이로보면 제2차 시위운동은 이상 언급한 3개교의 독서회 회원들을 중심으로 준비되었음을 인식할 수 있다.

이러한 장재성의 준비와는 별도로 장석천은 11월 10일 밤, 김향남 등 광주고보생 6명을 규합하여 시위운동의 계획을 추진하였다.[82] 이 자리에서 장재성이 거사일을 11로 약정하였음을 알게 된 장석천은 거사일을 그다음 날인 12일로 변경하도록 지시하였다.

거사일이 12일로 변경되자 장재성은 다시 11일 오전 일반 민중에게 배포할 목적으로 '조선 민중이여, 궐기하자!' 라는 제목의 원고를 작성하였다. 동일 오전에는 장재성, 장석천, 박오봉, 강석원, 나승규가 모여 시위 운동을 협의하였다. 이 자리에서 장재성은 미리 작성한 원고를 보이며, 기회를 잃지 말고 선전 전단을 인쇄 배부하여, 학생들의 시위운동을 전개해야 함을 역설했고, 참석자들은 결국 12일 수업 개시 시간에 거사하기로 결정하였다. 이에 따라 장재성이 오쾌일에게 격문 원고를 넘기고, 또한 오쾌일은 독서회 학우들과 함께 4종의 선전 문단 4천부를 인쇄하였다. 인쇄된 전단은 조길룡, 김안진, 강민섭 등의 독서회원을 통해 광주고보와 농업학교의 학생들에게 배부되었다.

11일 밤, 장재성, 장석천, 강석원, 박오봉, 국채진 등은 강석원의 매형인 조지남의 집에 모여 광주의 시위운동을 전국적으로 확

82) '장석천 제4회 신문조서, 1938년 1월 15일 광주경찰서, 국사편찬위원회, 한국독립운동사자료집 50, 39면.

산시키기 위해 각자의 역할을 다음과 같이 하였다.

장재성, 장석천→학생측의 선동

박오봉→인쇄 직공 등 노동자 선동

강석원, 국채진→타지방의 동지들과 연락

장석천은 역할 분담에 따라, 11일 밤 농업학교생 조길룡과 광주고보생 김향남에게 12일 수업 개시와 동시에 시위운동을 감행할 것, 학생 전원이 체포, 구속될 때까지 시위운동을 감행할 것, 형무소 앞까지 행진하여 함성을 질러 형무소 수감자들에게 용기를 줄 것을 지시하였다.[83] 장석천은 12일의 시위 이후 16일 상경하여 서울지역 시위를 추진하는데 중요한 역할을 담당하였다.

거사 당일인 12일, 김남철, 박종주 등은 조길룡을 통해 받은 격문을 교실에 살포하여 시위를 격발 시켰다. 광주고보에서는 장석천의 지시를 받은 김향남이 5학년 을조(2반) 교실에서 학생들을 움직여 시위운동을 개시하였다. 계획대로 광주고보와 광주농교의 학생들은 수업개시와 동시에 일제히 교문을 박차고 나가 시가행진을 전개하였다. 그 과정에서 독서회원들을 통해 미리 배부한 격문이 시가지에 살포되었고, 학생들의 시가행진은 성공적으로 진행될 수 있었다.

이와같이 시위 운동에 성공할 수 있었던 것은, 전해인 서기 1928년 맹휴과정에서 조직적인 투쟁경험과 11월 3일 시가행진의 경험, 그리고 그동안의 과정에서 독서회원들의 주도적인 할동을 배제할 수 없을 것이다. 특히 독서회원들은 격문의 인쇄, 배포 뿐만 아니라 12일 당일의 시위 추동 및 행진을 주도하였음을 우리는 깊히 인식해야 할 것이다.

학생들의 시위는 전남청년연맹 소속의 광주지역 청년활동가들의

83) 국사편판위원회, 독립운동사자료 13, 1702면.

계획하에 진행되었다. 그것은 독서회를 지도했던 장재성을 매개로 하여 광주지역이 청년조직이 참여했기 때문이다. 이들은 역할을 분담하여 조직적인 학생시위를 추진하였다. 더욱이 이들은 서울의 조선청년총연맹, 신간회 등과 연계하여 전국적인 학생 시위를 추진함으로써, 운동의 확산에 결정적인 역할을 하였다.

광주에서 벌어진 조·일 학생 간의 충돌과 대규모 검거 사태, 이에 항거하는 시위 투쟁은 전국의 학생들에게 '광주 구속 학생 석방'이라는 공통적인 투쟁 구호를 제시해 준 것이었다. 이러한 구호는 '식민지 철폐', '조선인 본위의 교육 실시' 등이 고조되었던 맹휴 조건과 맞물리면서, 일제 식민지통치에 대한 전국적인 항쟁으로 발전하는 원동력이 되었던 것이다.

11월 12일 당일 광주에서 전개된 시위운동에는 4종의 격문이 제작 배포되었다. 그중 3종은 학생을 대상으로 하고, 1종은 일반인을 대상으로 한 것이었다.

이들 격문에서 대체적으로 학생들은 먼저 구속 학생의 즉각적인 석방을 요구하고 있었다. 그 외 요구 조건들은 대체로 서기 1927년 이후 전국적인 맹휴과정에서 지속적으로 제기된 문제였다. 이는 광주고보와 광주농교의 맹휴 당시에도 제기된 바 있었다. 서기 1928년의 광주고보의 맹휴 당시에는 교우회의 자치권 획득에 머물렀으나, 수업료와 교유회비 철폐로까지 발전하고 있는 것을 볼 수 있다. 직원회의에 학생대표의 참석 요구는 서기 1928년 전국적 학생맹휴 당시 일부 학교에서 요구된 조건이었다. 그 외 사회과학 연구의 자유, 언론·집회·출판·결사의 자유가 요구되고 있었다. 서기 1928년 이후 사회과학 연구에 대한 당국의 취체가 강화되고 있었던 상황의 반영이라고 보아야 할 것이다.

서기 1928년 광주고보의 맹휴 당시 제기되지 않았던 전국 학생

대표자대회 개최요구가 포함된 것은 전국적인 동조 시위를 전망한 주도 측의 의도가 반영된 것으로 보여진다.

일반 민중에 배포된 격문은 이와는 달리 일반 사회의 반응에 대항한 성격이 강하였다. 격문의 내용을 보면 다음과 같다.[84)]

조선민중이여, 궐기하라! / 청년대중이여, 죽음을 초월하여 투쟁으로! / 검거자를 즉시 석방하라! 검거자를 탈환하자! / 재향군인단의 비상소집에 절대 반대하라! / 경계망을 즉시 철회하라! / 소방대 청년단을 즉시 해산하라! / 만행의 光中을 폐쇄하라! / 기성 학부형위원회를 분쇄하자! 학부형대회를 즉시 소집하라! 언론 · 집회 · 결사 · 출판의 자유를 획득하자!

여기서 '재향군인단의 비상 소집에 절대 반대하라', '소방대 청년단을 즉시 해산하라' 등의 요구는 11월 3일 시위 당시의 상황을 반영한 것이다.

우리는 이제 12일 당시 광주여자고등보통학교와 전남사범학교의 경우를 인식하고자 한다.

광주여자고보는 12일 오전중 첫 수업이 끝날 무렵에, 교문 밖에는 광주고보의 시위대들이 몰려와 함성을 지르며 격문을 살포하고 공통 투쟁을 촉구했다. 이에 응하여 광주여자고보생들은 일제히 교실에서 뛰쳐나와 교문 밖으로 나가려 했으나 경찰과 학교 당국의 제지로 교정에서만 기세를 올렸다. 그러나 여고보생들은 다음날인 13일부터는 동맹휴교의 상태로 들어갔던 바, 14일의 출석자는 6명 뿐, 15일에는 겨우 54명만이 출석하였다.[85)]

한편 전남사범학교에서는 11월 3일 시위에는 상당 수의 학생이

84) 姜在彦, 光州抗日學生事件資料, 155면.
85) 독립운동사 제9권 학생운동사 편찬위원회, 같은 책 544면.

참여했으나, 12일의 시위 당시 광주고보, 광주농교의 학생들이 달려왔을 때는 수업중이었다. 약 30명의 시위학생들이 사범학교 교내에 뛰어들어 시위에 대한 가세를 촉구했으나 수업을 하고 있던 교사들의 극력 제지로 좌절되었다. 당시 3학년 학생들은 교생으로 부속보통학교에 실습 중이었다. 제2교시가 끝나고 30명의 교생들이 본교로 몰려와 시위의 동기를 학교장에게 질문하는 등, 동요를 보이자, 학교장은 교생들의 행동을 적극 저지하기 위하여 실습을 중단하고 말았다.[86]

4. 각계의 학생운동 지원

일제 경찰당국은 당시의 사건 발단의 책임이 조선 학생으로부터 연유된다는 사실을 밝히고 광주학생들이 벌인 행동을 폭동으로 규정하였다. 배후에는 일제가 필요할 때마다 사용하는 이른바 위험사상을 조종한 것이라고 모략하는 내용을 발표하였다.[87] 그리고는 일제는 광주학생운동의 주동자에 대하여 모든 수단과 법을 적용하여 중형을 가하는 방향으로 몰고 나갔다. 이에 대하여 신간회(新幹會)를 비롯한 민족 진영에서는 학생의 구출을 백방으로 노력을 폈다. 그 중에서 당시 경성에서 개업 중이던 김병로(金炳魯) · 이인(李仁) · 김용무(金用茂) · 이창휘(李昌輝) · 강세형(姜世馨) 등 변호사들은 무료로 광주학생을 위하여 변론해 주기로 결정하였다.[88]

그러나 학생 주동자에 대한 재판은 불공정했고 변호사들이 신청한 증인도 모두 기각하는 상황이었다.[89] 이러한 사실들은 일제가

86) 위의 책, 545면.
87) 조선일보, 1929년 12월 28일 호외 관련기사 참조.
88) 동아일보, 1930년 2월 13일자 관련기사 참조.
89) 조선일보, 1930년 2월 22일자 관련기사 참조.

조선 학생들의 독립운동에 대한 철저히 보복하겠다는 것을 의미한다. 한편 형무소에 수감된 주동학생들의 학부형들도 개별적인 구출행동을 지양하고 '재감학생부형회'를 만들어 상호협력하기로 하고 결의하기도 하였다.[90)]

제3절 광주학생운동의 전국적 확대

광주학생운동이라는 민족의 불길은 일제의 보도 통제로 인하여, 입에서 입으로 전하여지면서 우선 가까운 전남지역으로 그리고는 전국적으로 전파되기 시작했다.

1. 전남지역으로의 확산

도내에서 가장 먼저 궐기한 것은 목포상업학교 조선인 학생들이었다. 당시 목포상업학교는 조선인 121명, 일본인 학생 130명의 조일 공학제의 학교였다.

광주지역에서 학생시위가 일어나자, 당시 목포상업학교 당국에서는 광주학생과 목포학생 간의 교우관계, 서신 연락에 대하여 엄중한 감시를 하고, 학부형들에게도 미리 통첩을 내어 광주에의 동조를 예방하기 위한 사찰적 조치를 강구하기에 여념이 없었다. 그런데 그 당시 목포상업학교에는 이미 독서회가 조직되어 사회과학을 공부하고 있었다.

11월 18일 밤 학교장에게는 19일 0시를 기하여, 조선인 학생들이 시위에 들어갈 것이라는 제보가 있었다. 학교 당국은 긴장하여 19일 아침, 평소부터 민족사상의 취향이 짙은 3학년 6명, 4학년 3

90) 조선일보, 1930년 8월 9일 관련기사 참조.

명, 5학년 3명 등 이른바 요주의 학생들을 '훈계'란 명목으로 불러 협박을 가해 행동제한을 하고, 학생 시위의 예방에 비상태세를 갖추고 있었다.[91)]

이러한 상황 속에서 독서회원들은 11월 3일 1차 광주학생시위 사실을 논의한 결과, 진상파악을 위해 대표를 파견하기로 하였다. 11월 9일 5학년 최창호(崔昌鎬)와 3학년 이인형이 광주에 파견되었다. 그 다음 날인 11월 10일 이들은 장재성이 경영하는 빵집을 방문하여 장재성과 면담하였다.[92)]

장재성은 이들에게 투쟁결의를 밝히고 협력을 부탁하였다. 이들은 목포에 돌아와 독서회 회원들과 협의한 결과, 19일 목포상교의 조선인 학생을 규합하여 구속학생석방을 요구하는 동조시위를 전개하기로 결정하였다. 시위방법은 학생을 3개대로 편성하여, 2대는 학교 앞에서, 1대는 송도공원에 집합하여, 선전격문을 살포하면서 시위진행하기로 하였다.

이들은 이인형의 기초로 "2천만 피압박 만중 제군이여!"라는 격문 등 3종 약 1,500매를 제작하였다. 19일 거사 당일 예정대로 50여 명이 정명여학교 앞에 집결하여 적색 대기를 앞세우고 선전격문과 태극기를 살포하며, 목포역전까지 시내를 시위행진하였다. 송도공원에서 준비중이던 1대는 경찰의 제지로 격문만을 살포한 채 시위에는 이르지 못하였다.[93)] 이들은 학교측이 경찰에 연락하는 것을 막기 위해 전선을 절단하는 치밀함을 보이기도 하였다.

11월 27일에는 나주에서도 동조시위가 전개되었다. 조 · 일 학생충돌의 장본인 광주고보 박준채의 내종으로 박준채의 집에 기거

---

91) 독립운동사 제9권 학생운동사 편찬위원회, 같은 책 566면.

92) 동아일보, 1930년 3월 15일자 관련 기사 참조.

93) 독립운동사 제9권 학생운동사 편집위원회, 같은 책, 566면.

하던 나주농업보습학교 2학년 유찬옥(柳贊玉;16세)이 광주학생들의 시위사실을 전해듣고 동조시위를 계획한 것이다. 그녀는 나주청년동맹 검사위원장이자 신간회 나주지회 서기장인 박공근(朴恭根)에게 협조를 구하였다. 이리하여 이들은 나주농업보습학교와 나주보통학교 학생의 연합시위를 계획하였다. 거사일을 27일의 장날로 정하고 유찬옥이 격문을 기초하여, "대중이여! 학생 제군이여! 아는가? 우리들이 얼마나 강압과 폭압을 받고 있는가를"이라는 격문과 행동강령을 적은 삐라 약 2천부를 제작하였다. 거사 당일 농업보습학교 47명의 학생과 나주보통학교 130여 명의 학생이 일제히 교문을 나와 대열을 이루고 나주시내를 행진하였다. 이들은 나주시장에 이르러 삐라를 살포하고 '조선민중 만세', '조선학생 만세'를 고창하였다. 시위대는 경찰과 추올하여 해산되었고, 주모자들은 체포되었다.[94)]

송정리 시립공민학교(공업보습학교) 학생들도 11월 15일 맹휴의 조짐이 있었다. 학교 당국은 이를 탐지하고 22일 휴교조치하였다. 그러나 주도학생들은 12월 2일의 장날을 기해 시위운동을 계획하고 격문을 제작하는 등 준비를 진행하였으나, 11월 30일 경찰에 발각되어 체포되고 말았다. 학교 당국은 다시 12월 2일부터 자발적으로 휴교하였다.[95)]

11월 29일에는 영산포의 영산포공립보통학교 학생들이 광주학생에 동조하여 맹휴를 전개하였다.[96)] 함평농업보습학교에서도 서기 1929년 12월 12일 일제히 동맹 휴교에 들어갔다.[97)]

94) 위의 책, 572면.
95) 姜在彦, 같은 책, 135~136면.
96) 동아일보, 1929년 12월 28일자 관련기사 참조.
97) 조선일보, 1929년 12월 28일자. 동아일보, 1930년 1월 30일자 관련 기사 참조.

2. 서울지역으로의 확산[98]

서울에서는 우선 광주학생운동 돌발 3일후 진상조사에 나섰다. 조선학생과학연구회를 중심으로한 공산주의자들도 이 사건의 진상 조사를 나섰지만, 신간회가 앞장섰다. 조병옥(趙炳玉), 김병로(金炳魯), 이인(李仁) 등이 광주에서 전남지사, 경찰국장, 광주고보 교장, 광주중학 교장 등을 만나 사건의 진상을 조사하여 공개함으로서, 12월 3일 드디어 동사 사건이 서울로 올라왔다.

그리하여 신간회 본부 각급 학교 학생회는 12월 13일 연회를 열기로 작정하였다. 그러나 이러한 계획을 미리 탐지한 경찰은 민중대회를 열기 하루 전에 간부들을 검거하기에 이르렀다. 그 결과 127명의 학생이 검거되고, 신간회의 주요 간부이며 연희전문에 재임중이던 조병옥, 이관용(李灌鎔) 두 교수는 3년 징역 언도를 받고 서대문 감옥에 투옥되었다.

서울 학생들의 시위운동을 본다면, 12월 3일에는 경성제대를 비롯 각급 학교가 궐기하여 삐라가 살포되고, 3일에는 제2고보(현, 경복고)의 맹휴를 필두로 15일까지 서울 중등학교 이상의 학생이 거의 맹휴 아니면 시위에 돌입하였다.

12월 9일에는 경신학교(儆新學校) 500여 명이 교정에 모여 광주학생운동사건에 대한 연설을 끝낸 뒤 만세를 부르며 혜화동에 이르렀다. 이때 보성고보와 동성학교 학생들도 만세를 부르며 그 기세가 등등하였다. 특히 보성고보생 1,700여 명은 등교하자마자 모두 책보를 끼고 일제히 교정에 모여들었다. 일경 수십 명이 정문을 포위하자 여러 학생들은 포위망을 뚫고 밖으로 나와 경신학교 학생들과 합류하였다. 두 학교의 학생들은 밀물 듯이 창경궁을 끼고

98) 김경식, 韓民族敎育文化史, 교육과학사, 2008, 657~661.

행진하여 종로에 다달았다. 그 때 경성제국대학으로 향하려던 일경 수백명과 충돌하여 950명의 학생이 체포되었다.[99)]

또한 12월 9일 바로 그 날, 양정고보(養正高普)에서는 전학생이 전면적으로 맹휴에 들어갔으므로, 그 때 서대문경찰서 형사대는 소위 맹휴사건의 주모자라는 누명을 씌우고 6명을 검거하였다. 당시 5학년 졸업반 학생 일부가 “며칠 안 있으면 졸업인데 나선다는 것은 경솔한 짓이다”하며 호응하지 아니하므로, “졸업장이 그토록 대단한 것인가? 졸업장 없으면 살아갈 수 없는 것인가?”하고 ‘자퇴생 수기’를 동아일보에 발표하고 졸업장을 물리친 학생도 있었다. 그 주인공이 바로 동요작가 윤석중(尹石重)이었다.[100)]

12월 15일에도 경신, 중동, 배재, 휘문, 보전, 동덕, 이화, 숙명, 정신, 배화, 여자상업, 여자미술, 경성여자실업학교, 근화여학교 등 14개교가 일제히 일어나, 가두에 뛰쳐나와 만세를 높이 부르기도 하고 통곡하기도 하였다. 그 때 시내 경관이 총동원하여 400여 명을 체포하고 그 중 200여 명을 서대문형무소에 투옥시켰다.

이 때 총독부 학무과는 이미 12월 11일에 배제, 이화 등에 대해서는 휴교를 명한 상태였고, 다시 12월 26일에는 학생들의 동요를 막기 위한 수습책으로 시내 각급 사립학교장을 불렀던 바, 교장들은 한결같이 학생들에게 벌을 주는 것이 옳지 않다고 항변하였다.

서울의 시위행렬이 있는 후, 서기 1930년 1월 12일에는 평양의 숭실전문(崇實專門)을 비롯한 숭중, 숭의여학교, 광성학교 등에서 1,600여 명의 학생이 만세시위를 전개하면서 태극기를 흔들었다. 함흥의 영생학교 학생들은 일본제국주의 근성과 광주학생사건의 진상을 탄핵하였다. 그리고 전북의 고창고보(高敞高普) 학생들은

99) 儆新中 · 高等學校, 儆新八十年史, 153면.
100) 養正中 · 高等學校, 養正의 얼굴, 47~48면.

3.1운동 때의 독립선언서를 거리에 살포하였다. 이 사이 개성, 인천, 부산, 진주, 대구, 재령 등 전국 곳곳의 학교 특히 사립학교 가운데 동맹휴학을 일으키지 않는 학교가 하나도 없었다. 심지어 보통학교 학생들까지도 봉기하여 태극기를 높이 들고 독립만세를 불렀다.

다시 서울의 학생 지도자들은 서기 1930년 1월 15일을 기하여 종로 네거리에서 일제를 탄핵하는 시위를 전개하기로 협의하여 오전 중에 동원된 학교는 보성전문, 휘문고보, 정신학교, 동덕여고보, 경성여자실전, 숙명고녀, 배화고녀, 여자상업학교, 이화고녀, 배제고보, 근화학교였다.

또한 동년 1월 15일 오전 10시 보성전문 200여 학생들은 교정에 모여 광주학생사건에 관련된 학생들의 석방을 부르짖고 교문 밖으로 나오려 하였으나, 경찰의 제지로 뜻을 이루지 못했다. 그러나 이들은 조선총독, 동경의 내각, 문부성에 전보를 쳐 진정하기로 결의하고 흩어졌다. 그 결과 상과 2년생 이원홍(李源弘) 등 15명이 종로서에 검거되었다. 한편 교장 박승빈(朴勝彬)은 총독부 학무국에 호출당하여 주모자를 처벌하라는 통고를 받았으나, 동 교장은 백방으로 당국과 절충하여, 주모자 학생 4명의 무기정학으로 수습되었다.

15일 당일 이화여고보 400여 학생들도 만세를 부르며 교문 밖으로 나가려 했으나, 경찰에 진압되었다. 그 결과 55명의 학생이 취조를 받았다. 동일 배재고보 학생들은 경찰의 철통같은 경계를 뚫고, 교문 박으로 나오다가 경찰 기마대의 추격으로 200여 명이 검거되었다. 동덕여학교의 400여 명의 학생들은 그 날 오전 9시 반쯤에 교정에서 만세를 부르며 일제히 눈물을 흘리면서 통곡을 하였기 때문에 길가는 사람들은 문득 발길을 멈추고 눈물을 머금케

하였다. 또한 동일 배화여고보 200여 명, 정신여학교 90여 명, 휘문고보 750여 명, 이화여고보 260여 명, 중동중학교 1,400여 명, 진명여학교 190여 명도 경찰의 철통같은 경계망과 "나오면 쏜다"는 위협에 교정에 모여 독립만세를 울면서 불렀다. 대구의 시위운동은 각 학교의 학생대표를 고향에 돌려보내면서 사전에 좌절시켰다.

1월 17일에는 원산 청년학관 학생 160여 명이 교정에 모여서 만세를 높이 부르고 교문을 나와 누씨여학교(樓氏女學校)에 이르러 그 학교 학생 150명과 합세하여 시가지로 나와 만세를 부르며 격문(檄文) 수 천장을 뿌렸다. 그리하여 경찰은 청년학생관 학생 전원과 누씨여학교 학생 60여 명을 검거, 취조하였다.

1월 18일에는 정주 오산보생 300여 명이 만세 시위를 하였으며, 그 중 10여 명이 검거되었다. 당시 연희전문 학생회에서도 이 운동을 적극 성원하고 일제의 살인정책을 규탄하였다. 그리고는 식민지 노예교육의 탄압에 항거하기 위하여 전교생 116명의 이름으로 맹휴에 들어갔다.[101] 광주학생운동을 전후해서 학생들의 일제 식민지교육에 대한 부정은 반일적 동맹휴학으로 나타났는데, 서기 1925년에 55건이었던 것이 서기 1929년 78건, 1930년 107건에 이르렀다.

이와 같이 광주고보 학생사건을 계기로 전국의 학생이 총 궐기하여 "일제 물러거라", "우리에게 학원의 자유를 달라"고 부르짖던 이 운동에 참가교가 194개교(소학교 54개교, 중학교 136개교, 전문학교 4개교, 학생 수는 5만 4천여 명에 이르렀다. 그러나 퇴학자가 582명, 무기정학자 2,330명, 피검거자 1,642명이었다.

이 중에서 특히 관 · 공립학교에서 퇴학을 당한 학생에게는 일제의 감시를 피해 가며, 사학에서 편입시켜주는 경우도 없지 않았다.

101) 동아일보, 1930년 2월 1~2일자 관련기사 참조.

양정고보 같은 데서는 광복이 되기 전까지는 일제의 눈이 무서워 일반에게 알려지지 않는 사실이 있었다. 바로 그것은 다름이 아니라 광주학생사건의 도화선이 되었던 일본인 학생에게 모용을 당한 광주여고보 박기옥의 동생 박준채(朴準埰 ; 조선대 교수 역임)와 함께 희생된 김만섭(金晩燮; 전 군의관), 공주고보에서 퇴학처분을 당한 전용갑(田溶甲; 광업 종사), 이정주(李廷柱; 상업종사) · 윤희병(尹羲炳; 상업종사) · 김성식(金盛植; 공주사범학교장 역임) 등과 함께 양정고보 3학년에 편입하여 서기 1933년3월에 졸업한 경우이다. 이와 같이 희생된 학생을 갱생의 길로 인도해준 이는 바로 양정고보 교사 김연창(金淵昌)이었다.[102)]

또한 일본인 학생에게 희롱을 당하고 퇴학을 당했던 광주여고보의 이광춘(李光春), 박기옥(朴己玉), 장매성(張梅性) 등은 늘 모교의 졸업장을 갖지 모한 아쉬움을 느껴 오던 중 서기 1958년 11월 3일 제5회 '학생의 날' 에 전남여고(광주여고보 후신)에서 명예 졸업장을 받았다.

광주학생사건은 3.1운동 이후 가장 규모가 큰 학생운동이었을 뿐만아니라, 학생운동으로서는 직접적이고 행동적인 운동으로서의 첫 계단이 되었던 것이다. 동 사건은 결코 우발적인 것이 아니라, 민족의 양심을 촉진하기 위하여 일어난 필연적인 귀결이라 할 때, 학생운동으로서의 그 의의는 전례가 없는 것이다. 뿐만 아니라 광주학생사건은 일제의 이른바 문화정책의 하나로서 조선학생의 교육적 기회를 일본인과 마찬가지로 대우한다고 한 사이비 교육이 수포화되었음을 인식할 수 있다. 또한 동 운동은 일본인 교사가 조선인 학생을 가르칠 권리나 자격이 없었다는 것을 증명했다.

광주학생운동을 치른 서기 1930년대부터는 우리나라 모든 작가

---

102) 養正中 · 高等學校, 같은 책, 48면.

들도 민족의식을 문학적으로 반영한 방향으로 전진하였기 때문에 학생들에게는 더욱 큰 자극을 주었다. 일제의 탄압은 더욱 더 혹심해 갔으나 조선학생의 민족적 양심은 더욱 활발하였다. 우리의 민족학교와 일본인 학교가 가까이 있는 곳에서는 어디에서든지 두 민족 학생의 충돌이 일어났다. 그러나 민족의 광복을 총 지휘하던 신간회는 광주학생사건을 계기로 간부들은 모두 일경에 검거되고, 그 운영조차 곤란한 지경에 이르렀다. 그러다가 만주사변이 일어났던 서기 1931년에 해산당하게 되었으니, 민족으로서는 큰 손실이 아닐 수 없었다.

광주학생 항일운동은 서기 1920년대로 접어들면서, 일제가 실시했던 앞에 언급한 이른바 문화정치에 대한 일침이었으며, 우리 민족이 추구해 왔던 실력배양운동에 대한 민족교육의 성과가 가져다 준 소산이었다. 뿐만아니라 학생들의 항일구국운동은 한반도라는 지역적 국한성을 벗어나, 한민족이 거주하는 곳이면 세계 어느 곳이든 활발하게 전개되었다. 중국에서는 상해는 물론 동북 3성, 일본의 동경, 미국의 하와이에서도 독립만세 시위운동이 일어나 범민족적으로 승화 발전하였던 것이다.

이러한 관점에서, 광주학생사건은 한국교육사 내지 한국학생운동사에 있어서, 커다란 페이지를 차지해야 할 것이다. 실로 한국현대교육사는 학생들의 정열과 피로써 민족의 혼과 체면을 지켜왔다고 해도 과언이 아닐 것이다. 그러기 때문에 오늘날 대한민국은 서기 1953년 10월 문교부령으로 광주학생운동이 발발했던 11월 3일을 '학생의 날'로서 기념하게 되었다.

제4장 교육구국 · 사회교육운동

제1절 구국교육운동 : 흥동장학회(興東奬學會)

1. 흥동장학계의 기본적 인식[1)]

서기 1910년 일제의 강제적인 힘에 의한 국권 상실 이후 더욱더 거세진 항일민족운동이 전개되었음을 우리의 독립운동사에서 얼마든지 볼 수 있는 장면이다. 독립운동의 양상은 무력투쟁, 교육운동, 계몽운동 등 여러 가지를 볼 수 있다. 그러나 농촌의 면(面)단위 유지들이 중심이 되어 타 지역 인사들과 합치하여, 비밀리 계를 조직하고 독립운동자금을 모금하여, 이를 재중국 독립운동단체에 군자금을 전달하며, 한편 자금의 일부로 지방인의 교육에 힘쓰는 경우가 있었으니, 그것이 바로 흥동장학회의 활동이다.

흥동장학계(興東奬學契)는 전북 고창군 성내면(星內面)을 중심으로 서기1914년에 조직되었던 비밀소식었넌 바, 서기 1910년대 항일운동의 관련 속에서 태동하였다.

일제하 통한에 서린 이 고장의 애국지사들이 표면으로는 교육에 명목을 두고, 이면으로는 항일투쟁과 그 군자금을 지원하기 위한 비밀결사를 하기 위해, 비밀리에 부안군 내소사의 청련암에서 김성수, 송진우, 백관수, 이석열 등이 망국의 타개책을 숙의한 바 있

---

1) 본 절은 김경식, 《고창의 교육》 고창군, (1995 : 고창군 연구지원에 의하여 이루어짐) 218~225면.
김경식, 《고창의 교육문화》 – 그 심층적 탐구 –, 강현출판사, 2015, 218~231면 참조.
김경식, 《韓民族敎育文化史》, 교육과학사, 2008, 588~591면 참조.

었다.

즉, 1914년에 교이극일(敎而克日)의 사상으로 면학할 것과 독립운동을 목적으로, 백낙윤(白樂允), 이순열(李舜烈), 황상익(黃尙翼), 백관수(白寬洙), 이휴열(李休烈), 이갑수(李甲洙), 황서구(黃瑞九) 등이 발기, 계를 조직하여 '흥동장학계'라 가칭하고 성내지역을 중심으로 의기상합(義氣相合)한 인사가 각지에서 모여 96명의 계원을 확보했다.

이리하여 계원들은 계비(契費)를 출연하여 거대한 기금을 조성하게 되었다. 그 일부는 항일 독립운동의 자금으로 극비에 지원하면서, 한편 그 기금의 일부로 전답과 임야 등을 구입하여 기본재산을 마련하고 장학사업을 벌였다. 그러므로 본 계의 주요활동은 항일 독립운동의 자금조달과 장학활동이라 하겠다.

본계는 서기 1931년에는 성내면 양계리 운등산 기슭에 장학당(獎學堂; 와가 4간)과 그 부속건물 고직사, 창고 등을 건립하였다.

본계의 계원을 중심으로한 상해임시정부(上海臨時政府) 군자금을 모집하는 조직인 국내부 호남지부 본부가 장학당 내에 있게 되었다. 그리하여 호남 일대의 군자금은 이곳으로 집결되었다.

당시 흥동장학계원을 중심으로 한 정치결사 조직의 명단을 장학당 옆 대한독립운동 사적비가 말해주고 있다. 즉, 감독 노진용, 부감독 오의균, 재무의원 이휴열, 황종관 그리고 고문으로는 강대직, 이석열, 나홍균, 이종탁, 이강열, 신용수, 이철환, 홍종화, 이우철, 이봉헌, 김양편, 백락일, 진신원, 박전동이었다. 당시 군자금 모집과 조달 명세에 관한 문서는 계원 노진용, 이석열 등이 검찰에 피검되어 신변의 우려가 있어 비장하여, 광복 후에까지 있었으나 서기 1950년 6.25 동란 중에 분실되었다.

본계원 중 후일 독립운동 유공자로 정부에서 포상을 받은 자는 다음과 같다.

◆ 노진용 서기 1980년 건국포상 추서

◆ 이석열 서기 1983년 대통령 표창

◆ 이종택 서기 1982년 대통령 표창

◆ 이종수 서기 1986년 대통령 표창

본 계의 기본재산은 광복 후 토지분배 등 관계로 많이 없어졌으나, 계원 자손들이 겨우 장학당만은 유지하고 있다.

장학활동 면에서는 우선 본 계원의 자녀에 대해서 보통학교 6학년 통학시에 장학금 5원을 지급하고, 계원 자녀이 외의 우수한 극빈자에게도 장학금을 지급하였다.

이 무렵 우매한 농민들은 신교육에 대한 기피경향이 있었고, 또한 자녀의 교육비도 그들의 사정에서는 큰 부담이 되었다. 한편 서기 1912년 부안면 오산리에 일본인 기독교 장로 마스토미가 '흥덕학원'을 창설하여 신교육 활동을 하고 있었으나, 이 학교를 서기 1919년에 폐교하고 다시 '오산보통학교'를 설립하여 교육활동을 계속하고 있으나, 성내면 지역의 학생들은 부득이 이 학교에까지 통학을 해야 했다. 이러한 당시의 상황에서 본 흥동장학계는 서기 1922년 3월 25일 사립 성내보통학교를 설립하고, 초대 교장으로 이순열(李舜烈)을 추대하였다. 한편 청년회관도 건립하여 청년들의 심신 단련에 공헌하기도 하였다.

사립 성내보통학교는 2년 후인 서기 1924년 3월 19일에 성내공립보통학교로 개칭되어 3학급 편성으로 동년 4월 21일 개교하였다. 이는 오늘 성내초등학교의 시원을 이루고 있다.

또한 이휴열은 학위를 얻기 위한 연구비 지원도 아끼지 않고 개인 부담한 것이 많았다. 특히 서형남 의학박사, 조정만 공학박사는 고창고보 출신으로 일제 말기에 이름있는 수재들이었다. 조정만은 고창 태생으로 고창의 토박이지만 서형남은 광주 출신으로 평양숭실학교에서 고창고보로 편입된 학생이었다. 이로 보면 인재를 기르는 데는 고향 출신을 따지지 않았다는 것을 알 수 있다.

그리고 흥동장학계는 항일 합법투쟁의 하나로 대한노총의 서정희를 내세워, 조선농인사(朝鮮農人社)를 조직하여 월간지를 갖고, 오늘의 농업협동조합의 사업인 구매조합과 판매조합을 전개하기도 했으나, 일제의 탄압으로 금융조합에 흡수당하고 광주학생사건 후 폐쇄 되었다.

흥동장학계는 앞에서 말한 바와 같이, 주권상실기에 항일군자금 조달과 교육을 통한 극일 사상을 실천했음은 민족사학 고창고보를 창설한 고창군민의 노력과 더불어 우리 민족교육사의 한 페이지를 장식하고 있다.

흥동장학계의 후손들을 오늘날에도 그들의 선대 유지를 받들어, 성내면 출신학생들에게 장학금을 지급하고 있으며, 그들 계원 상호간 우정은 대를 이어가고 있다.

필자의 식견이 부족해서인지는 모르겠으나, 독립자금 지원과 장학활동의 양면성을 가지고 우리 전통 협동조직인 '계(契)'의 형식을 빌어 활동한 경우는 우리 호남 내지는 전국적으로도 보기 드문 경우라고 생각된다.

2. 흥동장학계 계칙과 계원 명단

흥동장학계는 그 뒤 꾸준히 발전하면서 본계의 역할을 수행했으나, 광복 이후에 들어와서는 장학당 유지 등을 위한 활동으로 계원의 후손들에 의하여 그 명맥을 유지하고 있다. 계칙도 서기 1913

년 3월 1일 제정 이후 1993년 3월 30일 개정을 보게 되었다. 그러나 여기서는 제정 당시의 계칙 원본을 그대로 소개한다.

- 興東 獎學稧 規則 -

第一章 總 則

第一條 本稧는 興東獎學稧라 稱흠.

第二條 本稧는 位置는 高敞郡 星內面 陽桂里 (舊雲山)에 位置흠.

第三條 本稧는 本他郡道를 勿論하고 志氣相合한 人士로써 此를 組織흠.

第四條 本稧는 敎育을 目的으로흠

第二章 本稧의 機關

第五條 本稧에 左의 任員을 置하되 名譽職으로흠.

稧長 一人

副稧長 一人

庶財務 二人

評議會員 十人

第六條 稧長 副稧長은 總會에서 此를 推薦하고 其他役員은 評議會에서 此를 定흠.

第七條 稧長은 本稧를 代表하야 稧務를 總理흠.

第八條 副稧長은 稧長을 輔佐하고 稧長이 事故有 흔 時는 此를 代理흠.

第九條 庶財務는 稧長의 指揮를 受하야 稧務를 掌理흠.

第十 條 本稧의 所有土地收入을 管理하기 위하야 舍音一人을 置흠(但舍音料는 總會에서 隋 時 決定 흠)

第十一條 本稧役員의 任期는 滿 三年으로 함. 庶財務 總會時 마다

選定 홈 (滿期 再任도 無防 홈)

第十二條 本稧 元定期日은 每年 四月 末日 十一月 末日로 홈.

第十三條 本稧에 必要로 認한 事項이 有할 時는 稧長이 臨時總會를 召集함을 得홈.

第三章 決議機關

第十四條 本稧의 追入及又는 脫退에 對하야난 評議會에서 此를 決定 함 但 脫退員에 對하야 는 元出資金을 還付치 아니홈.

第十五條 本稧에 重要事項은 總會半數 以上 決議을 經하야 可決홈.

第十六條 本稧에 重要치 안코 輕微한 事件은 評議會에서 決定하고 次回總會에 此를 報告홈.

第十七條 本稧 重要事項 決議時난 必히 碁石 黑白으로 執行하되 白을 可로 黑을 否로 投函後 黑白計算하야 多數로 可決함 (但黑白 같을 時난 稧長이 此를 可決 함)

第十八條 本稧 議決事項을 改正時에 난 前會錄에 廢棄의 事由를 俱하야 稧長外 二人以上 捺印備置 홈.

第二十條 稧員 死亡時난 弔慰金 五圓 携帶하고 稧員 二人以上 必히 弔慰할 事로 홈. 契員 死亡의 當時 (但 直系相續에만 限홈)

第二十一條 本稧 稧員名簿稧員 死亡後 난 直系相續인으로 改正하야 記入 홈

第二十二條 稧員女子로 普通學校 六學年 通學時 奬學金 五圓式 給與 함 (但 稧員 自身에 限 한 女子로만 相續으로 傳之施行하고 次子 次女 子孫은 此限에 不在 홈

第 四 章 設 備

第二十三條 本稧에 左의 簿冊을 置 홈

一 稧員名簿

二 土地台帳 林野台帳

三 金穀出納簿

四 正租收納簿

五 備品台帳

六 記念植樹台帳

七 會議錄

第二十四條 本 契則은 總會 通過日로부터 此를 施行홈

昭和 八年 十二月 九日

高敞郡 星內面

德山里 白南正, 白寬洙, 白俊基,

新星里 李舜烈, 李載梧, 李休烈, 李甲洙, 李秉鎬, 李載光,
李政烈, 李秉均, 朴鍾烈, 李鋼烈, 金奎鉉,

槽東里 黃璡翼, 黃河永, 黃五翼, 黃休翼, 金滄植, 黃尙翼,
金斗煥, 黃憲九, 黃宇翼, 朴謹鎬,

陽桂里 金鎭圭, 金潤植, 金容泰, 金順京, 姜允元, 李明魯,
李鍾澤, 李鍾錫, 金台永, 李在根, 金仕文, 李鍾文,

月山里 李庸鉉, 李鍾洙, 蔡奎岩, 李在洙, 朴光郁, 金相容,
劉在祐, 金漢鍾, 蔡元中, 金燦植, 李鍾雄, 蔡承詳,

富德里 白南熇, 白樂中, 白樂衡, 白南海,

玉堤里 高郁相, 高五福, 李東範, 高光表, 高碩相, 高仁相,
李陳範, 李元白,

大興里 魯鎭龍, 魯鎭泰, 張仁植,

新大里 黃鍾基.

山林里 李明局.

東山里 尹堯植, 蔡奎元, 鄭士珍,

龍橋里 高光台, 柳共圭, 高光斗,

新大里 金樂均, 金聲均,

高敞郡 富安面 鰲山里 洪鍾澈, 李弼承, 鰲山學校 盧泰煥
鳳岩里 李馨承
高敞郡 星松面 三台里 鄭台煥,
井邑郡 所聲面 鳳陽里 崔落基,
普化里 黃鍵翼,
井邑郡 井州邑 長明里 黃旭
井邑郡 永元面 雲鶴里 黃奐翼
井邑郡 古阜面 江古里 高在衡,
井邑郡 古阜面 立石里 朴魯守,
中里 權承澈, 金箕完,
金堤郡 朴同翰

全州邑 淸水町 黃瑞九, 黃龍翼,
全南 長城郡 北二面 堂山里 邊東燮,
莘坪里 金鎭宇,
京畿道 高陽郡 崇仁面 城化里 金季洙,
黃海道 延白郡 湖南面 松野里 崔在善
京城府 桂洞 白南奎

3. 흥동장학회의 교육사적 의의

계(契)의 종류는 여러 가지 각도에서 분류되고 있지만,[2] 흥동장학계는 외형상으로 보면 교육단체로서의 학계(學契)로서 성립하고 있음을 인식할 수 있다. 학계는 그 목적으로 보면 전근대사회에서 학교제도의 발달이 흡족하지 않았던 당시에는 서당 또는 학숙(學塾)이 지방에서 유일한 교육기관이었던 관계로, 학계는 이의 설립

2) 張東燮, 前近代社會에 있어서 庶民協同體로서의 '契'에 關한 硏究, 全南大學校論文輯 第15輯 別册, 全南大學校, 1969, 15~20면.

또는 그 운영을 위해서 마련된 조직이었다. 그런데 흥동장학계도 그 계칙 제4조에서 보듯, 교육을 목적으로 조직된 계이므로, 일반적으로서 학계로서의 성격을 가지고 있음을 인식할 수 있다. 또한 지역적으로보면 고창군 성내면이 그 토대를 이루고 있지만, 일부 계원은 전북 도내에서도 전주, 정읍, 고창, 전남의 장성, 경기도의 고양군, 황해도의 연백군 그리고 경성부까지 산재하고 있음을 볼 수 있다. 이런 면에서 볼 때는 지역성 계로 인식할 수 있고, 타 지역이 있는 것을 보면 일정한 의사를 전제로 계합(契合)된 조직으로도 볼 수 있다.

흥동장학계는 외형상으로 볼 때는, 위와 같이 학계로서 장학활동 내지 학교설립에 그 역할을 다하였다. 그것은 동 계의 기금 일부를 기본재산으로 조성하여, 동 계원의 자녀들로서 초등학교 6학년생으로 이웃 면인 흥덕면 소재지 학교에 통학하는 학생에 한하여, 매달 5원의 장학금을 지급하고 또한 극빈자 출신 학생에게도 장학금을 지급한 점으로 보면, 장학활동을 벌인 점이 분명하다.

또한 동 장학사업에서 더 나아가 당시 성내면 초등교육기관이 없던 상황에서, 계 설립 8년 후인 서기 1922년 3월 25일자로 사립 성내보통학교(私立星內普通學校)를 설립한 경우를 보면, 동계의 활동이 왕성했던 것으로 보인다. 또한 청년회관을 건립하여 청년들을 수련시켰다는 것을 보면, 교육활동의 선을 넘어 사회계몽에까지 그 범위를 확대한 것이라 볼 수 있다.

이는 서기 1904년 을사늑약 이후 구국계몽운동에서 하나의 큰 흐름이었던 '실력양성' 즉 궁극적으로 민족의 실력이 있어야 독립을 달성할 수 있다고 보는 흐름에 합류하고 있다는 것이다. 그것은 동 계의 발기인 성명에서 '교이극일(教而克日) : 교육으로 일제를 이김) 사상으로 면학하여 독립운동을 목적으로 한다.'는 데서 읽을 수 있다. 당시 조선의 서기 1910년 전후의 사정을 볼 때, 면단위 벽촌에서는 민족정신이 가히 잠자고 있던 상황이었는데, 이는 분명 주민을 각성시키는 운동이었고, 서기 1910년대 교육구국을 위한 계몽활동을 생각하면 선구적 역할을 하였다 할 것이다.

흥동장학계는 그 계칙에는 표명할 수 없는, 비밀리에 상해임시정부에 군자금이라는 독립자금을 지원하는 국내부 호남지부(國內部湖南支部)를 흥동장학계의 본부가 있는 장학당(奬學堂 ; 성내면 양계리 운산 기슭 : 현존) 내에 두고 있었다. 이것은 결국 흥동장학계가 독립자금을 지원하는데 큰 비중을 두고 있었음을 알 수 있다.

우리는 흥동장학계 계원의 명단에서 김연수(金秊洙), 홍종철(洪鍾澈)의 두 인사를 볼 수 있다. 이들은 오늘날 일부 좌파들이 많은 문제점[3]이 있는 편협한 시각으로 제작한 《친일인명사전》에 수록되어 친일파로 맹렬히 규탄받고 있지만, 당시 상해임시정부에 독립자금을 지원하는 계의 일원으로서 활동했던 바, 그들은 시대 상황상 외형적으로는 낮에는 친일'의 가면을 쓰고 실질적으로 비밀리에, '밤에는 독립운동'에 참여했다는 것을 여실히 웅변으로 증명하고 있는 한 경우라 할 것이다. 또한 동계 계원인 백관수(白寬洙)는 2.8독립선언의 주도적 인사였음은 물론 홍종철, 이휴열(李

3) 본서는 공산주의자 박헌영의 아들 고 박원경 스님이 지원으로 출판였으며, 집필 기준에 있어서도 이른바 시대적 기대불가능성적 상황은 찾아 볼 수도 없고, 이른바 친일파로 지명되는 혹자는 광복 이후 1980년대 까지의 상황도 기재하고 있으며, 집필진은 6.25 이후 출생의 젊은 무명인사들, 특히나 집필진에는 심지어 중국 동북공정(東北工程) 최일선의 앞잡이 젊은 조선족 학자는 물론 집필하지도 않고 본인 자신이 동서가 출판된 지도 모르는 외국 학자의 이름이 집필진에 소개되고 있는 등 많은 문제점을 노출하고 있다.

休烈) 등은 민족사학 고창고보(高敞高普)의 설립과 더불어, 우리 민족교육사(民族教育史)의 한 페이지를 장식하고 있다는 것을 인식할 수 있는 바, 흥동장학계의 시대적 존재는 어디서도 찾기 힘든 교육 구국과 독립자금의 지원이라는 항일구국의 이중적 역할을 하였다는데, 하나의 큰 한국교육사적 의의가 있다 할 것이다.

제2절 사회교육운동 1 : 야학(夜學)의 기본적 인식

1. 야학의 의의와 형태[4)]

야학(夜學)은 야간에 실시하는 사설 강습회의 한 형태이다. '야학'이란 명칭은 강습회라고 붙이지 않고 그대로 '야학'이라고 사용되는 경우가 대부분이지만, 사실은 강습회를 야간에 실시하는 경우 즉, 야간에 교수하는 경우를 말하는 것으로 강습회의 형태적 출현이다.

야학의 유형으로는 노동야학, 농민야학, 여성야학으로 분류되고 있다. 이제 우리는 야학에 관하여 개관하기로 한다.

1) 노동야학

노동야학이 최초로 성립된 것은 서기 1907년의 일이었다. 그러나 노동야학운동이 크게 일어나 활발하게 전개된 것은 3.1운동 후 20년대였다. 이러한 운동의 요인은 노동자, 농민의 주체적인 각성과 당시 진보적인 지식인들의 대중교육에 필요한 정확한 인식이 합치되고 있었다는 사회적 현실이었다. 그리고 또 하나의 요인은 당시 일제가 설립한 공립보통학교의 수용능력이 너무나도 제한되

4) 김경식, 고창의 전통과 생활사, 고창군, 2004, 336~339면.

어 있고 학비마저 너무 비싸 가난한 노동자, 그리고 도, 농의 빈민들에게는 거리가 먼 것이었다는 점이다. 따라서 우리는 근로 대중에 맞는 교육기관이 실제로 존재해야 한다는 것이다.

마산노동야학을 위시하여 진주, 합천, 철원, 부산, 보성 등지의 야학은 이미 경술국치를 전후한 시기에 설립된 바이지만, 서기 1920년에서 서기 1925년까지의 설립된 것은 주요한 것만 해도 113개소나 되었던 바, 이렇게 그 수는 급증하고 있었다. 여기의 숫자는 전국적인 면에서 그 규모가 크고 자료있는 것을 전제로 한 것이었다.

노동야학의 특성을 보면 다음과 같다.

첫째로 노동자를 위한 노동야학은 명칭 그대로 노동자들을 수강생으로 하였던 것이다. 이는 뜻있는 노동자들의 교육 수준 향상과 애국심 고무 등에 많은 영향을 끼쳤다. 노동자들을 위한 야학으로는 조선노동공제회 대구지회가 설립한 노동야학(서기 1923.9.30) 등이 그 대표적이다.

둘째는 빈민의 자제를 위한 야학이다. 노동야학 중에는 노동자를 수강생으로 한 것이 아니라, 빈민의 자제를 수강생으로 한 야학도 있다. 이는 지방의 유지들이 빈민의 자녀를 위하여 설립한 것으로 그 대표적인 예로 황해도 재령군의 노동야학(서기 1924.11.1)을 들 수 있다.

셋째로 노동야학의 설립 목적이 노동야학과 연결되지 않는 경우, 노동야학은 설립자가 반드시 노동자나 노동자가 아니었기 때문에, 노동야학의 설립목적 또한, 반드시 노동운동과 관련된 것은 아니다.

넷째로 특수 직종 노동자를 위한 야학, 노동야학 중에는 특수한

직종에 종사하는 노동자만을 그 수강으로 하는 경우도 있었다.

이는 점원조직이나 공업조합과 같이 조직체 내에서 그 조합원을 위하며 야간학습을 실시하는 경우이다. 그 대표적인 예로는 평양 포목조합회에서 설립한 점원야학(서기 1921.9.13), 평양양말공장 조합에서 설립한 야학(서기 1922.3.22), 춘천 상업조합에서 설립한 야학(서기 1922.4.17) 등을 들 수 있다. 이러한 특수 노동야학은 점원이나 직공들을 위해서 설립된 것이기 때문에 교과목은 주로 그들에게 필요한 내용이었다.

이상에서 본 노동야학의 교원들의 대부분은 지방유지 청년들이나 공립보통학교 현직 훈도와 노동조합 간부들도 학생들의 지도에 참여했다. 이들 모두가 무보수로 봉사하는 희생적인 노력을 아끼지 않았다. 이들 교원들의 지적 수준과 자격은 다양하였으나, 모두가 노동운동 내지 농민운동에 관심이 많은 정의감에 불타는 청년들이었으며 더욱이 조국의 현실에 가슴 아파했던 애국청년들이었다.

학생들도 다채로웠으니, 노동야학 가운데는 노동자, 도시 빈민들의 자제로서 공립보통학교에 가지 못하는 학령아동이나 학년초과 아동을 수용하던 야학, 노동조합원이나 노동자 자신을 교육하는 야학, 기타 아동만을 가르치거나 부인만을 상대로 하는 야학 등으로 공통적인 현상은 사회의 하위계층을 교육했다는 점이다.

교육과정으로는 물론 국어인 '조선어'가 중심이 되었고 산술, 한문, 일본어, 서간문이었고, 미술과 주산을 과하는 경우도 있었다. 수업은 우리말로 하고 우리말을 중시했다는 점에서 그 당시 식민지 초등교육기관이었던 공립보통학교의 분위기와 비교 할 때 대조적일 뿐만 아니라 그 의미 역시 또한 적지 아니하였다. 교육과정이 간단하고 수업년한 역시 1년 정도에 지나지 아니하였으므로,

그 내용이 빈약했음은 사실이나 야학교육이 속성교육이었고, 학생들의 연령이 학령 초과로 대부분 이루었기 때문에, 교육내용은 비교적 높은 수준이었을 것으로 짐작된다.

이러한 야학운동도 서기 1925년부터는 그 유지에 여러 가지 곤란이 뒤따랐다. 그 이유는 재정난이며, 또 하나의 이유는 일제당국의 탄압이었다. 특히 노동야학에 대한 일제의 감시와 탄압은 조선인의 반일민족운동의 전개과정과 깊은 관련을 갖고 있었다. 일제는 서기 1925년 이전에는 민족적 색체가 농후한 것에만 주목을 했었고, 치안유지에 별 장애가 없는 한 방임주의적 태도를 취했으나, 그 후부터 서기 1930년대에는 탄압책이 강화되어 교원을 사찰하고 비위에 거슬리면 검거, 구금하거나 노동야학을 폐쇄하기조차 하였다. 그러므로 노동야학은 그 계속적 유지를 위해 종래의 민족적인 성격을 청산해 분위기를 바꾸워야 했으니, 기실 강습소에 불과한 것으로 전락되고 말았다.

이상의 노동야학운동은 대중계몽운동으로서의 상설교육기관의 형태를 취하였다.

2) 농민야학

농민야학은 처음에는 노동야학으로 불리었다. 왜냐하면 구한말 야학이 일어날 때 서울의 물장수들이 야학수업을 요구한데서 붙여진 이름이다. 그리하여 농민에 대한 야학도 노동야학이라 하게 되었다.

이는 당시 노동인구가 거의 없던 시골에 노동야학의 야학이 있었던 점을 생각하면 농민야학이라고 보아야 한다. 그런데도 오랫동안 노동야학이라고 불렀던 것은 서기 1920년대 중반기에 농민운동을 노동공제회가 관할하면서, 소작노동자라는 칭호까지 붙이고 있었던 사정으로 보면, 농민야학도 노동야학이라고 부를 수도 있었기 때문이다.

예컨대 경기도 여주군 북내면 원송리의 유지들이 농민교육을 위해 설치한 것은 농민야학이라 했고, 동아일보 서기 1935년 3월 5일자에 의하면 강화군의 농민계몽대에서 농한기를 이용하여 실시한 야학 농민 중 농민야학은 88개소나 되었다고 한다.

3) 여성야학

여성야학은 서기 1930년대 각지에서 문맹퇴치운동이 크게 일어난 그 때 수많이 설립되어 문맹퇴치에서 성과를 올렸다.

여성야학은 주로 부녀자를 대상으로 일어났다. 그리하여 문맹퇴치에 큰 성과를 올리기도 했다. 무지와 몽매우둔은 문맹에 기인하는 것이 되므로, 먼저 한글부터 깨우치게 되면 책을 읽을 수 있게 되어, 신문, 잡지 등을 읽어 교양을 갖게 되고, 무지 몽매에서 벗어날 수도 있게 되었다.

여성야학의 교육적 효과로서 중요한 의의를 가졌던 것은 농촌계몽과 농촌의 발전에 기여했다는 것일 것이다.

이러한 야학은 교육의 형식에서 보면 비형식적 교육이며, 공간석으로 보면 비정규적이며, 제도적으로 보면 비제도적 교육이다. 또한 본 연구에서 야학은 시대적 공간으로는 우리 민족의 주권 침해 및 주권 상실기인 일제의 침략으로 인한 기간의 야학을 의미하는 한계성을 갖는 야학이다. 따라서 일제 침략기의 야학은 일제 통치라는 상황하에서 한민족(韓民族)의 국권(國權)을 회복하기 위한 교육구국(教育救國)의 한 형태로 나타났다. 그리하여 일제 침략 하의 야학은 전민족의 필요에 의해 자생적(自生的)으로 생겨난 비제도적 교육기관이라 할 것이다.

2. 야학 성립의 배경 : 한국 민족주의 운동의 인식

일제 침략기의 야학이 국권 회복을 하기 위한 교육구국의 한 형태로 나타났다면, 우리는 우선 우리의 민족주의 운동의 전개를 인식해야 할 것이다.

우리의 경우에 있어서 민족주의는 정치적 이데올로기로서의 근대성을 갖는 민족주의(民族主義)로는 볼 수 없다. 우리는 서구의 시민혁명을 통한 정치화 또는 대중 주권화 과정과 국제정치적 경합 또는 전쟁을 통한 민족국가의 단위체 인식체 등의 경험하지 않았기 때문이다. 우리는 일찍부터 하나의 문화권과 역사의 단위를 경험화였을 뿐이다.

이러한 관점에서 볼 때, 우리에 있어서 근대적 의미(近代的 意味)의 민족주의(民族主義)는 강화도 조약(江華島條約 : 서기 1876)을 그 기점을 보고 있다. 그 이유는 쇄국(鎖國)에서 문호(門戶) 후 일본(日本)을 위시한 구미(歐美) 열강의 부단한 침략의 와중에서 민족의 자주 · 독립이 고조되었고, 국가의 운명을 자주적으로 보존하려는 사상이 나타나고 있었기 때문이다.

조선의 개화(開化) 이전의 상황은 고질적인 중국에 대한 사대외교(事大外交) 속에서 한민족에게 특별한 민족의식(民族意識)과 감정을 불러일으키지 못하고, 봉건적 관료제도(封建的 官僚制度)는 그의 순기능적 기능보다는 역기능적 기능하에서 대체적으로 사회를 유지하여 왔다.

한편 사상적으로는 성리학적(性理學的) 윤리관에 입각한 예교적(禮教的) 풍조가 사회 전반에 큰 영향을 미치고 있었다. 그러나 개화(開化) 이전부터 다변적으로 몰려오는 서세동점(西勢東漸)의 파도 속에 위정척사파(衛正斥邪派)의 등장과 그 주장은 정서적으로는 매우 애국적이고, 당시 서양과 일본의 근대문명이 지닌 침략성과 비도덕성을 정확하게 예견하였고, 또한 이것이 초기에는 유교적인 수구(守舊)적이었지만, 면암 최익현(勉菴 崔益鉉)에 의해서 민족의식(民族意識)에 바탕한 자주적 사상체계로 승화 발전하고, 이를 외세의 침략에 대한 저항세력으로 연결되었다는 점에서 우리의 민족주의가 싹트기 시작하였다.[5)]

이처럼 우리의 민족주의는 그 시발에서부터 민족의 자각과 각성에 의해 전개되기 시작하였다고 할 것이다.

서기 1876년 강화도조약(江華島條約) 이후 일제의 침략은 표면화되기 시작하였다. 그 당시 조선정부가 민족의 역량을 집결하여 일제(日帝)에 대항하지는 못했지만, 일제의 침략을 저지하려는 민족운동은 계속 성장하고 있었다. 그 당시의 민족운동은 대체적으로 다음과 같이 세 방향으로 전개되었다.[6)]

첫째, 주자학(朱子學)의 화이론(華夷論)에 입각한 위정척사론(衛正斥邪論)을 주장하는 유림층(儒林層)으로 이들은 유교적 질서를 더욱 공고히 하여 국력을 강화해야 한다고 주장하였다. 이러한 운동은 의병운동(義兵運動)에 매우 중요한 이념을 제공하고 있다.

둘째, 개화사상(開化思想)에 근거한 일부 시식인들로, 이들은 외국의 발달된 문명을 수용하여 국력(國力)을 배양해야 한다고 주장하였다. 이들중 급진적 개화파 인사들은 갑신정변(甲申政變)을 통해 정권을 잡은 뒤, 자신들의 주장을 실천에 옮기려 했으나, 그 계획은 실패로 돌아가고 말았다. 또한 일부 인사들은 독립협회(獨立協會) · 만민공동회(萬民共同會) 운동 등을 통해 민중의식의 각성과 국력배양에 많은 노력을 하였다.

---

5) 김경식, 韓民族教育文化史, 教育科學社, 2008, 449면.

6) 李文遠, 新幹會 民族運動의 教育史的 硏究, 延世大學校 大學院 博士學位論文, 1983, 1~4면. 김경식, 같은 책, 448~452면 참조.

셋째, 조선정부의 악덕 관리의 가렴주구(苛斂誅求)와 일제(日帝) 침략에 대응하여 무력으로 항쟁하고자 하는 농민들이다. 이들은 급진적인 운동을 전개하였다. 즉 동학(東學)의 조직을 주축으로 한 갑오동민운동(甲午農民運動)이 바로 그것이었다.

그러나 이상과 같은 세 개의 방향으로 성장하고 있었던 민족운동은, 하나로 통합하지 못한 채, 대립적인 양상을 보이며 전개되고 있었다.

서기 1905년 을사늑약(乙巳勒約)의 체결 결과, 외교권의 박탈로 인한 주권 침해로, 당시 조선 정부의 주체성이 침해되어, 일제의 한반도 점령이 거의 확실시 되어가자 당시의 민족운동은 의병운동(義兵運動)과 애국계몽운동(愛國啓蒙運動)의 형태로 전개 되었다.

농민을 주축으로 한 서민들은 일제에 의해 강제 해산된 군인들과 함께, 전국적으로 의병운동을 일으켰다. 그러나 장비, 훈련 부족 등으로 점차 패퇴되어, 그 결과 국내에서의 의병운동은 비밀결사 등으로 명맥을 유지하거나, 장기적인 무력항쟁을 위해 압록강, 두만강을 넘어 중국의 동북부(滿洲)와 소련의 연해주(沿海洲) 등지로 이동하였다.

한편 독립협회(獨立協會) · 만민공동회(萬民共同會) 운동을 계승한 애국계몽운동(愛國啓蒙運動)은 "실력은 곧 국력이다"라는 구호하에 국권회복을 위한 실력배양운동(實力培養運動)을 전개하였다. 즉 민중에게 민족의식을 계몽 · 진작 시켜 국권을 회복하고자 함이었다. 이를 위해 언론 · 출판 · 교육 · 산업 등에 관심을 갖게 되었으며, 그 실천방법으로 수많은 사립학교(私立學校)가 설립되었고, 애국계몽단체 등을 통해 민족운동을 전개해 나갔다.

서기 1910년 조선을 식민지화한 일제(日帝)는 무단통치(武斷統治)에 의한 강압과 함께 국토(國土)를 강탈하기 위한 조치로 토지조사사업(土地調査事業)을 강행하였다. 이와 아울러 애국계몽운동의 온상이었던 사립학교(私立學校)에 대한 탄압을 강화하였다. 이러한 상황하에서도 민족운동은 끈질기게 계속되어 중국의 동북부 지방에서는 무력항쟁을 위한 독립운동기지를 건설하였으며, 국내에서는 민족의식의 함양을 위해 탄압이 심하지 않았던 서당(書堂)의 역할이 증대되었다.

서기 1919년 3.1운동은 선구적인 지식층, 종교계, 학생, 노동자, 농민 등이 모두 집결하여 전개한 거족적인 민족운동이었다. 그로 인하여 중국의 상해(上海)에서는 임시정부(臨時政府)가 수립되고, 중국의 동북부(만주)지방에서는 무장투쟁이 활발하게 전개하게 되었다. 또한 국내에서는 농민운동(農民運動), 노동운동의 발전을 비롯한 각종 사회운동이 출현하게 되었다.

3.1운동이후 고조된 교육열은 아주 높아 관공립(官公立) · 사립학교(私立學校)의 교육기능을 보충하고, 반식민지 민족교육을 실시하기 위한 사립학술강습회(私立學術講習會) · 야학회(夜學會) 등의 활동이 활발하게 일어났다. 야학(夜學)은 사립학교 · 서당과 더불어 일제의 식민지화 교육정책에 대항하는 민족교육기관으로서의 기능을 담담하고 있었다.

서기 1930년대에는 더욱 심해 가는 일제(日帝)의 억압정책(抑壓政策)에 의해 국내(國內)에서의 민족운동은 민족정신(民族精神) 보존투쟁, 즉 국어(國語) · 국사(國史)에 대한 연구, 신사참배 거부운동 등으로 나타나게 되었다.

이와 같은 당시의 역사적 상황을 인식할 때, 우리의 민족주의(民族主義)는 최고의 목표가 국가의 주권(主權)을 회복(回復)하는 일이었고, 이러한 민족운동의 원동력은 외부의 정치적 지배와 경제적 수탈에 반항하여 일어난 민족적 각성(民族的 覺醒)이었으며, 이러한 각성을 촉구한 것이 지식층이었다는 점에서 일제하 우리의 민족주의를 저항민주주의(抵抗民主主義)라고 규정지을 수도 있을 것이다.

제3절 사회교육운동 2 : 야학(夜學)의 전개 과정

야학(夜學)의 형태는 우리는 우선 2가지의 경우로 생각할 수 있다. 하나는 제도적인 학교가 부설로 운영하는 경우와 단독적으로 운영되더라도 비형식적 조직을 갖추어 경영하는 경우, 또 하나는 한 개인이 동리에서 거처하는 자기의 방이나 부녀자의 방 또는 사랑방을 이용하여 운영하는 서당식의 경우이다.

본 절에서 논의되는 것은 비형식적인 조직을 갖은 경우로서 이해해야 할 것이다. 후자의 경우는 서기 1930년대 이후 일제 강점기 말기에서 전국 어디서나 보통 마을에서 밤에 부녀자의 방에서 부녀자를 상대로 한다든가 또는 사랑방에서 남자를 대상으로 한 야학인 경우로서 그 수적 통계나 자료를 구할 수는 없다.

필자는 어렸을 때인 일제 말기에 우리 집안에서도 할머니가 집안의 부녀자를 상대로 밤이면 언문(한글)을 가르치던 것을 본 것이 어렴풋이 기억되고 있다.

1. 전국적인 상황의 인식

야학의 전개과정은 대체적으로 세 단계로 구분할 수 있다.

첫째 단계는 야학이 나타나기 시작한 서기 1906년부터 서기 1919년 3.1운동이 일어나기까지의 초기의 단계이다.

둘째 단계는 서기 1920년대 이후 일제의 이른바 문화정치기로 외면적으로는 서기 1910년대의 무단정치기보다는 일종의 유화정책의 실시와 우리의 입장으로서는 3.1운동 후에 나타난 교육열의 증가로 양적 확대는 물론 질적으로도 야학의 활동이 심화된 단계이다.

세 번째 단계는 서기 1930년의 시기이다. 이 시기는 민족교육기관으로서의 성격이 일제의 식민지화 정책에 의해 폐쇄되거나 변실되어 가던 단계이다. 우리는 이러한 전계과정의 단계를 염두하고 전국적인 상황을 인식하고자 한다.

서기 1905년 일사늑약(乙巳勒約)으로 주권(외교권의 박탈)이 침해당한 후 그 다음 해에 일제의 한반도 침략 거점격인 통감부(統監府)가 설치되는 상황에 이르자 우리 한민족은 국권회복을 목적으로 교육을 통한 실력배양운동에 주력하게 되었다. 이점은 당시 언론에서도 교육을 통한 국권회복의 중요성을 역설하고 있었다.[7)]

서기 1908년 2월 박은식(朴殷植)도 '노동동포(勞動同胞)의 야학(夜學)'이란 글에서 전국민이 보통학문과 보통지식을 배울 때 우리 민족의 자유(自由)와 자립(自立)은 이루어 질 수 있다고 갈파하고 있다.[8)]

여기서 보듯, 그 당시 우리 민족의 지상과제는 교육을 통한 실력배양 바로 그것이었다. 이리하여 교육의 필요를 인식한 애국계몽단체, 애국지사, 지방유지 등은 국권회복(國權回復)을 목적으로 전국에 수많은 야학(夜學)이 나타나기 시작하였다.

우선 우리는 호남(湖南)의 경우에 있어서 야학의 출현을 몇 가지 예시해 보면 다음과 같다.[9)]

7) 大韓每日申報, 1906년 1월 6일자 관련 기사 참조.

8) 西友, 제15호, 1908년 2월, 19~20면 참조.

9) 김형목, 한말 호남지방 야학운동과 사회교육적 성격, 전북사학 제39호, 229~230면에서 발췌했음.

◆ 서기 1906년 12월 전주의 전주공립보통학교(全州公立普通學校)가 부설로 설립한 전주야학(全州夜學; 후에 進明夜學校로 개칭)[10] 이는 당시 전주관찰사 윤헌구(尹憲求)와 전주보통학교 교사 등이 주동하여 설립한 전주공립학교 부설 야학으로 법률, 산술, 일어 등을 가르쳤다.[11]

◆ 서기 1907년 8월에 전규희(全奎熙) 외 2인이 설립한 진명야학(進明夜學)[12]

◆ 전북 진안군의 서기 1908년 문명학교(文明學校)가 부설로 설립한 농민야학과(農民夜學科)[13]

◆ 고산읍내의 서기 1909년 3월 12일 순사 안희진과 서상문이 읍내 유지들과 같이 설립한 노동학교(勞動學校)와 농민학교(農民學校)[14]

특히 안희진과 서상문은 순사였으나 이들은 1년간 명예교사로서 활동하는 등 교육의 보급에 남다른 열정을 보였다. 경비부족으로 경영난에 직면하자 생도 일동은 품팔이 등으로 재원을 마련하기도 하였다. 교장 고종하, 교감 허원, 총무 이도성, 사무원 김치삼, 이봉길, 교사 이학노 등도 교무에 열정을 다하는 등 교세를 크게 떨쳤다.[15]

◆ 군산항 유지들은 상업 종사자를 위한 야학을 설립하는 등 근로청소년의 향학열을 복돋았다.[16]

◆ 용담군 서면 유지들은 서기 1908년 사립화동학교(私立華東學

---

10) 皇城新聞, 1906년 12월 13일자 관련기사 참조, 교사로는 유지 윤헌구(尹憲九) 외 수명이었다.

11) 皇城新聞, 1907년 12월 13일 관련기사 참조.

12) 皇城新聞, 1908년 3월 27일, 관련기사 참조.

13) 大韓每日申報, 1909년 12월 19일자 관련기사 참조.
동 야학의 교사로는 신현덕(申鉉德), 유병운(柳炳勛) 등이었다.

14) 京鄕新聞, 1909년 3월 12일자 관련기사 참조.

15) 京鄕新聞, 1909년 3월 19일자 관련기사 참조.

16) 大韓每日申報, 1908년 1월 26일, 27일자 관련기사 참조.

校)가 설립되면서 젊은 학생들의 배움의 터전이 마련되었으나, 낮에 일하고 밤에 공부하는 노동학교의 설립이 절실히 요구되어 민가(民家)를 빌어 임시학교를 개설하고 '주양노동학교(朱陽勞動學校)'라고 이름을 붙였다고 한다. 그러나 그 시기가 언제인가, 장소가 어디인지는 알 수 없으나 서기 1910년 1월에 쓴 '주양노동학교 취지서'가 최근 발견되어 그 내용을 다음과 같이 적는다.

〈주양노동학교 취지서〉

무릇 사람이 학교가 있는 것은 그릇과 같은 점이 있으니, 큰 것을 쓰면 크게 되고 작은 것을 쓰면, 작게 되고, 본디 똑같은 사람일지라도 지혜와 우둔의 차이가 있게 된 것은 가르침 여부와 배움 여부에 달려 있으니 한결같이 가르쳐야 합니다. 우열의 등급이 있는 까닭은 재주 여부와 정성 여부에 달려 있습니다. 그러나 우둔한 자로 하여금 지혜롭게 되고 졸열한 자로 하여금 뛰어나도록 하는 것은 교육이 어떠한가에 달려 있을 따름입니다. 어떤 방법이 있겠습니까? 옛날 하(夏), 은(殷), 주(周)시대에는 인문(人文)이 잘 갖춰 있어서, 위로 귀족자제로부터 아래로 우둔한 민간의 꼴 베는 사람에 이르기까지 배우지 않음이 없었으니, 그 까닭은 학교를 설립하는 방법이 맞기 때문입니다. 그 때부터 시대가 멀어질수록 점점 교육이 느슨해져 나라에 교육을 잘 시키는 방법이 없어지고, 백성들은 의식주를 걱정할 여념이 없어서, 배움에 뜻이 있을지라도 어떻게 가능하겠습니까? 부자가 이런 현실을 슬프게 하였지만, 힘들게 사는 노동자가 무슨 틈이 있어서 배울 생각을 했겠습니까? 그들 중에 아침에 나가 밭을 갈고 저녁에 집으로 돌아와 독서하는 자가 있었고, 경서를 지니고 김을 매는 자가 있었고, 세 개의 한가로운 때(저녁, 비 올 때, 겨울)을 이용하여 공부하는 자가 있었고, 겨울 3개월을 잘 이용하는 자가 있었지만, 이와 같은 사람은 천,만 명 중에 한 사람 정도가 있을 뿐이니 어찌 가르치지 않을 수 있으며, 어찌 많은 사람에게 바라겠습니까? 중인(中人) 이하의 사람들은 반드시 지도와 깨우침을 받아야 만이 공업을 이룰 수 있으니 어찌 가르치지 않을 수 있으며, 어찌 힘쓰게 하지 않을 수 있겠습니까? 바라옵건데 이런 노동학교는 곳곳마다 설립해야 하니 지금이 바로 바람소리를 듣고 떨치고 일어나 힘 쓸 때입니다. 아! 작년 겨울로부터 본 마을에 모(謀) 모(謀)등이 의견을 묻고 상의하고 협력하여, 다른 사람의 집을 빌려 임시하교를 개설하고 주양노동학교라고 이름을 붙였습니다. 노동자는 일을 그만 둘 수도 없지만 그렇다고 공부만을 전적으로 할 수도 없습니다. 이 때문에 그들로 하여금 낮에는 나무를 하게하고 밤에는 배우게 하였는데, 그 사이에 국한문을 적지 않게 깨우쳤으니, 이처럼 계속하여 그치지 않는다면, 거의 얼굴을 담장에 맞대고 있다는 한탄은 벗어날 수 있을 것입니다. 아! 노동을 하면서 힘쓰고 힘써야 할 것입니다.

융희 4년 경술(庚戌) 원월(元月) 상원일(上元日)에 정은(靜隱)쓰노라.[17]

◆ 부안군 우포(牛浦)의 유지 신사 김정제(金鼎濟)는 자기 집 가옥의 일부를 이용하여 개명의숙을 설립하였다. 대한협회 부안지회의 설립과 인근 지역 사립학교 설립운동도 지원하는 등 계몽운동 확산에 노력을 기울였다. 주학(晝學)으로 측량학교를 설립하는 한편 초등 목수를 위한 노동야학도 설립하여 직접 가르쳤다. 운영비 부담은 물론 교사로서 열성을 다 하여 주민들로부터 많은 칭송을 받았다.[18]

◆ 김재군 만경 군수 권주상은 30~40대 성인 남자들을 대상으로 한 야학을 운영하였다. 주요 과목은 산술, 일어, 법률 등으로 개인적인 능력 배양에 중점을 두었다. 자신이 직접 교사로서도 활동하는 등 야학을 통한 근대적 교육 보급에 적극적이었다.[19]

17) 동 취지서는 한문으로 되어있으나 편의상 번역하였다. 사단법인 전북역사문화학회 · 진안군, 진안사립화동학교 연구 학술조사보고서, 2018년, 116~117면 참조, 진안출신 향토사학자 이용엽(李容燁) 선생 제공.

18) 皇城新聞, 1909년 3월 30일자, 4월 24일자 관련 기사 참조.

19) 大韓每日申報, 1910년 4월 2일자 관련기사 참조.

◆ 목포의 영화학교(永華學校)의 부설 야학은 영어, 일어를 가르쳤다.[20)]

◆ 목포의 사상회사(士商會社)는 진흥학교(振興學校) · 상업학교를 설립하였던 임원들은 진흥학교 부설로 야학을 설립하고 한문, 법학 등을 가르쳤다.[21)] 이리하여 근로청소년들은 근대교육의 혜택을 받게 되었다.

◆ 해남군 황원면 신농소(神農所)에 거주하는 김주환은 서기 1907년 12월 야학을 설립하였다. 그는 초동목수를 모집하여 매일 밤 한자(漢字)와 한글을 가르쳤다. 수개월 학습으로 마을 주민 대부분은 문자를 해득할 수 있게 되었다.[22)]

◆ 광주군 유지 최종섭(崔鍾涉)은 대한협회 광주지회관 내에 노동야학교를 설립하였다. 동 지회원의 적극적인 참여와 주민들의 열성적인 지원으로 야학생은 130여 명에 이르렀다.[23)] 동 지회도 서기 1909년 1월부터 법률강습소를 운영하는 등 회원들의 지식 배양에 노력하였다. 특히 관내 모든 면장들은 찬성원으로 영입하는 등 적극적인 주민들의 참여를 유도할 수 있었다.[24)]

---

20) 皇城新聞, 1907년 5월 8일자 관련기사 참조.
21) 皇城新聞, 1908년 4월 25일자 관련기사 참조.
22) 大韓協會, 會報10, 1909, 65면 참조.
23) 大韓每日申報, 1908년 10월 30일 관련기사 참조.
24) 각주 20) 참조.

한말 호남지방 야학일람표[25)]

야학명	위 치	설립자	교사진	교과목	학생수	출 전
永華學校 야학	전남 목포	기독교인	南宮爀·書秉禹; 교사	일어,영어	다수	황1907.5.8
야학과	전남 강진	금릉학교	유지제씨			황1907.3.1
全州夜學校;進明야학교	전북 전주공립학교내	金奎熙;관찰사와 교사 등	尹憲求·金鳳鎭, 柳春熙; 교장·二町耕夫	법률·일어·산술		황1907.12.13, 1908.3.27, 3.28;大1908.2.26
황원야학	전남 해남 황원	金貴煥	좌동	영어,국문,한문		「호남」 3-35-36
사립 야학교	전북 군산	유지,李懋榮;옥구군수	趙策承·韓承履·盧啓愚			大1908.2.12
보통과야학	전남 목포 士商會社내	士商會社	임원	한문법률		황1908.4.26
영어야학	전남 무안	남궁혁;세무주사	좌동	영어·국문·한문	60	大1908.5.6
야학교	전북 고산	華山義塾	閔泳祚;숙장, 吳秉德·宋在鳳;교사	국문번역교수	30~40	大·대 1908.5.29
야학과	전북 임피 한일학교내	金鏞煥,林震燮;군수	좌동			大1908.7.30
야학교	전남 남평 관덕정	박흥식	좌동		50	대1908.10.10

25) 김형목, '한말 호남지방 야학운동과 사회교육적 성격', 전북사학 제39호, 2011, 230~231면 참조.

야학교	전북 군산	유지신사	유지인사	申泰根	상인;40	大1908.11.26. 대1908.11.27
朱陽학교	전북 용담 서면	유지인사	좌동		노동자;40	大1909.1.6
야학교	전북 용담 서면 괴정	유지인사	좌동		20~30	大1909.1.6
야학교	전북 용담 서면 星岩 외 4개처	유지인사	좌동		20~30	大1909.1.6
야학 강습과	전북 진안 文明學校내	문명학교 설립자	李萬用;재무서장,白琮基;주사, 학교생도 3인		30	황 1909.1.31~12.15
노동야학교	전남 목포 온금동	홍필순	홍필순의 부자 숙질		노동자;100	대1909.2.28. 大1909.3.3
노동학회	전북 부안 牛浦	金鼎濟	좌동		초동목수; 다수	황1909.3.30~4.24; 『대한』 6,59-60
노동농민학교	전북 고산	유지, 안회잔 · 서상문;순사	안희진 · 서상문(고준옥 · 이학로;후임교사)	보교과정	80	경 1909.3.12.~3.19, 4.16, 8.27, 12.24
노동야학	전남 여수	金漢永	좌동			황1909.5.1. 大1909.6.7
야학교	전북 전주 동문	李正淑	趙千鍾		다수	大1909.12.10
농민 야학과	전북 진안 文明學校내	교장 · 교감 · 교사 등	柳炳勛 · 申鉉德교사		수십명	황1909.12.15 大1909.12.19

노동야학	전북 군산	유지신사	노동회 임원진	상업학 · 법학		민1910.3.27. 대 1910.4.1,5.3
야학교	전북 만경	權周相; 군수	좌동	신술 · 법률 · 일어	30~40 세남자	大1910.4.1., 대1910.4.2
야학교	전북 남원	대한협회 남원지회	지회임원	신술 · 법률 · 일어	40	민1910.5.29
노동 야학교	전북 군산 藏財洞	어상회사	金商翼	상업대요 · 부기 · 일반상식 · 법률 · 주산	30	大1910.5.14. 대1910.5.22
노동 야학교	대한협회 광주지회	崔鍾涉	지회임원	보교과정	130	대1910.6.30
하기 강습소	전북 진안 文明學校내	白鍊基;대성학교 생도	좌동	보교과정		황1910.8.3.

이상에서도 인식할 수 있듯이, 서기 1908년 9월 '사립학교령'을 발표하여 모든 사립학교가 인가받도록 하는 등 이후 '조선교육령', '사립학교규칙', 서기 1915년 개정사립학교 등을 공포하여 사립학교에 대한 탄압을 강화하고 나섰으나, 이 시기 서당(書堂)이나 야학(夜學) 등에 대한 일제의 탄압은 전개되지 않았기에 야학은 발전의 추세에 있었다.

그러나 서기 1910년대를 통해 야학이 민족교육기관으로 확산하지 못한 것은 우리 민족의 의식이 민중교육의 필요성을 느낄만큼 충분히 성장하지 못하였고, 관심도 전통적으로 성장해온 서당(書堂)에 있었다는데 기인하였다고 할 수 있다.

서기 1920년대는 야학이 양적 · 질적으로 괄목할 만한 발전을 이룬 시기였다. 그것은 일제의 무단적(武斷的) 강압정치에 대한 민족적 저항에서 일어난 3.1운동 영향에 기인한 것으로 보여 진다. 3.1운동은 여러 측면에서 대내외적으로 큰 영향을 주었으나, 특히 교육적인 면에서는 야학(夜學)의 확대(擴大)에 지대한 영향을 주어 야학이 전성기를 맞이하게 되는 계기가 되었다 하겠다. 그리하여 야학의 확대 상황을 보면, 우리 호남의 통계적인 상황은 자료는 구할 수 없어 정확한 사정은 알 수 없겠으나, 다음과 같은 주위 타지방의 상황를 보면, 우리 호남도 많은 야학의 증가가 있을 것으로 사료된다.

예지컨대, 전북과 인접하고 있는 경남도청의 서기 1922년도 조사한 바에 의하면, 도내 야학회(夜學會) 및 강습소(講習所)가 233개소, 학생 수 14,155명에 달하였다고 하며,[26] 강원도 원주(原州)에는 151개소의 노동야학회(勞動夜學會)가 존재하였으며,[27] 평북 의주(義州) 농민회(農民會)에서는 81개소의 야학을 설치하였다.[28] 또한 평북 정주군(定州郡)의 경우는 야학의 총수가 200개소, 학생 수로는 남자가 5,252명, 여자가 720명에 달하였다고 한다.[29]

이러한 상황을 인식한다면, 호남에 있어서도 야학은 상당히 발달했을 것이라는 것을 배제할 수 없을 것이다. 실제로 서기 1920년대에 들어 호남의 여러 지역의 마을에서는 노동청년회가 조직되어 노동야학을 운영하기도 했다.

예를 들면 전남 강진군의 경우이기는 하지만, 성전면 수양리 노동청년회는 서기 1923년부터 야학을 세우고, 남녀 아동 80여 명

26) 東亞日報, 서기 1922년 1월 13일자 관계기사 참조.
27) 東亞日報, 서기 1926년 9월 26일자 관련기사 참조.
28) 東亞日報, 서기 1927년 2월 3일자 관련기사 참조.
29) 東亞日報, 서기 1930년 11월 16일자 관련기사 참조.

을 모아 청년들이 이를 가르치기도 했다.[30] 작천면 치흥리에서도 서기 1926년 노동청년회가 조직되어 회원이 무산아동 30여 명을 모아 청년들이 이들을 가르쳤다.[31] 비슷한 단체로서 성전면 월하리에서는 '노동회'가 서기 1921년 조직되어 회원이 50명에 달했으며, 기본금 500원을 모아 여러 사업을 진행하였다고 하는데, 구체적으로 어떤 사업을 하였는지는 알 수 없다. 그리고 이 노동회도 서기 1927년 경찰의 압력에 의해 해산하고 말았다.[32]

이처럼 서기 1920년대 야학의 확대 원인은 다음과 같이 지적할 수 있다.[33]

첫째, 3.1운동 이후 선각적 민족운동가나 지식인들이 민중의 힘에 대한 새로운 인식을 갖게 되었다는 것이다.

둘째, 민중자신의 주체적 각성도 야학 확대에 큰 영향을 주었다.

셋째, 3.1운동 이후 국민 일반이 신학문 · 신지식에 대한 인식의 변화로 민중들의 교육열이 상당히 고조 되어 있었기 때문에, 일제가 설립한 관공립(官公立)의 보통학교로는 도저히 감당하기 어려운 상황이었다.

이러한 요인 등에 의하여 발달을 가져온 야학은 서기 1920년대를 통해 우리 민족의 요구에 의하여 자생적(自生的)인 교육기관으로 나타났다고 할 수 있겠다. 그러나 이와 병행하여 야학에 대한 일제의 감시와 강압도 따르기 시작하였다. 즉 서기 1920년대 전반

---

30) 조선일보, 서기 1927년 9월 6일 관련기사, '전남 강진야학교의 호황, 당지 노청 경영', 야학교사는 이병종, 이승철, 이권문, 이영준이었다.

31) 조선일보, 서기 1927년 9월 6일자 관련기사 참조, '강진 작천에 무산야학 설립, 당지노청 경영', 야학교사는 박동암, 이창섭이었다.

32) 조선일보, 서기 1927년 12월 6일자 관련 기사 '고압에 못견디어 회체 필경 해산, 전남 강진 월하리 노동회', 참조.

33) 李明實, 日帝下 夜學의 民族教育에 관한 硏究 – 1920년대를 중심으로–, 淑明女子大學校 大學院 碩士學位論文, 1987.

기에는 야학에 대한 일제의 규제는 실제로 나타나지 않았다. 다만 우리가 인식할 수 있는 것은 서기 1922년 전주노동야학(全州勞動夜學)에 '勞動'이라는 두 글자만 빼면 인가를 주겠다는 기사만 보일 뿐이다.[34] 그러나 서기 1925년 이후로부터는 일제는 종전의 방임적이던 태도를 바꾸어 감시와 탄압을 시작하였다.

이를 위해 일제는 부윤(府尹)·군수(郡守)로 하여금 직접 감독취체(監督取締)를 맡기고, 경찰관서와 제휴하여 교사의 인물, 개설의 동기, 강습의 실제에 대하여 엄중히 감독취체를 시킴과 동시에 인접의 공립보통학교장으로 하여금 그의 지도를 맡도록 하는 방법을 취하였다.[35] 또한 서기 1929년 학무국장이 각도지사에게 보내는 '사립학교규칙(私立學校規則) 개정에 관한 건'이란 통첩문(通牒文)으로써도 적극적으로 지도 감독케 하였다.

이러한 일제의 감시와 규제에 따른 서기 1920년대 야학(夜學)의 민족운동적 성격을 보면 다음과 같이 지적할 수 있다.[36]

첫째, 야학은 서기 1920년대를 중심으로 한 민족주의 한 형태로 그 당시 존재했던 유일한 비정규적 민족교육기관이었다.

둘째, 야학은 그 당시 전인구의 90% 이상을 차지하고 있던 노동사 농민 등의 무산층을 대상으로 한 민중교육기관이었다.

셋째, 서기 1920년대 야학은 당시 활발하게 전개하고 있었던 노동운동·농민운동 등의 사회운동과 밀접한 관계가 있었다.

서기 1920년대 민족운동의 최대과제는 전 국민의 대다수를 차지하고 있었던 노동자, 농민들의 영세화 내지는 몰락을 어떻게 고무시키고 일깨워 민족운동의 중추세력으로 성장시키는가의 문제였

34) 東亞日報, 1922년 12월 22일자 관련기사 참조.
35) 渡部學, 朝鮮敎育史, 東京 ; 講談社, 1975, 264면.
36) 李明實, 같은 논문, 30~31면 참조.

다. 즉, 민중층의 역할이 증대됨에 따라 민중들의 민족역량을 개발하기 위해 이들을 계몽시키고, 이들의 문맹을 타파하기 위한 교육기관이 절실히 요청되었던 것이다. 이러한 요청에 따라 무산계층의 각성을 통해 독립의욕을 전민중에게로 확대시켜 일제(日帝)의 지배를 벗어나려는 의도하에 설립된 각종 야학은 민중적 민족운동의 성격을 지닌 민중중시의 민족교육기관이었던 것이다.[37)]

이제까지의 논의한 야학은 그 장소에 있어서 보통은 개인 사택 · 보통학교 · 청년회관 및 각 종교 단체의 회관 또는 서당 등을 사용하였으며, 야학을 위해 학당(學堂)을 건축하는 경우도 있었다. 이러한 경우의 한 예를 보면, 전남 장성군 북이면(北二面) 모현리(茅峴里)의 경우에서 볼 수 있다.

동 리에서는 처음에는 무산 아동을 교육시키기 위하여, 유지 몇몇의 발의로 동리 신태식(申台植)의 집을 빌어 2개년 야학을 운영하다가, 교실이 협착하여 고심 중 정월 명절 동리에서 소인극(素人劇)을 응행하여 다소의 자금을 얻고, 여기에 음력 8월경부터 교실 건축에 착수하여, 동리유지 김광수(金光洙)가 정조 2석을 기부한 외에 동리 주민들의 부역으로 교사를 낙성하기도 하였다.[38)]

그런데 서기 1920년대로 들어오면서 전국 각지에서는 야학 또는 강습을 밤을 이용하여, 동네 사랑방이나 특히나 부녀자들은 동리 유식한 부녀의 방에서 호롱불 등잔 밑에 서너 명이 모여, 한글을 배우거나 글씨 쓰기 등을 하는 경우가 어지간한 동네에서는 다 존재하였다. 필자도 이러한 경우를 집안에서 보아온 기억이 지금도 생생하다. 이와 같이 일제의 국어 말살정책에도 불구하고, 야학은 언문(諺文;한글) 학습에 주력하여 결과적으로 민족의식을 높이

37) 李明實, 같은 논문, 32~33면 참조.

38) 東亞日報, 1926년 11월 14일자 관련기사 참조.

는 데 힘썼다.

우리는 지금까지의 기술한 교육기관으로서의 야학의 전개 과정에서, 그 야학의 형태와 소규모의 글방식 야학의 경우를, 전북 고창지방의 경우에서 그 한 모습을 보고자 한다.[39]

고창지방의 교육기관으로서의 야학의 경우와 글방 형식의 야학에 대해서도, 그 자료는 희박하며 필자가 구한 한 가문의 독립유공자 자료에서 간단한 내용뿐이다. 그러나 작고했지만, 고령의 노인들의 말에 의하면 글방 형식의 야학은 많이 존재했다고 한다.

그들의 증언을 종합해 보면, 당시의 야학은 대개 큰 부락에서 공회당이나 정사(亭舍), 사랑방 또는 부녀자들이 거처하는 '작은 방' 등에서 실시되었으며, 설립 주체들은 개명한 지방 유지나 당시 일본 또는 서울에서 유학한 대학생들이었다고 한다.

야학의 학습 대상자들은 당시까지만 해도 서당(書堂)이 성행했기에, 남자들은 공교육기관이나 서당에서 수학했기에 자연히 빈한한 계층의 남자나 부녀자가 그 주축을 이루었다고 한다. 학습내용은 주로 한글 해득과 산술에 관한 것이었다.

일본어를 국어로 강요했던 상황하에서 한글 공부를 했던 경우를 생각하면, 이것은 바로 국어교육을 통한 민족의식의 고취라 할 것이다. 야학의 실상은 소설 심훈의 '상록수' 속에 등장하는 야학의 장면을 생각한다면 가히 짐작할 수 있을 것이다.

고창지방의 야학의 형태는 농민야학(農民夜學)과 여성야학(女性夜學)만이 존재했던 것으로 보인다. 그것은 이 지방이 농촌지역으로서 농민이 인구에 있어서 주축을 이루었기 때문이다. 대표적인 야학으로서는 전북 고창군의 고수면 수양회(古水面 修養會)가 운

39) 김경식, 고창의 전통과 생활사, 고창군, 2004, 339~342면, 이 중 증언(證言)을 채증(採證)한 것은 전주대학교 도서관 黃相旭 선생에 의한 것이다.

영했던 야학회관(夜學會館)으로서 서기 1920년대를 전후하여 존재하였으며, 학생수가 40여 명이나 되었다고 한다. 동 야학은 지방유지의 경제적인 지원에 의지하였다.

고수면 야학회의 항일 맹휴사건이 개략적으로나마 전해지고 있다. 즉 고수면 수양회에서는 야학회관을 운영하고 있었던 바, 당시 고수주재소(古水駐在所;고창경찰서 고수면 지서 상당) 순사 도변의춘(渡邊義春)은 주식대도 지불치 않고 무뢰한으로 서기 1923년 12월 6일 오후 7시경 야학회관에 와서 주정하며, 야학생을 함부로 구타 추방하고 야학 폐지 등 폭언을 하므로, 야학선생과의 논쟁이 일어나 장내가 소란한 바 있더니, 그 순사를 구타하라고 소리가 높아지기 시작하였다.

이러한 사태는 학생의 입을 통해서 밖으로 전해지자 시비거리가 되어 이런 항일에 분개한 그 일본인 순사는 12월 14일 밤 야학회에 들어가, 학생들에게 야만종이라는 욕설과 타면 출신의 학생들은 나가라고 위협하니, 다음 날부터 전학생 40여 명이 동맹휴학하기에 이르렀다.

또 하나의 야학의 경우를 보면, 고창군 성내면의 황종관(黃鍾寬: 서기 1868~1953)의 야학운영이다.

우리는 우선 황종관의 간단한 행장을 살펴보는 것은 그의 야학운영 정신을 간접적으로나마 이해할 수 있을 것이다. 그는 고창군 성내면(星內面) 신대리(新大里) 출신이다. 당시 성내면, 신림면 지역은 한말 내지 주권상실기에 의병 또는 독립운동가를 많이 배출한 지역이었고, 황씨 가문 역시 이미 전술한 바 있는 흥동장학회(興東奬學會)의 주역을 이루고 있던 황씨 가문으로 이 지방의 명문가였다.

그는 어려서 그의 조부 밑에서 한학을 수학하다가, 그의 나이 17

세 되던해에 신림면 출신 수남 고석진(秀南 高石鎭, 면암선생의 수제자, 서기 1990년 애국장 포상)에 사사하다가 서기 1906년 면암 최익현(勉庵 崔益鉉)의 병오의거(丙午義擧)에 고석진, 고예진(高禮鎭, 서기 1990년 애국장 포상) 등과 참여했으며, 서기 1911년 11월에는 상해임시정부(上海臨時政府) 군자금 모집 국내부 호남지부 재무원에 선임되어, 다년간 군자금 조달에 헌신했음은 물론, 동 호남지부 이종택(李鍾澤 ;서기 1990년 애국장 포상) 등과 고창의 전 지역으로 항일독립운동을 확산시키어 그 선구자적 역할을 하였다. 이러한 공적으로 정부에서는 서기 1995년 8월 15일 건국포상에 추서하였다.

그는 서기 1932년경부터 광복되던 해까지는 향리에 서당(書堂)을 세우고 한편, 자기 집 사랑채에 야학(夜學)을 열어 인근의 청소년과 부녀자를 모아 한학과 한글의 교수학습을 통하여, 동양의 전통과 주체의식을 주지 시켰고, 아울러 당시 상황하에서 애국 계몽의 사상을 주입 시키기도 하였다.

황종관이 설립 운영한 서당과 야학에 대해서는 구체적인 자료가 없어 그 자세한 내막을 알 수 없으나, 그의 따님과 자부 그리고 당시 야학교사의 증언에 의하여 어렴풋이 짐작할 수 있다.

그의 따님 황필례(81세, 아산면 상갑리 거주)는 서기 2003년 다음과 같이 증언하고 있다.

그 때는 하도 옛 일이라 자세한 기억은 없습니다. 아버지께서는 집을 나가시면 한 달도 된 때가 많았습니다. 그리고 가끔 낯모르는 사람이 저녁에 오셨다가 아침에 보면 안 계셨습니다. 지금 생각해 보면 아버지께서 독립운동을 하셨으니까 독립운동을 하시는 분들이 집에 오셨던 것 같습니다. 독립운동에 관한 이야기는 우리는 알 수 없습니다. 밖에서 어른들이 하시는 일이라.…… 집 사랑에 야학당(夜學堂)을 차린 것은 잘 알고 있습니다. 주로 동네 부인들 그리고 학교 못간 친구들이 모였습니다만 기억엔 20명은 넘은 것 같습니다. 그런데 언문(한글)을 가르쳐 주신 것 외에 우리 글로 알아야 하고 우리가 서로 힘을 합쳐 농사도 돕고 해야 한다. 우리 역사도 알아야 한다는 것을 늘 말씀 하신 것만은 기업됩니다.

서당은 아버지께서 동네에 차리고 선생님을 모셔다가 동네 아이들을 가르치기 시작했습니다. 나중엔 이웃 동네에서도 배우려 왔고요, 밖에서 하셨던 일이라 자세한 것은 잘 모르겠습니다.

그리고 황종관의 넷째 자부인 조순례(83세, 고창군 성내면 신대리 거주)는 서기 2003년, 대대로 내려오는 이야기라고 전제하면서 그의 시아버님으로부터 들은 말씀을 다음과 같이 증언하고 있다.

아버님께서는 독립운동을 하셨고 동내에서는 서당과 야학을 차리고 소년들과 부녀자들을 가르치시는데 열정이셨다고 합니다. 글만 가르치신 것이 당신의 뜻인 거처럼 늘 애족 애국을 강조하시고 서로 협조해야 하는 것을 강조하셨다고 합니다.

또한 당시 야학교사였던 황종구(黃鍾九, 71세, 성내초등학교 졸업, 황종관과는 12촌 형제)는 서기 2003년 다음과 같이 증언하였다.

종관이 형님은 저를 퍽 사랑해 주셨습니다. 평소에 애족 · 애국을 해야 하고 동네에서도 서로 협동하여 농사일도 해야 한다고 말씀해 주셨으며, 너는 커서 우리의 조상을 빛내라고 늘 일러 주셨습니다.

어느 날인가 저를 불러 동네 야학에 나가 언문(한글), 산술, 그리고 한문 등을 가르치라고 해 저는 보통학교 졸업하고 선생이 된다는 것이 퍽 기뻤습니다. 그래서 2년간 서기 1938~1939년) 동네 부녀를 가르친 일이 있습니다. 야학생이 20명 내지 30명은 되었습니다. 그 때 집안 아주

머니들이 저보고 선생님이라고 불러 그 때는 참 부끄러웠습니다. 옛일이라 다 기억할 수가 없네요.……

이상 세 분의 증언을 종합해 보면, 황종관은 밖에서는 독립운동에 심혈을 기울이고, 향리에서는 문맹퇴치와 애국계몽활동에 적극적이었음을 인식할 수 있다.

제4절 사회교육운동 3 : 고창지방의 죽림야학회(竹林夜學會)

서기 1920년대 노동야학이 성행한 사실은 많은 자료에서 그 현상을 볼 수 있으나, 한 야학의 설립과 실제 운영에 관한 자료는 얻기 어렵다. 필자는 고향인 고창지방에서 한 야학이 성행했었다는 말은 들은 적은 있으나 그 실체는 모르고 있었다. 그러던 중 마침 고향의 후배인 천병익(千丙益)[40]이 자기의 고향인 고창군 무장면(茂長面) 죽림(竹林) 마을에서 자기 집안의 어른들이 운영해 온 귀중한 '죽림야학회(竹林夜學會)'의 자료를 전해 주기에 여기에 소개하고자 한다.

'죽림야학회'가 성립한 것은 서기 1926년 봄 전주잠업학교(全州蠶業學校)를 갓 졸업한 천배봉(千配鳳)은 고향에 내려와 고창군의 잠업기수(蠶業技手)[41]를 마다하고 자그마한 桑田(뽕나무 밭)을 마

40) 천병익(千丙益) : 전북 고창 출신, 서기 1946년생, 고창고교(제41회) · 국민대 경제학과 · 한국방송통신대 중어중문학과 졸업, 전주 홍지서림 · 양우신협 이사장.

41) 당시 고창군청 직원의 직위로 당시 월급은 30원, 그 당시의 30원은 벼 5섬(당시 벼 1섬은 96근) 가격이었다. 그 당시로서는 논 1마지기(200평)당 가격이 평균 1,5섬~2섬)이었으니 말단 초임 직원치고는 대단한 월급이었다. 오늘날로 치면 1개월에 5섬은 875,000원(1섬 175,000원 상당)이로 공무원 첫 봉급치고 별것 아닌 것 같으나, 그 당시로서는 엄청난 돈이다.

련하여 잠업에 종사하였다. 그해 겨울 동짓날 야학을 만들자고 제의하여 동의를 얻고, 우선 사랑방의 윗목 한족을 빌러 호롱불 밑에 5,6명을 모아 놓고 한글을 가르치기 시작한 데서 죽림야학의 역사는 시작된다.

그 후 본격적인 야학회(夜學會)를 창립하여 발전시킨 것은 역시 천씨 집안의 청년으로 서기 1924년 민족사학 고창고보(高敞高普)를 졸업하고, 다음 해 동아일보 고창지방 기자로서 활동하던 천기호(千冀鎬)는 기자생활을 하면서 귀향하여 죽림마을 계몽운동을 결심하고, 죽림야학회를 건립하여 보다 더 발전된 모습으로 주위의 계몽운동을 벌였다. 아마도 이것은 그 무 무렵 기자로서 동아일보(東亞日報)에 재직하면서 동 동아일보와 조선일보(朝鮮日報)가 벌이던 사회계몽운동에 영향을 많이 받았을 것이라는 추측을 우리는 배제할 수 없다.

우리는 예서 죽림야학회(竹林夜學會)의 실체를 천기호가 남긴 자료를 다음과 같이 소개하고자 한다. 죽림야학회에 관한 것은 동 자료보다 더 상세하게 설명할 수 없으니, 참조하기 바란다.

〈죽림야학회(竹林夜學會)〉

율촌(栗村) 천기호(千冀鎬)

– 1924년. 고창고보(高敞高普) 졸업
–1925년. 東亞日報 고창지방 記者
– 1928년. 죽림마을 귀향 계몽운동(지방기자(記者)활동 겸함)
죽림(竹林) 야학회(夜學會) 설립
– 1940년. 무장(茂長)금융조합(金融組合) 근무
– 1948년. 정읍 호남중 · 고교 부임
– 1963년. 호남고교 정년퇴임

〈죽림야학당가(竹林夜學堂歌)〉

1. 우리들의 사랑하는 竹林夜學堂
글모르는 소경들을 눈띠어주니
칠흑같이 캄캄하던 우리마을이
햇살펴진 아침같이 밝아오도다
[후렴]
우리들은 겨를없는 일꾼들이니
낮이되면 일을하고 밤에배우세

2. 비가오나 눈이오나 바람불어도
수십여명 우리동무 일제히모여
마주앉아 공부하는 우리의기쁨
하루종일 일을하면 고통도잊네
[후렴]
우리들은 겨를없는 일꾼들이니
낮이되면 일을하고 밤에배우세

3. 봄싹처럼 자라나는 우리의공부
천길만길 되는날이 멀지않았네
처음나중 한결같이 배우고배워
겉눈만을 뜨지말고 속눈도뜨세
[후렴]
우리들은 겨를없는 일꾼들이니
낮이되면 일을하고 밤에배우세

一. 서당(書堂)과 야학(夜學)

그 무렵 이 고장의 서당교육(書堂教育)은 물론 주로 한문(漢文)이었다. 한문(漢文)만 능통(能通)하면 모든 사물(事物)에 대하여 통달(通達)되지 않는 것이 없다고 해서 거기만 전력(專力)했던 것이다. 공자(孔子)의 제자(弟子)로 예악사어서수(禮樂射御書數)에 능(能)한 사람이 七十명이란 것으로 보아, 유교중심(儒教中心)의 교육(教育)도 처음에는 한문교육(漢文教育)만을 하지 않은 것을 짐작할 수 있으나, 내가 소년(少年)시절에 보고 들은 바로는, 학습과목(學習科目)에 한문(漢文)과 습자(習字)외에는 아무 것도 없었다. 六, 七세(歲)가 되어 서당(書堂)에 들어가면, 맨 처음에 천자문(千字文)」을 배우고, 다음에 「추구(推句)」, 「학어집(學語集」을 끝마친 뒤에, 「약사(略史)」「자치통감(自治通鑑)」이란 중국역사(中國歷史)를 배우는데 자치통감(自治通鑑)」은 十五권(卷)이나 되므로, 너무 지루하다하여 六권(卷)이나 七권(卷)정도로 떼고 「소학(小學)」을 배운다.

이 정도의 과정(課程)을 마치려면 머리가 둔(鈍)하지 않은 보통 아이로 줄잡아 六, 七年은 걸린다. 그래저래 나이 十三세(歲) 되면 부모(父母)들은 대개 서당(書堂)을 그만 두게 하는 것이었다. 더 가르쳐도 큰 공부를 이루기 어렵고, 설령 이로부터 十년(年)이상 가르쳐 시골에서는 글을 잘한다 하여도, 과거시험(科擧試驗)에 합격(合格)을 바라기는 하늘의 별따기이고, 기껏해야 농촌(農村)에서 훈장(訓長)노릇인데, 그만큼 되기도 제마다 하기 쉬운 것이 아닌즉, 十년(年)동안 들어가는 어마어마한 돈이 어디서 나오느냐, 미리 포기하고 농사(農事)에나 조력(助力)시키는 것이 상책(上策)이다. 글자는 다소(多少) 아니까 기성명(記姓名)이나 하면 그만이고, 축지방(祝紙榜)이나 쓸 줄 알면 더 바랄 것이 없다. 이래서 중단(中斷)을 시키는 것이다.

소위 면무식(免無識)이라 해서, 남의 성명(姓名)을 감별(鑑別)할 정도이면 되었던 것이고, 딴 곳에 있는 친척이나 오는 편지가 무슨 일을 말함인지 뜻을 이해할 정도면 되었다. 보낼 편지가 있을 때에는 어떻게 쓸지 몰라 서당(書堂)의 훈장(訓長)이나 다른 사람에세 대필(代筆)을 부탁하여야 한다. 그것은 六, 七년(年)간 서당(書堂)에서 부지런히 배운 사람 말이지 四, 五년(年)쯤 배우다 귀농(歸農)한 아이들은 서당(書堂)에서 나온 그날부터 글자와는 아주 담을 쌓고 있는 형편이었다. 제나라 말과 틀리는 남의 나라 글을 빌어다가 글이라고 쓰니, 얼마나 배우기와 쓰기가 고통(苦痛) 스러웠을까. 마치 제 다리가 없어진 사람이 의족(義足)에 의지하여 걷는 것이나 다름없다. 그러므로 몇 해를 걸려 배웠다는 것도 모두 잊어버려, 결국은 문맹(文盲)에 가깝게 되고 마는 것이었다.

여자(女子)는 어떠한가. 말할 것도 없이 모두 문맹(文盲)이다. 한글을 언문(諺文), 개글이라 일컫고 한문(漢文)을 진서(眞書)라 부르던 때라, 글을 배운다함을 한문(漢文)을 가리킴이지 한글을 말함은 아니었다. 다만 혼인(婚姻)을 하면 신랑(新郎)이 장가갔다 오는 날에 떡동고리, 돼지다리, 청주류(淸酒類)의 이바지가 따라오고, 그와 함께 혼간(婚簡)이라 하여, 밖의 사돈과 안사돈의 이름으로 두꺼운 장지(壯紙)에 써서 온다. 남자(男子)의 편지는 한문(漢文)으로 쓰고, 부인(婦人)의 편지는 한글로 쓰는데, 정자(正字)로 쓰지 않고 초자(草字)로 쓰되, 개개가 연서체(連書體)로, 얼른 보아 글자를 알아내기 힘드는 데가 적지 않았다. 한글 편지는 그만큼 쓸 실력(實力)을 가지려면 상당(相當)한 노력과 시일이 필요하였을 것이다. 그러나 그 실력정도(實力程度)의 여자(女子)는 생활(生活)

이 안정(安定)된 가정(家庭)과 문화수준(文化水準)이 높다는 동리(洞里)에 한(限)하여 한두 명이 있을 뿐이고, 50호(戸)를 넘는 마을에도 한글을 아는 여자(女子)가 하나도 없기조차 했다.

남자(男子)의 경우도 한글을 가르치는 곳이 정(定)하여 있지는 않았지만, 머리가 영리한 사람은 그야말로 눈동냥 귀동냥으로 한글을 제법 내려읽고 소설(小說)을 재미있게 보았다. 흰눈이 소복소복 내리는 동지섣달 밤에 늙은이들이 동네 사랑방에 모여 앉고, 젊은 사람이 깜박깜박하는 호롱불의 심지를 돋구어 가면서 이야기책을 목청 높여 소릿 조로 읽는 것이었다. 한지(韓紙)에 목판(木板)으로 박은 기다란 책으로 띄어쓰기가 없이 연달아 있는 「조웅전」, 「심청전」, 「춘향전」, 「콩쥐팥쥐」 등 대개는 장군(將軍), 효녀(孝女), 열녀(烈女)들이 전반생(前半生)은 고생하다가 후반생(後半生)은 하늘이 도와 복을 누리고 살았다는 이야기들이다.

한글은 시골 농촌(農村) 규방(閨房)의 내간(內簡)이나 동네 사랑방의 이야기책에서, 면면(綿綿)히 계승되어 왔다 하여도 과언이 아닐 것이다.

한 마을의 문학 해득자(文學解得者)라면 한문 해득자(漢文解得者)가 十%, 한글 해득자(解得者)가 五%, 보통학교 취학(普通學校就學)이 四%, 문자 해득자(文字解得者)란 많이 잡아도 二十% 미만(未滿)이었다. 그것도 비교적 문화수준(文化水準)이 낮지 않고 보통학교(譜通學校)가 멀지 않은 거리에 있는 마을의 이야기이지, 마을이나 마을의 주변(周邊)에 서당(書堂)이 없고 읍(邑)이나 면소지(面所地)에서 멀리 떨어져 있는 벽촌(僻村)에는 서당(書堂)이나 학교 교육(學校教育)이란 맛도 보지 못했으니, 주민 전부(住民全部)가 거의 문맹(文盲)이라 하여도 과언이 아니었던 것이다.

배우기 어렵고 쓰기 힘드는 한문(漢文)을 가난한 살림에 온 집식

구가 전력(全力)을 경주(傾注)하여, 실생활(實生活)에 직접 이해관계가 크지 않은 글 공부를 시킬 필요(必要)가 무엇인가. 그저 우리의 형편에 맞게 부지런히 농사를 지어 해마다 볏 섬 씩이나 밀려 논마지기나 장만해지고, 부모(父母)의 상사(喪事)나 자녀(子女)의 혼사(婚事)를 남부럽지 않게 치루면 사람노릇을 하는 것이지, 이런 생각으로 자신(自身)의 무식(無識)을 그다지 한(恨)스럽게 여기지도 않는 동시에 자식을 가르치지 않는 것도 부끄럽게 여기지 않았던 것이다.

이러한 관념(觀念)이 수백년(數百年)을 전해왔고, 게다가 일제(日帝)의 경제(經濟)착취로 농민(農民)들의 생활(生活)이 가일층(加一層) 곤란하여, 대부분이 자녀(子女) 가르치는 것은 엄두도 내지 못할 뿐더러, 읍소재지(邑所在地)나 면소재지(面所在地)에 겨우 보통학교(普通學校)가 하나 있기는 하나 면(面)에는 四년제(年制), 읍(邑)이라야 6년제(年制), 그것도 모두 1학급(學級)씩 뿐이었으니 1면내(面內)의 아동(兒童)을 어느 정도나마 수용할 도리도 없었던 것이다.

二. 죽림야학(竹林夜學)의 탄생(誕生)

죽림(竹林)마을에서 태어난 천배봉(千配鳳)은 성격(性格)이 호방(豪放)하고 쾌활(快活)하고 말이 유창(流暢)하고, 일에 당(當)하여 추진력(推進力)이 강(强)하였다. 전주잠업학교(全州蠶業學校)를 졸업(卒業)하고, 고향(故鄕)에 돌아와 군(郡) 잠업기수(蠶業技手)로 오라는 것을 마다하고, 상전(桑田) 사반보(四反步)를 마련하여 양잠(養蠶)에 종사하고 있었다.

一九二六년 동짓달의 일이었다. 배봉(配鳳)은 마을 청년(靑年)들이 모인 자리에서 야학(夜學)을 만들자고 제의(提議)했다. 그러나 청년(青年)들은 선뜻 응(應)하지 않았다. 우리가 이제 늦게 글을 배운들 얼마나 배우며, 낮도 아니고 밤에 조금씩 배우는 것이 무슨 보람이 있겠느냐는 것이었다. 그러나 그는 단념(斷念)하지 않고 여러 차례에 걸쳐 꾸준히 권유(勸誘)하여 마침내 청년(青年)들의 찬동(贊同)을 얻었다.

적당한 장소가 없어 마을 사랑방의 윗목 한쪽을 빌려, 상자 위에 놓인 호롱불 밑에 六, 七명이 둘러앉아 기역, 니은을 쓰고 가갸거겨를 읽기 시작했다. 『낫자루를 잡아보면 기역이고, ㄱ字의 왼편으로 반대가 니은字, 입을 다물면 미음字가 되고, 입을 벌리면 비읍字』라고, 그는 낫자루를 左右로 돌리고 입을 열었다 닫았다 했다.

보기 드문 진풍경(珍風景)에 아랫방에서 새끼를 꼬고 있던 그 집 머슴은 일손을 멈추고 물끄러미 바라보면서, 한참동안 어떤 생각에 잠겨 있다가 다시 새끼꼬는 일을 계속했다. 「나도 저기에 참여하면 좋겠으나 주인이 허락지 않을 것이다.」하는 생각은 아니었을까?

어느 날 밤에 이웃에 사는 六十이 넘는 노인(老人)이 사랑에 놀러 왔다.

△ 노인(老人) - 『재들이 저 윗방구석에서 화투 노름을 하능가』

△ 머슴 - 『화투노름 안해요. 공부 한다우.』

△ 노인(老人) - 『공부는 무슨 공부여?』

△ 머슴 - 『한글 공부라우.』

△ 노인(老人) - 『한글이 무엇이라냐.』

△ 머슴 - 『언문이라우』

△ 노인(老人) - 『그까짓 언문 공부해서 뭣한다냐.』

△ 머슴 - 『무엇해요. 편지도 쓰고 무엇이든지 적지라우.』

△ 노인(老人) - 『고지서에 언문을 쓴다냐. 계약서에 언문을 쓴다냐. 축지방(祝紙榜)에 언문을 쓴다냐. 잘해야 이야기책이나 보지.』

△ 머슴 - 『나는 이야기 책만 볼줄 알아도 좋겠습니다.』

△ 노인(老人) - 『우리 수돌이란 놈도 저기 있구나. 저녁 먹고 딕석 절다 말고 나가고 없더니 여기 와서 쭈구대고 앉았구나. 어서쫓아 보내야지.』

△ 머슴 - 『내버려 두시오. 밤에 좀 안 절는다고 멍석 못 끝낼라당게라우.』

△ 노인(老人) - 『일은 밤 일이 붇는 것이다.』 노인(老人)은 기어이 수돌이를 쫓아보냈다.

△ 노인(老人) - 『배봉이 저 사람도 전주(全州)까지 가서 학교 공부하고 와서 한다는 일이 저런 일 뿐이여.』

△ 머슴 - 『그러면 무슨 일을 한다우.』

△ 노인(老人) - 『누에 키우는 학교를 졸업했다닝개, 군청에 들어가 잠업기수를 해야 돈을 많이 벌지.』

△ 머슴 - 『뽕나무를 심어 누에를 키우면 좋은 사업이 되고 돈도 잘 번다우.』

△ 노인(老人) - 『그까짓 누에 키워서 돈이 얼마나 생겨. 군청주사가 되어야 권리가 좋아 돈이 많이 생기고 월급만 하여도 三十원(圓)이란다. 三十원이면 나락이 닷섬아니냐.』

구체적인 준비가 없이 시작한 야학(夜學)은 순조롭게 진행되지 못하였다.

첫째는 마땅한 장소가 없었다. 동네 사랑의 윗방 한 구퉁이에서 공부를 하게 되니, 그 방은 주인(主人)의 접객실(接客室)로 밤에 왔다가는 사람이 있거나, 자고 가는 손님이 있을 때에는 그 자리를 사용하기가 미안하여 모였다가 바로 갈린다. 좀 나을까하여 다른 곳으로 옮겨 보았으나 불편이 더 많아 처음 시작한 곳으로 되돌아 왔다.

둘째는 배우는 사람들이 모두 二十五, 六세 된 청년(靑年)들이므로 자기집 일에 대하여 거의 전 책임(全責任)을 지고 있기 때문에, 겨울철의 농한기(農閑期)라 하지마는 밤까지 집에서 떠나지 못할 사정(事情)이 종종 생겨, 야학(夜學)에 나오지 못하게 되는 사람이 평균 1,2명이 되고, 어떤 날 밤에는 출석(出席)이 겨우 二, 三명에 불과(不過)한 때가 있어 늦게 오는 사람을 기다리다가 그냥 갈리는 때도 없지 않았다.

그뿐인가 어떤 한사람은 결석한 그 이튿날 밤에 와서 『어제 밤에는 집에 바쁜 일이 생겨 못 나왔다』고 변명(辨明)을 하더니, 나중에 알고 보니, 야학(夜學)에 다니면서부터 손을 뗀 아랫마을 노름판에 대한 옛 정(情)이 그리워 살그머니 찾아가서 밤을 새우고 개평을 얻어 왔다는 것이다.

일요일(日曜日)도 없는 야학(夜學)이면서도, 이래저래 귀 베고 코 베면 전원(全員)이 모여서 공부하는 밤은 한 달에 二十일이 못 다 되었다.

마을사람들은 시작한 때부터 시시하게 생각하였거니와, 지금에 와서는 야학(夜學)이란 것이 얼마 안 가서 흐지부지 없어질 것이라고 단정(斷定)하였다.

그러나 야학(夜學)은 그대로 계속하여 시작한지 滿 三개월인 二월 二十五일(陰)에 휴학(休學)하였다.

처음 계획(計劃)에 농한기(農閑期)의 밤이 긴 때를 이용하기로 하여 겨울철 三개월을 공부 기간으로 定한 것인데, 四개월부터는 밤이 짧을뿐더러 농사준비(農事準備)에 들어가 바쁘기 시작하므로 밤공부에 지장(支障)이 많게 된 것이다. 이리하여 十一월의 수확결산이 끝날 때까지 야학(夜學)은 중단(中斷)하기로 하였다.

농촌(農村)의 가난한 사람들로서는 어찌할 수 없는 일이었다.

휴학(休學)하는 날 밤 서로 모여 그동안의 소득(所得)을 자랑삼아 주고 받았다. 한글 받침은 거의 다 알게 되었고 자기(自己)의 성명(姓名)과 同字라는 사람들의 성명(姓名)을 한자(漢字)로도 쓸 줄 알았다. 열성(熱誠)으로 배운 사람은 신문(新聞)의 사회면 기사(社會面記事)를 더듬더듬하면서 내려 읽었다. 하룻밤에 다섯字 여섯字 배운 것이 이렇게 자신의 감정을 흐뭇하게 하리라고 미처 몰랐었다.

三. 「야학회(夜學會)」와 야학기금(夜學基金)

그후 二년째의 야학(夜學)이 시작될 十一월 十五일이 임박(臨迫)하였다. 무엇보다도 장소가 가장 큰 걱정거리였는데 묘안(妙案)이 생겼다. 마을 동편(東便)에 전(前)부터 서당(書堂)집이 있어, 이 마을 출생(出生)인 훈장(訓長)한분이 수십년간(數十年間) 이 마을과 이웃 마을의 아이들을 가르쳐 왔던 터라 그 근동(近洞)에서 죽림서당(竹林書堂)이라면 모르는 사람이 없었다. 그러다가 그 선생(先生)이 七十이 넘으시어 훈학(訓學)을 그대로 계속할 수 없고 또 무장읍(茂長邑)에 보통학교(譜通學校)가 생겨 서당(書堂)에 다닐만한 아이들은 모두 학교(學校)로 가게 되니 서당(書堂)은 자연 문(門)을 닫고 집이 비어 있었던 것이다.

거년(去年)에 처음으로 시작할 때에, 그 서당(書堂)집이 야학(夜

學) 장소로 엄지손가락을 꼽았지만, 그 서당(書堂)집은 처음부터 천씨(千氏) 종중(宗中)에서 설비(設備)한 집인데다 한문(漢文)을 가르치지 않고 소위 신학문(新學問)에 가까운 것을 가르친다는 것이, 그때까지도 유교사상(儒教思想)의 구식(舊式)이 농후(濃厚)한 천씨 노인층(千氏 老人層)의 허락(許諾)을 받기가 힘들 것이고, 허락(許諾)을 얻는다 하여도, 오랫동안 비어둔 집이라 부서진 벽(壁)과 떨어진 문(門)을 무슨 돈으로 보수(補修)하며, 돈이 있다 할지라도 그 추운 때에 급(急)한 시일(時日)에 손댈 수가 힘들 것이 가장 큰 난점(難點)이 되었던 것이다. 그러나 금년(今年)에는 벌써 지원자수(志願者數)가 많이 늘어, 전(前)과 같이 좁은 장소에서는 도저히 수용(收容)할수 없게 되었고, 수리(修理)하는 것도 작년과 달라 시일(時日)의 여유가 충분하다 하여, 만장일치(滿場一致)로 서당(書堂)집을 빌려보자 하였다.

교섭(交涉)의 결과는 예상외로 순조로웠다. 어려움 없이 허락(許諾)을 얻고 수리(修理)해 쓰라는 보조금(補助金)까지 받아왔다. 그 이튿날부터 여러 사람이 일찍 모여 흙을 파다가, 쥐구멍이 나서 여기저기 헐어진 구들과 벽(壁)을 고치고, 방은 신문지로, 벽(壁)과 천정(天井)은 백지로, 문은 창호지로 말끔하게 발랐다. 이 서당(書堂)집은, 서당방(書堂房)이 상하두간(上下二間), 전후(前後)의 툇마루, 방(房)옆에 부엌, 부엌 옆에 집 수호(守護)하는 사람이 사는 방(房)이 붙어 있었고, 집 전후좌우(前後左右) 四十坪 가량 되는 뜰에는 목단(牧丹), 작약(芍藥), 목련화(木蓮花) 등의 꽃나무가 열지어 서 있었다.

이만큼 한적(閑寂)하고 널따란 집을 이제부터 마음대로 사용하게 된 것이었다. 구들에 쓸 연료(燃料)는 학생(學生)들이 매년(每年) 1일씩 갈퀴나무를 하여 충당하고, 석유(石油)값도 갈퀴나무를 팔아

사 쓰기로 하였다. 램프등(燈)도 큰 것을 준비하였다. 칠판은 판자로 깎아 작게 만들고, 선생(配鳳)이 백묵(白墨)을 들고 서서 가르치니, 농촌(農村)에서는 제법 훌륭한 교실(敎室)이었다. 교실(敎室)에 시계(時計)가 없는 것은 물론이요, 산촌(山村)이라, 시간(時間)표준을 세울 수 없어, 어림으로 八시경부터 시작해서 十시경에 끝냈다.

작년에는 주로 한글을 가르치고 한자(漢字)를 조금씩 넣었으나, 금년(今年)부터는 예술과목(藝術科目)을 불렸다. 서당(書堂)의 이름은 어느새 「야학당(夜學堂)」으로 변하였다. 추운 겨울밤에 높은 지대(地帶)의 「야학당(夜學堂)」에서, 여러 사람이 한글 읽는 소리가 바람을 타고 힘차게 산촌(山村)의 적막(寂寞)한 공기를 흔들었다.

기본금(基本金)을 마련하기 위하여 공동작업(共同作業)으로 농사를 짓기로 하고, 논八백 五十평(坪)을 앞도지로 벼 三石에 사서, 못자리할 때부터 공동출역(公同出役)하고 비료(肥料)는 한사람이 녹비(綠肥) 한짐씩 논에 깔기로 하였다.

그러나 결과는 좋지 못하였다. 그 해야말로 가뭄이 심하여 하지(夏至)가 지나고 소서(小暑)가 임박한 무렵에야 겨우 서종(鋤鍾)을 면(免)하는 정도로 심었고, 그 뒤에도 만족(滿足)한 우량(雨量)을 보지 못하여 벼의 발육(發育)이 좋지 못하였다. 논 가운데에 옹달샘이 있었으나, 농가(農家)치고 너 나 없이 한해(旱害)를 당한 터이라, 자기 논에 물품어 올리기도 바빠서 틈이 없는 형편이었고, 마을에서 멀리 외따로 떨어져 있는 공동경작지(共同耕作地)는 한 번씩 가보기만 하는데도 큰 마음 먹어야 할 지경이었다.

가을에 타작(打作)한 결과가 시작한 때의 예상과 훨씬 틀렸다. 한마지기 양석(兩石) 잡아 팔석(八石) 수확을 기대했던 것이 육석

미만(六石未滿)이다. 앞도지 이석(二石)을 색거리[42]를 빌려 주었으니 가을에 이자(利子) 합쳐 삼석(三石)이고, 모심을 때부터 타작하기까지 노임(勞賃)은 안들었지만 경우임(耕牛賃), 종자대(種子代), 비료대(肥料代)가 모두 빚으로 쓴 것이라, 수지(收支)를 계산(計算)하니 남은 벼가 겨우 일석(一石)가량 이었다.

그러나 학생(學生)이 점점 늘어 이십(二十)명에 달(達)했다. 학생(學生)의 수(數)가 불어가는 것은 좋은 일이었지만, 걱정도 적지 않았다.

하룻밤에 두 시간(二時間)이라 하지만, 밤마다 시간(時間) 맞추어 나오기가 여간한 마음으로는 어려운 일이었다. 농촌(農村)에서 밤에 무슨 일이 그렇게 있느냐고 생각도 할 수 있지만, 아무 일 없이 노는 사람 외에는 크건 작건 집에 있어야 할 일이 있고 밖에 나가야 할 때도 있는 것이다.

더욱 선생(配鳳)은 대농(大農)이어서 밤낮 가릴 것 없이, 일이 떨어지지 않고 게다가, 친구의 상업(商業)을 보조(補助)하는 일이 있어, 언제고 여유시간이 별로 없어, 이년(二年) 동안 야학(夜學)에 나오는데 정말로 무리(無理)가 많았다. 그의 동생 홍봉(弘鳳)이 대신으로 나오는 일도 많았다. 동생 역시 이웃 마을인 사미동(士美洞)으로 분가(分家)하기로 하여 집을 짓는 중이었다.

나는 이마을에서 태어나 고창고보(高敞高普)를 졸업(卒業)하고, 동아일보사(東亞日報社) 고창지국(高敞支局)의 기자생활(記者生活)을 삼년간(三年間) 근무하다가, 농촌계몽운동(農村啓蒙運動)에 뜻을 가지고 귀향(歸鄕)을 한 것이다. 이렇게 야학이 가르치는 선생이 없어 어려움을 겪는 야학당을 보게된 나는 이제부터 내가 야

42) 색거리는 옛날 농촌에서 춘궁기에 벼 현물 임대차에 있어서 가을에 이자로 현물의 배를 지불했던 관례이다.

학당을 맡아야겠다는 생각을 하고, 바로 야학회(夜學會)부터 창설하기로 마음먹고, 야학(夜學)에 대(對)하여 전력하기로 하였다.

배봉(配鳳)을 중심(中心)으로 한 창설(創設) 당시(當時)에 배우던 사람들이 모여 야학(夜學)을 후원(後援)하기로 「야학회(夜學會)」를 조직(組織)하였다.

一. 본회(本會)의 명칭(名稱)은 「죽림야학회(竹林夜學會)」로 한다.

二. 본회(本會)의 목표(目標)는 「죽림야학(竹林夜學)」을 경영(經營)하고 향토(鄕土)의 문화(文化)를 향상(向上)시키는데 있다.

三. 본회(本會)의 재산(財産)은 상기(上記)의 목표달성(目標達成)에만 사용(使用)하기로 함,

四. 정기총회(定期總會)는 매년(每年) 十一月 十五일(陰)로 定함.

전원(全員)이 十九명으로 이웃마을의 청년(靑年)들도 찬동(贊同)하여 가입(加入)하였다. 기금조성(基金造成) 문제가 논의(論議)되었다. 일부회원(一部會員)들은 음력(陰曆) 정초(正初)에 농악(農樂)을 선두(先頭)로 하여, 동내(洞內) 여러 집을 돌아 희사(喜捨)를 청(請)하자는 의견도 있었으나, 어디까지나 자력(自力)으로 나가지, 조금이라도 마을에 폐를 끼치지 않기로 하고 각회원(各會員)이 매월(每月) 오전(五錢)씩 각출하기로 하였다가, 三개월후에 십전(十錢)씩 각출하였다.

학생(學生)의 연령이 전과 많이 달라졌다. 먼저는 거의 이십(二十)세 내외(內外)였는데 지금은 십오(十五)세 내외(內外)이었다. 또 전(前)에는 여자(女子)가 한 명도 없었던 것이 지금은 거의 반수(半數)에 이르게 되었다. 이 마을 노인(老人)들은 유달리 구식(舊式)을 지켜 「女子는 밥짓고 바느질하고 길삼이나 하지, 글은 배워서 무엇하냐」하는 생각이 농후(濃厚)하였으나 이 근년(近年)에 와서는 여자(女子)도 어느 정도는 알아야 한다는 인식(認識)을

하게 된 것이다. 그러나 한 동네에 야학(夜學)이 있고 가르치는 청년(靑年)들이 믿음성이 있으니 야학(夜學)에서 한글을 배우게 하는 것이 낫다는 생각으로 딸들의 야학(夜學)에 나가는 것을 허용(許容)한 것이다.

四. 눈물겨운 학예회(學藝會)

새로 사온 종(鍾)은 작아도 야물게 울렸다. 처음으로 종(鍾)소리가 나자 아이들이 뛰어 들어오면서, 『인제는 우리 야학당(夜學堂)도 정말로 학교(學校)고 우리도 정말 학생(學生)이다.』하며 수선을 피웠다.

새로 지은「야학당(夜學堂)」노래를 소리 높여 불렀다.

一. 우리들의 사랑하는 竹林夜學堂 글모르는 봉사들을 눈띠어주니밤중같이 캄캄하던 우리 마을이 햇살퍼진 아침같이 밝아오도다
우리들은 겨를없는 일꾼들이니 낮이되면 일을하고 밤에 배우세

二. 비가오나 눈이오나 바람불어도 數十餘名 우리동무 일제히 모여마주앉아 공부하는 우리의기쁨 하루종일 일을하면 고통 다잊네
우리들은 겨를없는 일꾼들이니 낮이되면 일을하고 밤에 배우세

三. 봄싹같이 자라나는 우리의공부 천길만길 되는날이 멀지안하네처음나중 한결같이 배우고배워 겉눈만을 뜨지말고 속눈도 뜨세
우리들은 겨를없는 일꾼들이니 낮이되면 일을하고 밤에 배우세

학생(學生)들은 모여서 공부를 시작하기 전(前)에 일제히 일어서서 이 노래를 불렀다. 나중에는 나무하러 가는 산(山)길에서도 부르고 들판에서 꼴을 베면서도 불렀으며, 야학(夜學)에 아직 다니지 않는 七, 八세된 어린아이들도 모여 놀 때에 노래를 합창(合唱)하

였다.

교과서(教科書) 국어(國語)는 보통학교(普通學校)의 조선어독본(朝鮮語讀本)으로, 산술(算術)도 보통학교(普通學校)것을 쓰기로 하였다. 처음부터 교재(教材)가 일정한 것이 없이 가르치는 사람의 고안(考案)에 의하여 진행(進行)되었던 것이다. 「수료(修了)」나 「졸업(卒業」이란 목표(目標)의 예정(豫定)도 없이 문자(文字)의 해득(解得)에만 주력(注力)하였기 때문에 어떠한 체계(體系)가 서지 못하고 산만(散漫)함을 면(免)하지 못하였던 것이다.

사실, 가르친다는 사람들부터가 교육(教育)에 대(對)하여 연구나 경험이 있을 까닭이 없었다. 일반사회(一般社會)에 대(對)한 상식(常識)도 깊고 두터운 데가 있는 것이 아니었다. 남을 가르칠 자격(資格)도 자신(自信)도 없는 것을 모두 자인(自認)하는 바이었다. 다만 그라도 가르칠 사람이 없다하여 그만두면 야학(夜學)을 유지(維持)할 수 없는 사정(事情), 배우러 온 그들을 문맹(文盲)의 구렁에서 벗어나올 가망이 없다는 사정(事情)으로 선생(先生)들은 성의(誠意)껏 최선(最善)을 다하여 억지선생 노릇을 하는 것이다.

공부하는 시간(時間)이 일년(一年)이라 해야 겨울철 석 달 뿐이고, 그도 하루에 밤 두 시간(二時間)에 지나지 못하니, 언제 복습(復習)할 시간이 있을 수 없다. 저녁밥 먹기가 바쁘게 「야학당(夜學堂)」에 달려와서, 의자도 책상도 없이 무릎 위에 놓은 교과서(教科書)와 노트, 남들은 추운 겨울이 다가오면 공부하기 어렵다고 모두 방학(放學)을 하는데, 「夜學堂」만은 동지섣달에 개학(開學)을 하는 것이다. 달도 없는 어두운 밤에 함박꽃 같은 눈송이가 매운 바람에 휘말리어 얼굴에 내려칠 때 빰이 시리고 눈을 뜰 수가 없었다. 더구나 「야학당(夜學堂)」은 마을의 가장 높은 지대(地帶)에 자리하고 있었기 때문에, 빙판(氷板)길에 미끄러져 넘어지는 사람도 적지 않았다. 二킬로미터되는 곳에서 통학(通學)하는 두 학생(學生)은 그런 밤에는 공부가 끝난 뒤에 집에 돌아가지 못하고, 동네 사랑방에서 자고 아침에야 집에 돌아가기가 예사(例事)였다.

그러나 특별(特別)한 사고(事故)를 제외하면 매일(每日) 밤 한 사람의 결석도 없었다. 그들은 하나라도 더 아는 것을 오직 낙(樂)으로 알았고, 가르치는 선생(先生)인 나는 그들의 열성(熱誠)을 가장 낙(樂)으로 알았다. 간혹 가사 관계(家事關係)로 남과 불쾌(不快)한 일이 있거나, 집안 식구와 옥신각신하여 기분(氣分)이 좋지 않아 상을 찌푸렸던 나도 야학(夜學)에 나가 야학생(夜學生)의 경례(敬禮)인사만 받으면, 불쾌(不快)하였던 기분(氣分)이 봄바람에 눈 녹듯이 언제 어디로 사라진지 모르게 얼굴에는 미소(微笑)가 피어오르는 것이었다.

一九二九년 十一月 十五日 오전(午前)에는 야학회(夜學會)의 정기총회(定期總會), 오후(午後)에는 학예회(學藝會), 인근(隣近) 동리(洞里)의 유지(有志)들까지 초청(招請)하여 이십여 명(二十餘名)의 내빈(來賓)이 모인 가운데, 학생(學生) 삼십여 명(三十餘名)이 합창(合唱)하는 「야학당(夜學堂)노래」로 학예회(學藝會)는 시작되었다. 학생(學生)의 작품전시(作品展示)는 하나도 없었다. 회장(會場)의 전후좌우(前後左右)에는 「광명(光明)은 밤으로부터」, 「알아야 한다」, 「배워야 한다」, 「우리글부터 알자」, 「모르면 사람구실 못한다」 등 등의 표어(標語)가 붙어 있을 뿐이고, 천막(天幕)을 중심(中心)으로 하여 정남(正南)에 칠판이 걸려 있었다. 무엇을 하려는 것인가.

나는 먼저 칠판 앞에 나와 내빈(來賓)들에게 인사를 한다.

『학예회(學藝會)라는 것은 원래 학생(學生)들의 그림이나 글씨나 작문(作文)을 전시(展示)하는 것이지만, 우리 야학생(夜學生)은 다른 학교(學校)의 학생(學生)들과 같이 그림이나 곤충(昆蟲) 모으기 같은 것에 힘들일 시간(時間)도 없고 돈도 없습니다. 오직 밤마다 실지생활(實地生活)에 필요한 것부터 배웠는데, 그동안 배운 것이 얼마만큼이나 되는지 여러 어른들 앞에서 시험해 보려고 한 것이니 여러 어른께서 보아 주시고, 좋은점은 칭찬하시고, 부족(不足)한 점은 일깨워 주시기 바랍니다.』

이어서 학생(學生)들을 일일이 불러내어 받아쓰기를 시킨다.

「이 추운 날에 여러 어른들이 이렇게 많이 와주시니 대단히 감사합니다.」

「저희들은 밤마다 야학당에 와서 두 시간씩 공부하는 때가 가장 기쁩니다.」

五, 六명의 학생(學生)들은 선생(先生)이 부르는 대로 서슴치 않고 받아썼다. 다음에 나온 학생(學生)에게는 가계부(家計簿)와 돈이나 벼를 남에게서 받고 써주는 영수증(領收證)을 칠판 위에 써서 보이라고 하였다. 그 다음에는 算術을 시키었다. 많은 수(數)의 가감(加減)은 물론이려니와 두 개 이상의 곱셈이나 나눌 셈도 무난(無難)히 정답(正答)을 써 보였다. 놀라는 표정(表情)으로 칭찬을 마지 않는 내빈(來賓)들 가운데서 짓궂은 어떤 이가 나서서 하는 말이

『모두 미리 짜고 연습(練習)을 시켜서 한 노릇이지, 저애들이 어떻게 그동안에 그렇게 할 수가 있겠나. 다 뻔 한 일이여.』 나는 가만히 듣고만 있을 수는 없었다.

『그렇게 생각하실 수도 있습니다. 장(張)씨께서 직접 학생(學生)들 중에 누구든지 불러내어 시험하여 주시기 바랍니다.』

내빈(來賓)들은 모두 좋다고 찬동(贊同)하였다. 자기(自己) 눈에 가는대로 손짓으로 불러낸 학생(學生)마다 부르는 대로 한글로 받

아쓰고 칠판 위에 써놓은 셈 문제(問題)도 척척 해 내었다. 여자(女子)들은 모든 것이 부족(不足)할 것이라 생각했던지 다음의 셈 문제(問題)를 내어주면서 풀라 하였다.

『나락 한 근(斤)에 육전오리(六錢五厘)인데, 육백팔근(六百八斤)이면 값이 얼마인가.』

『야학생(夜學生) 三十二명에게 밤 삼백팔십사(三百八十四) 개를 고루 나눠주려면 한 사람에게 몇 개(個)씩 주어야 하는가?』

불러나간 여학생(女學生)들은 처음은 수줍어서 머뭇거리다가 백묵(白默)을 잡고는 남자(男子)들보다 빠르게 정답(正答)을 써놓는다. 그때야 말로 우레같은 만장(滿場)의 박수(拍手) 소리.

끝으로 한 야학생(夜學生)의 연설(演說)-.

『저희들은 어려서부터 농사일만 하고 글이라고는 한 시간(時間)도 배운 적이 없어, 낫 놓고 기억자도 못 그리는 눈뜬 소경이었습니다. 산(山)골 속의 가난한 집에 태어나서, 남과 같이 배우지 못하고 무식한 병신으로 일생(一生)을 지낼 것이 운명(運命)인가보다 하고 자포자기(自暴自棄)하였습니다. 천만 뜻밖에 우리 마을에 「夜學堂」이 생겨서 우리는 목마른 사람이 물을 만난 것이나 다름없이 밤마다 이 「夜學堂」으로 뛰어왔습니다. 선생(先生)님이 열성(熱誠)을 다하여 가르쳐 주신 덕택(德澤)으로 인제는 제법 글자를 알아 어디를 가든지 문맹(文盲)이란 병신은 면(免)할 것 같습니다. 언제나 저희들의 가장 기쁜 일은 「夜學堂」에서 공부하는 때이고 가장 못 마땅한 일은 부모(父母)님들께서 밤에도 할 일이 많으니 「夜學堂」에 가지 말라고 붙잡는 일입니다. 어떤 때에는 여자학생(女子學生)의 어머니가 「夜學堂」까지 쫓아오시어 자기(自己) 딸을 보고 밤에 씨아시(길쌈의 一種) 일을 하지 않고 야학(夜學)에 나왔다고 「夜學堂」이 떠나가라고 큰 소리 지르면서 기어이 딸을 끌고 간

일이 있습니다. 저희들 중에 「夜學堂」에 어서 가라고 권하는 부모(父母)님은 몇분 계시지 않을 줄로 생각합니다. 부모(父母)님들! 아들과 딸을 가르치지 않고 소나 돼지같이 미련하게 일만 시키려면 차라리 죽는 독약(毒藥)을 먹여주십시오. 주시는 약(藥)을 달게 받겠습니다. 부모(父母)님들. 제발 아들과 딸들로 하여금 밤에나 공부하게 하기 위하여 붙잡아 일 시키지 마시기를 바랍니다.』

만장(滿場)이 조용해졌다.

식(式)이 끝난 뒤에 학생(學生)들에게는 인절미를 나눠주고 내빈(來賓)들은 교실(教室) 인도(引導)하여 콩나물 안주에 막걸리를 대접하였다. 「夜學堂」에 대한 칭찬이 자자했다. 술이 거나하자 어떤 사람이 한 학부형(學父兄)더러,

『형(兄)님은 오늘 여기서 술 한상을 톡톡히 내셔야 하겠습니다.』 학부형(學父兄)은 희색이 만면(滿面)하면서

『내고 말고 내가 큰 자식, 둘째 자식은 가르치고 셋째 놈은 일 시키느라고 못 가르쳤는데, 오늘 하는 것을 보니 보통학교(普通學校) 육학년(六學年) 졸업(卒業)한 제 형(兄)놈들만 못하지 않겠네. 술을 내는 것보다 「夜學堂」에 보태 쓰라고 나락 五두(斗)를 기부(寄附)하겠네.』

한다. 그 말에 이어 유지(有志) 한 분은, 나락 十두(斗)를 기부(寄附)하겠다고 했다. 그밖에 나락 서말, 두말, 한말씩을 기부하겠다는 분과 돈으로 일원(一圓), 오십전(五十錢), 사십전(四十錢), 이십전(二十錢)이 약속되었다.

실로 뜻밖의 일이었다. 아무런 사전 계획도 없었는데, 술자리에서 한사람이 무심코 한말이 발단(發端)이 되어 야학회(夜學會)로서도 상당한 수입을 얻은 셈이었다. 벼가 이석 육두(二石六斗), 현금이 십원 팔십전(十圓八十錢), 그렇지 않아도 「夜學堂」의 재정(財

政)이 군색치는 않았다. 학생(學生)들한테는 단 일전(一錢)도 거둔 일이 없어도 삼년(三年)동안 십구(十九)명 회원(會員)의 매월(每月) 십전(十錢)씩 갹출한 것이 모여 칠십원(七十圓)이 넘어, 야학(夜學)에 쓰는 나무, 석유(石油), 백묵(白墨) 값은 그 이자(利子)로 넉넉히 충당하고 있었다.

기부(寄附)로 두 가지 현안을 해결하였다. 칠판이 너무 작아 불편이 많았는데, 오래동안 무장공립보통학교(茂長公立普通學校)에 교섭하여 일본인(日本人) 교장(校長) 공등씨(工藤氏)의 후의(厚意)로 쓰다 남은 큰 것을 얻어왔고 괘종시계(卦鐘時計)를 구입했다.

월쌈 회중시계(懷中時計)를 두 개 구입하여 그동안 가르친 배봉과 나에게 표창(表彰)으로 주었다.

아직도 촌서당(村書堂)의 형식(形式)에서 완전히 탈피(脫皮)를 못한 편이지만 창설(創設) 당시와 비교하면 실로 눈부신 발전(發展)이었다.

五. 농촌문고(農村文庫)

이 「夜學堂」에 불의(不意)의 고난(苦難)이 찾아왔다. 수업(授業)과 사무(事務)를 전담해 오던 내가 一九三〇년 九월에는 상처(喪妻)하고, 다음해 九월에는 야학(夜學)을 창설(創設)한 配鳳이 세상을 떠난 것이다. 배봉이 처음 병(病)에 걸렸을 때 한의(韓醫)는 티푸스라 하고 의사(醫師)는 폐렴(肺炎)이라 하더니 병(病)난지 十일만에 숨지고 말았다.

나로서는 동지(同志)인 일꾼을 잃었을 뿐 아니라 아내를 잃었다. 아이를 낳고 후산(後産)이 안 되어 아이 낳은지 한 시간(時間) 남짓하여 죽은 것이다. 나는 자녀(子女) 오남매(五男妹)를 혼자 보살

펴야 하게 되었고 갓난아이는 우유(牛乳)로 길러야 되었다. 낮이나 밤이나 집을 떠날 수가 없게된 나는 야학생(夜學生)의 지도(指導)를 같은 마을에 사는 청년(靑年)에게 부탁하였으나 잘되지 않았다. 나는 七十넘은 노모(老母)에게 어린 아이들을 맡기고 일주에 두 번이나 세 번쯤 나가기로 하였으나 모든 것이 마음대로 되지 않았고, 그 갓난아이는 約 一年이 겨우 지나 죽고 말았다. 설상가상(雪上加霜)으로 그 열흘 후에 그 바로 위의 딸마저 잃었다. 이래저래 이년(二年) 동안은 야학(夜學)이 유명무실(有名無實)을 면(免)하지 못하게 되었고 학생(學生)도 많이 줄었다.

「夜學會」의 총회(總會)가 열릴 때마다 先生문제로 심각(深刻)하게 논의(論議)를 거듭하였으나, 설령 있다 해도 이곳 「夜學堂」과는 먼데 살고 결론(結論)은 보수(報酬) 없이 先生노릇할 사람을 찾아내지를 못하는 것이다.

나는 얼마 후 재혼(再婚)을 했다. 가정(家庭)이 안정(安定)됐으므로 야학(夜學)에는 전처럼 빠지는 밤이 없이 나갔다. 많이 흩어졌던 학생(學生)들이 다시 모여 밤마다 「夜學堂」 노래와 수 십명(數十名)의 낭독(朗讀)소리가 다시 우렁차게 울려 나갔다.

불행 중 다행이었던 것은 침체(沈滯)한 동안에도 「夜學堂」의 재정(財政)은 해마다 늘어간 일이었다. 회원중(會員中)에 학생(學生)을 가르칠만한 사람은 드물어도 재정(財政)을 운영하는데 능수(能手)는 많았고, 제 살림살이보다 열성을 다하여 「夜學會」 재산(財産)을 늘리기에 열중하였기 때문이다. 재정이 늘어감에 따라 서적(書籍) 구입에도 열성을 다했다. 한문 강독서적(講讀書籍)을 비롯해 수종(數種)의 한글 소설과 이야기책을 구해왔다. 당시로서는 명실상부(名實相符)한 농촌문고(農村文庫)를 만든 것이다. 어떤 때는 先生더러 야학경상비(夜學經常費)를 너무 헤프게 썼다고 하여 옥신각신하기도 하였다.

一九三五년에는 천씨종중(千氏宗中)에서 재각(齋閣)을 중수(重修)할 자금이 필요해 서당(書堂)집을 매각(賣却)하게되어 「夜學堂」에서 벼 十石에 이것을 引受하였다. 죽림서당(竹林書堂)은 이제 명실공(名實共)히 「竹林夜學堂」으로 바뀐 것이다.

六. 글 쓰는 벙어리 소년(少年)

一九三七년 六월 어느 날 동아일보사(東亞日報社)의 고창지국장(高敞支局長)이 찾아왔다. 내가 동아일보사(東亞日報社) 고창지국(高敞支局)의 기자(記者)를 그만두고 고향(故鄕)으로 돌아올 때 지국장(支局長)은 나에게 무장주재기자(茂長駐在記者)로 무장부근(茂長附近)의 기사(記事)를 맡게 하며, 고창(高敞)에도 중대기사(重大記事)가 있을 때에는 상의(相議)하곤 했던 것이다. 그 지국장(支局長)이 본사(本社) 공문(公文)을 가지고 와서 보이는 것이었다. 『지방기자(地方記者) 중에서 三명을 뽑아 三개월간 본사(本社)에서 강습(講習)시킨 후(後)에 본사기자(本社記者)로 쓰기로 한바, 나를 그 한 사람으로 지명(指名)한다』는 것이다. 나는 본래 서울 내왕(來往)이 적어 본사 간부(本社幹部)와 한 사람도 지면(知面)이 없는 터이었는데 이런 특전(特典)을 받게되니, 본사(本社) 간부(幹部)들, 특히 지방부장(地方部長) 박찬희(朴瓚熙) 선생에게 무언(無言)의 감사(感謝)를 드릴 수밖에 없었다.

시골 산촌(山村)에서 생장(生長)하여 견문(見聞)이 고루(孤陋)하고, 서적(書籍)에 굶주림을 항상 느끼었던 나는, 물론 서울에 올라가 언론계(言論界) 생활을 하고 싶었다. 그러나 그때 마침 八十에 가까운 노모(老母)가 장병(長病)으로 소생(蘇生)할 가망(可望)이 없어 옆을 떠날 수가 없었고, 특히 나는 농촌계몽운동에 뜻을 가지고 귀향한 사람으로 그 본래의 뜻을 관철시켜야 된다고 생각했다. 나는 고민 끝에 서울行을 단념(斷念)하고 말았다. 또한 사실 야학(夜學)을 버리고 떠날 수 없을만큼 야학(夜學)에도 정(情)이 끌렸다.

「夜學堂」 수호(守護)하는 집에 열네살 되는 벙어리가 있었다. 이름은 최소자(崔小者), 귀까지 먹어 말도 못하고 듣지도 못한다. 이 벙어리少年이 며칠 밤째 夜學生들 공부하는 교실(敎室) 문(門) 옆에 서서 열심히 바라보는 것을 알게 된 나는, 어느날 수업(授業)이 끝난 뒤에 최소자(崔小者)를 앞으로 오라 했다. 『글을 배우고 싶으냐』고 손짓으로 물으니 만면(滿面)에 웃음빛을 띠고 고개를 끄덕거리는 것이었다. 칠판 앞으로 데리고 와서 먼저 한글로 「최소자」 字부터 가르쳐 주고, 칠판에다 여러 번 써보라고 한후에 다시 종이에 적어주며 내일 밤에는 적은 종이를 보지 않고 쓰기로 약속하였다.

다음날 밤, 벙어리少年은 학생(學生)들이 헤어지기 전(前)에 와서 기다리고 서있었다. 칠판 앞으로 데려다가 씌워보니 어제 밤에 배운 그대로 한 획도 틀린데 없이 곱게 써놓는 것이었다. 나도 놀랐고, 學生들도 놀랐다. 처음에는 큰 기대(期待)를 가지고 가르친 것도 아니었지만, 한번 시험 삼아 해본 것뿐이었다. 그런데 알아도 똑똑하게 알고, 쓴 글씨도 예쁘게 써 놓은 것이다. 나는 「夜學堂」에서 글 가르친 지가 十년이 되었지마는 그날 밤같이 기쁜 적은 없었다.

그날 나는 다시 한문(漢文)으로 「崔小者」라 써 보이고 익히라 하였다. 벙어리 少年은 그 後로 밤마다 「夜學堂」에 나왔다. 언제나 기다리고 있다가 學生들이 공부가 끝나면 교탁(敎卓) 앞에 나섰다.

先生은 먼저 글자를 쓰고 글자 밑에 그림을 그려 주었다. 하룻 밤에 十分씩 한글로 낱말 두 개와 한문(漢文)글자 두 자 씩을 가르쳤다. 「물-水」, 「해-日」… 벙어리에게 글 가르치기는 한글보다 한자(漢字)가 더 쉬운 것 같았다. 한자(漢字)가 소리글이 아니고 상형문자(象形文字)이기 때문이다.

나는 서울에 맹아학교(盲啞學校)가 있다는 말만은 들었지만 한 번도 본 일이 없었던 것이 새삼스럽게 안타깝기까지 했다. 그러나 다른 보통 아이들 가르치기 보다 재미가 더 있어 밤마다 빼지 않고 가르쳤으며, 少年도 신이 나서 밤마다 빠지지 않고 어젯밤에 배운 것을 오늘 밤에 칠판에 쓰게 하고, 일주일이 되면 지난 6일동안에 배운 것을 전부(全部)합하여 쓰게 하였다. 그는 배운 것을 낱낱이 외워썼다. 先生이 『맞았다』고 하면 입이 벌어져 웃었다. 입에서 말이 터져 나오지 않아 고통(苦痛)하다가 글자로 의사(意思)를 나타나게 됨을 스스로 인식(認識)하게 되는 무한(無限)한 기쁨이 넘쳐흘러 웃음으로 터져 나오는 것이다. 옆에 서있는 나도 안타깝기도하고 귀엽기도 하여 같이 웃었다.

그는 한해 겨울에 한글과 漢字를 五十개 가까이 알고 또 쓸 줄 알게 되었다.

그는 이 지식(知識)을 토대(土臺)로 하여 도장(圖章)을 새겨 생활(生活)에 보태 썼다. 훨씬 뒤에는 나무 통 메기를 익혀 멀리 전남지방(全南地方)과 제주(濟州)까지 내왕(來往) 했는데, 여관(旅館)의 숙박부(宿泊簿)에는 제 손으로 성명(姓名)과 생년월일(生年月日)을 적었다 하며, 언제나 공책과 연필(鉛筆)을 지니고 다니면서 수입(收入)과 지출(支出)을 기록하고, 작은 일로 문답(問答)할 때는 글자로 의사(意思)를 표시(表示)한다고 한다. 『보는 사람이 신기(神奇)하게 여겨 어디서 글을 배웠느냐』고 물으면 땅에다가 나뭇가지로 「竹林夜學堂」이라 크게 그어 썼다고 한다. 三十이 넘어 장가도 들고 나무통 메는 일로 잘 살게 되었다. 벙어리가 글을 잘한다는 소문이 자연히 퍼졌다. 二十년간 면장으로 재직하면서 「夜學堂」에 음(陰)으로 양(陽)으로 협조(協助)가 많았던 면장(面長) 진우곤(陳宇坤)씨가 와서 직접 시험하여 보고 군(郡)의 교화주사(教化主事)도 와서 시험해 보았다. 한글신문(新聞)은 전부(全部) 페간(廢刊)이 되어 있던 그때 일문지(日文紙) 「경성일보(京城日報)」에 삼단제목(三段題目)으로 「竹林夜學堂」 기사(記事)가 나의 사진과 함께 실렸다. 이로 인해 나는 총독부 표창을 받게 되었다. 一九四○년에는 소위 「기원이천육백년(紀元二千六百年)』 식전(式典)에 일황(日皇)의 초대(招待)를 받았다. 나는 통지(通知)를 받고 의외(意外)로 생각하였다. 그런 초대(招待)의 대상(對象)은 일제식민정책(日帝殖民政策)에 유공자(有功者)이거나 세력가(勢力家)이거나 큰 부호(富豪)라야 될 터인데, 일개(一個) 무명(無名)의 농촌(農村) 사람인 나에게 …. 그러나 아무튼 나는 이일로 서울이나 지방(地方)의 일류명사(一流名士)(?)와 도평의원(道評議員)들과 함께 동경(東京)구경을 떠났다.

七. 폐쇄명령(閉鎖命令)

「竹林夜學堂」은 꾸준히 발전해 갔다. 재정(財政)도 차차 자리가 잡혀갔다. 一九四○년에는 답(畓) 삼두락(三斗落), 一九四三년에는 전(田) 오두락(五斗落)을 사들였다.

그러나 일제(日帝)의 발악(發惡)도 갈수록 심해졌다. 一九四○년 동아일보(東亞日報), 조선일보(朝鮮日報)가 강제(强制)로 폐간(廢刊)되었다. 「한글」 잡지(雜誌)를 비롯하여 모든 국한문(國漢文)

잡지(雜誌)도 폐간(廢刊)시키는 동시(同時)에 소위 국어(일본어)상용(國語(日本語)常用)을 강조(强調)하여 탄압(彈壓)이 일층(一層) 가혹(苛酷)해졌다.

一九四三년 十一월이었다. 하루는 무장주재소(茂長駐在所) 수석(首席)인 「사또」(佐藤)란 者가 공출(供出)을 독려(督勵)한다고 와서 농촌문고(農村文庫)에 비치한 서적(書籍)을 일일이 검사하더니, 『서적(書籍)이 거의 모두 한문(漢文)이고 일본문(日本文) 서적(書籍)은 一%도 못된다.』고 트집을 잡고 갔다. 그 이튿날 나는 다시 주재소(駐在所)로 호출(呼出)을 당했다. 『國語(日本語)는 가르치지 않고 조선어(朝鮮語)만 가르치니 황국정신(皇國精神)에 이상(異常)이 있다고 하지 않을 수가 없다. 그런 교육(教育)은 하지 않는 것이 좋으며, 이 문제(問題)로 본서(本署)에 조회(照會)하였더니, 본서(本署)의 대답이 야학(夜學)을 계속하려면, 조선어(朝鮮語)를 전폐(全廢)하고 일어(日語)만 가르쳐야 한다는 방침(方針)이 하달(下達) 되었다』고 하면서, 나의 진언(陳言)은 전혀 무시(無視)하고 억압(抑壓)으로 일관(一貫)하는 것이었다.

나는 회원(會員)들과 상의했다. 그들이 시키는 대로 일문(日文)만 가르친다면, 차라리 야학(夜學)을 그만 두는 것이 낫다는데, 의견(意見)이 일치하여 야학(夜學)을 중지(中止)하기로 결정(決定)하였다. 그날 밤에 모인 학생(學生)들에게는 그런 사정(事情)을 말하기가 싫어서, 그저 『내가 바쁜 일이 생겨 夜學에 못나오게 되고 마땅히 가르칠만한 사람이 없어 부득이 중지(中止)한다』고 어물어물 하였다. 어떤 學生하나가 『인제는 「夜學堂」도 없어지고 만다』는 큰 소리가 나왔다. 學生들이 모두 『네 말이 옳다』하면서 실망(失望)의 얼굴로 흩어졌다. 어제 일인순사(日人巡査)의 한짓을 아는 모양이었다. 우두커니 서서 바라보던 나는 손으로 눈을 가리고 말았다.

회원(會員)들이 모여 十八년간의 통계(統計)를 간단히 꾸려 두었다.

① 지금까지 學生의 연인원(延人員) 一二六명

② 學生이었다가 타촌(他村)으로 출가(出嫁)한 여자(女子)가 二十一명, 현재 十歲 이상 五十歲 이하의 男女 문맹(文盲)이 十六명, 타촌(他村)으로부터 입가(入嫁)하여 미취학(未就學)한 女子가 九명, 현재 十歲이상 五十歲이하의 文字解得者가 八十七명(部落成人의 七割)

③ 재산(財産)은「夜學堂」一棟, 畓 三斗落, 田 五斗落 現金 若干

재산(財産)은 계속 운영하여 매년 정기총회(定期總會)인 十一월 十五일에 결산(決算)하였다가, 시국(時局)의 추이(趨移)를 보아 문화사업(文化事業)에 이용(利用)하기로 한다. 토지(土地)는 경작지(耕作地)가 없는 빈곤한 회원(會員)에게 주어 매년(每年) 가을에 畓 二石(租), 田 一石의 소작료(小作料)를 수입(收入)하기로 한다. 이제 이만큼이라도 되었으니 그야말로 티끌모아 태산(泰山)이었다. 學生들도 先生도 기쁜 낯을 지으며, 오는 十一월 十五일에 다시 만나기로 기약하며 헤어졌다.

八. 죽림(竹林)의 예술(藝術)

一九四五년 八월 十五일 해방(解放)의 날, 무장(茂長)에서도 라디오를 통(通)하여 이 기쁜 소식을 빨리 알았다. 十六일 오후 평소에 절친한 친구들이 나를 찾아와 그 기쁜 소식을 전(傳)하여 주었다. 나는 어안이 벙벙하여『정말이냐?』고 거듭거듭 묻고 또 물었다. 오랫동안 생사(生死)를 알지 못하던 부모(父母)가 생존(生存)

하여 돌아왔다는 소식(消息)을 듣는 심정(心情)이었다.

세 친구는 술을 취하도록 마시며 무장(茂長)에서, 지방적(地方的)으로 독립준비(獨立準備)에 대(對)한 회합(會合)을 하자고 의논(議論)하였다. 나는 十七일에 무장(茂長)에 가서 동지(同志)들과 만나, 첫 회합장소(會合場所)를 고르는 의논(議論)을 했다. 그때만해도 일군(日軍)이 무장(茂長)을 중심(中心)으로 산야(山野)에 많이 집결(集結)되어 있었고, 주재소 수서(駐在所首序)이고 경부(警部)인 「만나미」(萬波)란 者는 前부터 행동(行動)이 잔악(殘惡)하기로 유명(有名)하였기 때문에, 첫 회합(會合)은 되도록 이목(耳目)이 번다(煩多)하지 않는 곳을 가리기로 하여, 「竹林夜學堂」으로 작정이 되었다. 오후 七시경부터 사람이 모이기 시작하였다. 사람이 예상(豫想)보다 훨씬 많은 五十여명이 되므로, 아직도 무더운 더위에 빽빽이 앉아 회의(會議)를 길게 할 수 없다 하여, 「夜學堂」 옆에 있는 시원한 모정(茅亭)으로 옮겨 새벽에야 회의(會議)를 마쳤다.

나는 무장(茂長)의 건국준비위원회(建國準備委員會)에 매일(每日) 나갔다. 일이 바빠 집에 돌아 오지 못한 날도 많았다. 「夜學會」는 十一월 十五일의 정기총회(定期總會)에서 주(主)로 야학(夜學)의 계속문제를 장시간(長時間) 토의(討議)하였다. 해방(解放)이 되었으니 의무교육(義務敎育)이 실시될 터이고, 부근에 무장(茂長)과 해리(海里)에 초등학교(初等學校)가 있어, 취학아동(就學兒童)을 넉넉히 수용(收容)할 터이니 겨울철과 야간(夜間)에 국한(局限)하는 야학(夜學)이 필요가 없는 좋은 현실이며 장래인즉 구태여 불충분(不充分)한 옛것을 찾으려 고집(固執)할 것이 없다는 것이 중론(衆論)이었다. 중학정도(中學程度)의 강습소(講習所)로 하자는 말도 나왔으나 「夜學堂」의 쥐꼬리만한 재산(財産)으로는 상상(想像)도 못할 일일뿐더러, 더구나 무장(茂長)에 중학교기성회(中學校

期成會)가 이미 발기(發起)되어 추진중(推進中)인데 무장(茂長)에 가까운 이 지역(地域)에서 중학강습소(中學講習所)도 존재가치(存在價値)가 없다는 결론(結論)이었다. 그리하여 교육사업(教育事業)은 중지(中止)하고 재산(財產)을 더 불려서 기회를 보아 향토문화사업(鄕土文化事業)에 이용하기로 하였다

해방(解放) 직후의 혼란(混亂), 어느 지방(地方)에서나 겪은 이 혼란(混亂)은 무장(茂長)이라고 예외(例外)가 될 수는 없었다. 처음 건준(建準)이 설립(設立)될 때에는 좌우익(左右翼)의 구별이 없었고, 좌익(左翼)에 가까운 사람보다 우익(右翼) 색채(色彩)가 농후(濃厚)한 사람이 八할 이상이었지마는 좌익(左翼) 몇 사람들의 선동(煽動)으로 청년(青年)들이 그리로 많이 쏠려 민족주의(民族主義) 사상(思想)을 배격하고 평소에 존경(尊敬)하던 선배(先輩)라도 점점 무시(無視)하고 비판(批判)하기가 예사(例事)였다. 나도 이 무시(無視)와 비판(批判)의 대상(對象)이 되는 중의 한 사람이었다.

M은 해방전(解放前)에 좌익운동(左翼運動)으로 二年半의 복역(服役)을 하고 출옥 후(出獄後)에는 요시찰인(要視察人)의 딱지가 붙어 일정한 주소(住所)가 없어 각호(各虎)로 방황(彷徨)하던 사람이다. 해방(解放)이 되자 그는 고창 전군(高敞全郡)에서 개신징군(凱旋將軍)의 환영(歡迎)을 받았다.

나는 해방 전(解放前)에 오랫동안 기자(記者) 생활(生活)을 한 관계로 M과 접촉이 많았고 서로 친(親)한 사이였고, M은 나를 『山에 묻힌 玉이라』고 찬사(讚辭)를 아끼지 않았다. 그러나 내가 끝내 M의 사상(思想)에 동조(同調)하지 않게 되자, M의 태도(態度)는 날이 감에 따라 냉담(冷淡)해졌고, "친일정신(親日精神)을 가졌기에 동경(東京)에 가서 일황(日皇)을 만났다"는 말을 전파(傳播)하는 등, 과거(過去)의 결점을 들추어냈다. 지방(地方)의 자치

조직(自治組織)에서도, 나는 형식(形式)에 그치는 부서(部署)의 간부(幹部)자리를 주고 중대(重大)한 일로 사전의논(事前議論)이 있을 때에도 항상 疎外(소외)될 뿐이더니. 얼마 후엔 그저 죽림부락(竹林部落) 책임자(責任者)로 낙하(落下)가 되는 것이었다.

음력정초(陰曆正初), 학교후원회(學校後援會), 간부회의(幹部會議)가 끝난 뒤, 후원회장(後援會長)인 C는 설술(臘酒)이 있으니 자기집에 가자하여 같이 가서 술을 마시며, 『다음에는 竹林에 가서 설술을 얻어 마시고 千兄의 머리에 쌓인 먼지를 털어드리려 하니 술을 준비하오』하는 것이었다. 나는 『술이야 얼마든지 준비할 것이고, 먼지는 누가 많이 가지고 있는지 털어 보아야 알지』하고 댓구를 해서 웃은 일도 있었다. 소위 지성인(知性人)이라면 거의 다 좌경화(左傾化)하고 거기에 휩쓸리지 않은 사람은 얼마 되지 않는 형편이었다.

군정하(軍政下)의 경찰(警察)은 힘이 미약(微弱)했다. 좌익(左翼)은 무장면(茂長面) 三十二個部落에 소위 세포조직(細胞組織)을 마쳤으나, 오직 죽림부락(竹林部落)만은 손을 대지 못했다는데, 그 이유(理由)는 내가 찬성(贊成)하지 않으면, 조직(組織)할 수가 없고 조직(組織)한다 하여도, 비밀(秘密)이 새어날 위험이 있기 때문이었다 한다.

동지(同志)들과 만날 때마다 대책(對策)을 상의(相議)하였으나 이 난국(難局)을 타개(打開)할 방안(方案)이 발견(發見)되지 않았다. 진실로 그때 右翼에 속한 사람들은 거의가 보수적(保守的)이고, 돈을 아끼고 몸을 아끼는 구습(舊習)이 남아있어 일에 당(當)하여 과감(果敢)하게 용단(勇斷)을 내지 못하는 결점이 많았다. 나 자신도 역시 그러함을 스스로 시인(是認)하는 터이었다. 지방(地方)에서 일을 해야 성과(成果)를 바랄 수 없으니, 중앙(中央)에 가서 일을 한다고 서울로 떠난 사람도 있었다.

나도 무장(茂長)을 떠나기로 결정(決定)하였다. 생지(生地), 그리고 근 오십년간(近五十年間) 몸을 의지하고 산 고장이다. 젊어서 한동안 다른 지방(地方)에 있다가 고향(故鄕)을 잊지 못하고, 단연(斷然)히 되돌아와 제 딴에는 향토(鄕土)를 위하여 열성(熱誠)으로 일을 해온 그 고장이다. 그러나 이 혼란(混亂) 속에서 이대로 가면 장차 말 못할 불상사건(不祥事件)이 일어나고야 말 것이다. 수완(手腕)과 역량(力量)이 그것을 미리 방지(防止)할 수 있으면 오직 좋으랴마는 제가 저를 가장 잘 안다. 그러면 아무런 하는 일도 없이 그네들의 증오(憎惡)와 모멸(侮蔑)을 감수(甘受)하며, 시일(時日)만 허송하면서 화변(禍變)을 당(當)할 것은 없다.

그래서 고향(故鄕)을 떠나기로 작정한 것이다. 앞으로의 방향(方向)은 교육(教育)이나 언론(言論)으로 정(定)하기로 했다. 그러나 언론계(言論界)에 다시 투신(投身)한다면, 군소재지(郡所在地)에서 신문지국(新聞之局)을 경영(經營)하는 것이 가능(可能)한 일인데, 민족(民族)의 대표지(代表紙)로 투쟁(鬪爭)의 역사(歷史)를 가진 동아일보(東亞日報)나 조선일보(朝鮮日報)는 폐간직전(廢刊直前)까지 경영(經營)하던 지국장(支局長)이 바로 계속하여 경영(經營)하고 있는 중이었고, 군정(軍政)이 된 후에 신문(新聞)들이 많이 생겼으나, 대개는 군정(軍政)의 기관지(機關紙)나 좌경(左傾)의 선전지(宣傳紙)로 마음에 맞는 것이 적었다.

이리하여 언론(言論)에 종사(從事)하기를 단념(斷念)하고 교육계(教育界)에 들어가기로 하였다. 「법성중학(法聖中學)」으로부터 와 달라는 교섭(交涉)이 있었으나, 나는 사절(謝絕)하였다. 법성포(法聖浦)도 좌익일색(左翼一色)이란 말을 들었기 때문이다. 정읍(井邑)에 「호남중학교(湖南中學校)」가 창설(創設)되어 재단(財團)이

충실(充實)하고 교주(校主) 박명규(朴明奎)씨가 성력(誠力)을 다한다는 말을 듣고, 그곳 「농업학교(農業學校)」 교감(校監)으로 있는 동향(同鄕)의 죽마고우(竹馬故友)의 소개(紹介)로 一九四八年 八월에 「호남중학교(湖南中學校」에 교사(教師)로 취임(就任)하였다. 나는 결국 무장(茂長)의 가산(家產)을 정리(整理)하고, 가족(家族)도 직장(職場)이 있는 정읍(井邑)으로 옮겼다. 전부터 분가(分家)하여 별거(別居)하는 長男의 식구와 田畓을 팔고, 형제숙질(兄弟叔侄)과 여러 친척(親戚), 여러 친구들을 두고 떠나는 심정(心情)과 서글픈 생각이 새삼스럽게 내 가슴을 미어지게 한다.

정주읍(井州邑) 상리(上里) 원상동(元上洞) 터밭 一백四十평에 자리잡은 三間 새집 나의 心情은 이런 것이었다.

迂濶長沙客,晩年捿楚山. (우활장사객, 만년서초산)
세상 물정에 서투른 長沙(茂長의 옛 이름)사람이,
늦게 楚山(井邑의 옛 이름)에 와서 깃드린다.
數間草屋靜, 聊得一枝安. (수한초옥정, 료득일지안)
두 세칸 되는 草家집이 閒靜하니,
외로운 새가 숲속에 와서 나뭇 가지에 의지함처럼 편안하다.
開戶峨山碧, 隔扉澗水淸. (개호아산벽, 격비간수청)
문을 열면 峨嵄山이 푸르고,
사립문 밖에 나서면 名間水가 맑다.
看書棋又酒 不作哲人醒 (간서기우주, 부작철인성)
글을 읽는 나머지에 바둑 두고 술 마시니,
철인(哲人)의 대성(大醒)함을 억지로 흉내 내지 않는다.

湖南抗日民族教育展開史 Ⅲ

인쇄일 2022년 9월 12일
발행일 2022년 9월 12일

지은이 김경식
발행인 김화인
펴낸곳 도서출판 조은
편집인 김진순
주소 서울시 중구 을지로20길 12, 대성빌딩 405호
전화 (02)2273-2408
팩스 (02)2272-1391
출판등록 1995년 7월 5일 신고번호 제1995-000098호
ISBN 979-11-91735-43-7
정가 25,000원